P. F. Drucker の
# マネジメント・プラクティス論

河野大機 著

文眞堂

# 序　文

　わが国の戦後の経営や経営者に最大の影響を与えてきた経営学者達のうちにドラッカー（Drucker, Peter Ferdinant：1909～2005年）がいらした。ドラッカーの著作は，これまでも，これからも，古典であり続けると思われる。ドラッカーの論述されたものについて，「経営学の金山」（「その埋蔵量はきわめて豊富であり，また鉱石の質もすぐれている」）に，藻利重隆先生（1911～2000年）は譬（たと）えられた。しかも，「精錬」の必要性をも述べられた。「ドラッカーのすぐれたセンスによって探りあてられた宝の山を使いものにするための科学的努力，したがって，ドラッカーの論述するところの真意ないし根本的な思想を，科学的批判にたえうるものにまで鍛えあげていく努力こそは，われわれに課せられた任務であると解せざるをえない。」（『ドラッカー経営学説の研究』1959年，森山書店，「序文」2頁。）

　そこで，本書では，ドラッカーの所論を全体的に体系的に考察していくことにする。その際に，かつてドラッカーが，社会における企業の全体像を体系的に考察するために3重制度論（経済的・統治的・社会的な統合的制度論）を展開したこと，に注目していくことにする。これが展開された『新しい社会』（1950年）は，産業社会・企業時代における著書であった。また，1970年前後からは，企業を含む各種経営体の実績化の時代，すなわち組織社会であると捉えられることになった。さらに，1990年前後からは次の時代への移行期たるポスト資本主義時代を経て，2020年代から本格化する知識社会の時代が起こりつつあるとされるようになってきた。この間にあって，ドラッカーの所論は，自身の中で，発展・補充・復活させられたものを含むようになってきた。ここに発展とは，ドラッカーがかつて取り上げていた諸問題が後でヨリ具体的にヨリ詳しく解明されるようになった場合を指すことにする。補充とは，ドラッカーがかつて考察して然るべきであったが成しえなかった問題か研究の進行中に重要と気付かれた問題が新しく取り上げられるようになった場合のことである。また，ドラッカーがかつて考察したのに次第に取り上げ方が弱くなってきていたが後に再び御自身か我々により充分に考察されるようになった場合は，復活した問題と見なすことにする。特に，経済制度面において事業面が萌芽し，内外の環境変化によって事業的制度面としてそこから独立し，また，経済的制度面の方は事業面だけでなく統治的・社会的制度面でも考慮されるようになり，また，社会的制度面が内的な従業員社会だけでなく外の社会的関係も含むようになってきている，と解釈している。これらについては『ドラッカー経営論の体系』（1986年），『体系化〈上・下〉』（1994・5年）で論述し，これ以降の諸著作も対象にして下

巻前半を展開させたのが『P. F. Drucker のソシオ・マネジメント論』(2006年)であった。

しかも，組織社会以降で意識されることになり知識社会に向けては明確にされることになったように，社会の主要な構成要素は，政府・企業・非政府非企業という3種類の経営体であるとされていたが，拙著『体系化』では，企業を含む経営体一般，および，非政府非企業を考察しただけであったので，本書では，政府も含めて考察することにする。4重制度の各面と全体とに応じて，まず，経営体一般の目的・目標・責任，つぎに，経営組織と経営管理を考察する。さらに，経営管理論の後半では，前半の管理職能を遂行するために必要な諸要素を管理することを通して各種の総ての経営者を管理するという総合的管理を取り上げる。

最後に，われわれのこれまでの考察を，わが国におけるドラッカー研究書・解説書と関係させた上で，ドラッカーのマネジメント論の経営学的意義をまとめることにする。

本書は，15の項・講に分け，それぞれを，幾つかの質問文と，その中に含まれる各テーマ毎にまとめられたサブノートと，要約文，という3本建てにしてある。ゴシック体の質問文を設けたのは，既存の理論を単に受け身で学ぶよりもむしろ，経営について各種の疑問を感じて問いを発することの方が大事だからである。こうした質疑に応じ課題を設定（ゴシック体で表示）し，それらに積極的に取り組む習慣を，身に付けられるように，期待されている。サブノートでは，各質問・課題に答えるのに，長い文章ではなく短文や単語を使い，しかも矢印や等号や反対記号，実線や点線や波線，箇条書や一覧表やフロー・チャート等を用いた。文章だけでまとめた要約文には，各質問・課題に関連した見出しを網掛けにした。

本書の叙述の中で拙著『ドラッカー経営論の体系化〈上〉』あるいは『P. F. Drucker のソシオ・マネジメント論』（Ⅰと略称）と関係した箇所はその都度，「上巻の参照頁」「Ⅰの参照頁」の形で表示しておいた。さらに，『ドラッカー経営論の体系化〈上〉』で考察対象にした著作以降のドラッカーの諸著作についてわれわれが理解したものは，各項・講の末尾（複数頁）に追加する。下巻に既に記述してあったものに関連させて追加する場合は「補」として参照頁を示し，また，下巻では未だ取り上げられなかったが今回新たなテーマとして追加する場合は「補充」として参照頁を示すことにする。こうして下巻後半の展開が本書である。

以上は，ドラッカー金鉱脈についての自著を育てている過程の各齣である。更なる精錬化を誓うことで，ドラッカー先生・藻利重隆先生・雲嶋良雄先生をはじめ多くの先生方と，先輩・友人諸氏と，我がゼミ関係者と，文眞堂と三嶺書房の皆様やコンピュータ入力・印刷・製本等の関連の皆様，等から賜った御恩に対する衷心よりの御礼とさせて戴く次第である。

平成19年5月11日

河 野 大 機

# 凡　例

 = 同じ
 ≠ 同じでない　異なる
 > 左のものの方が右のものよりも大きい・重要
 ≯ 左のものの方が右のものよりも大きくはない・重要ではない
 ⊠ 異なる　反対
 → になる　結果をもたらす　影響する
 ⇒ 最終的になる　最終的な結果をもたらす　最終的に影響する
 ↛ にならない　次のような結果にならない　影響しない
 ↔ 相互に作用・影響する　反対・対立
 〃 左に同じこと〔もの〕　上に同じこと〔もの〕
 ○ 正しい　……である
 × 間違い　……でない
 ∴ 故に
 ∵ 何故ならば
 p. page，頁
 Par. Paragraph
 ℓ line（行目）
 ↑ 末尾・後ろから数えて
 補 既にあるものに関連させて追加して補う
 補充 新たに項などを挿入して補う

**文献略式表**

*End.* = *The End of Economic Man*, 1939.

*Industrial.* = *The Future of Industrial Man*, 1942.

*Corporation.* = *Concept of the Corporation*, 1945.　　*New.* = *The New Society*, 1950.

*Practice.* = *The Practice of Management*, 1954.

*Discontinuity.* = *The Age of Discontinuity*, 1969.

*Future.* = *Managing for the Future*, 1992.　　*Post.* = *Post-capitalistic Society*, 1993.

*Vision.* = *The Ecological Vision*, 1993.

*Change.* = *Managing in a Time of Great Change*, 1995.

*Challenges.* = *Management Challenges for the 21st Century*, 1999.

*Next.* = *Managing in the Next Society*, 2002.

上巻 =『ドラッカー経営論の体系化』三嶺書房，1994年。（「上巻」の表示無しでの頁表示もある。）

Ⅰ =『P. F. Drucker のソシオ・マネジメント論』文眞堂，2006年。

# 目　次

序　文 ... i
凡　例 ... iii

### 経 営 目 的 ・ 目 標 ・ 責 任

1. 経営体とその目的，および，その事業的・統治的・社会的・経済的制度とそれぞれの目的・目標・責任組織化・成果 ... 3

### 経 営 組 織

2. 事業戦略・経営目標に即した組織 ... 13
3. 事業に即した仕事の組織と生産工程の組織，および，労働（職務遂行）の組織 ... 19
4. 事業や経営の改善・革新・両者均衡のための組織（総合的組織の三構成要素） ... 27
5. 組織形態（総合的組織の各単位の具体的な形態），情報中心組織，経営的な健康維持の組織 ... 33
6. 経営体の各制度面と統治的組織・社会的組織（事業非事業間関係組織や個別経営体間関係組織）・経済的組織，人事部と一体化した組織部 ... 41

## 経 営 管 理

| 7 | 事業管理（その1）── 事業構想・事業戦略の管理 ── | 51 |
| 8 | 事業管理（その2）── 事業基本構造戦略の管理 ── | 59 |
| 9 | 統治管理と社会管理と経済管理 | 69 |
| 10 | 管理のための時間と態度と業務についての管理 | 79 |
| 11 | 管理のための技能と用具についての管理，および自己管理 | 87 |

## 政府行政経営体と非営利（非企業）非政府経営体に特有な経営の面

| 12 | 政府行政経営体と非営利（非企業）非政府経営体に固有・特に必要な事業・統治・社会・経済・目的・組織・管理の面 | 97 |

## ドラッカーのマネジメント論の意義

| 13 | ドラッカー経営理論に関する我が国における研究書・解説書 | 105 |
| 14 | ドラッカー経営理論の経営学的意義（その1）── 経営体全体，その事業の面 ── | 113 |
| 15 | ドラッカー経営理論の経営学的意義（その2）── その経済，統治，社会の面 ── | 123 |

P. F. Drucker の
# マネジメント・プラクティス論

## 1 経営体とその目的（上巻 pp.304〜5），および，その事業的・統治的・社会的・経済的制度とそれぞれの目的・目標・責任組織化・成果（上巻 pp.305〜317）

　経営目的は**顧客の創造**であると主張したのはドラッカーである，と解釈される場合が多いが，果たしてそうであろうか。また，八項目を含めた**経営体存続目標**が提示されているが，これらと経営目的はどういう**関係**にあるのだろうか。また，**利益**は経営活動の目的ではなく結果であるとドラッカーが主張しているが，経営目的と利益との**関連**はいかなるものなのか。

　もし経営体の各制度面に対応して目的が考えられるとすれば，どうなるのであろうか。その理由は，経営体の捉え方に現れると思われるが，如何なるものであるか。経営体をいかに捉えれば，その**事業目的**はどういうものになるのであろうか，また，その**統治目的**はどのようなものと言えることになるのか，さらに，その**社会目的**はいかなるものであろうか，また，その**経済目的**はいかようなものであろうか。とくに統治目的や社会目的に対する配慮を，経営体の自らの行動によって目に見えるようにしていくことが必要とされているのではないか。これらの行動がもし適切でなく目的が十分に達成されないと，その経営体や経営者の正当性も社会性も認められなくなり，それとかかわる事業部分だけでなく他の各事業活動分野や事業全体にも悪影響を与えるのか。以上のように各制度面を相互に関連させた**全体の経営体の目的**はどのようなものとして解釈したらよいことになるのであろうか。さらに，こうした目的と，収益性も含めた**経営体存続目標**（マーケティング，イノヴェイション，プロダクティヴィティ・物的資源・財務資源・人間組織，社会的責任，という七つの目標，また，利益〔収益性〕という一つの条件）とは，いかなる**関連**にあり，また，**経営体の各制度面の目的**と経営体存続目標とは，どのような関係にある，と解釈したらよいのであろうか。

　これらの目的に即して，それぞれ**各種の目標**を考えられるように思われる。この目標は，**個々の経営体の内外における環境によって，内容を異にしている**（いま経営戦略前提を転換させる前提は何か）が，ここから，計画，仕事（職務，**責任**，完了期限，成果測定からのフィードバック機構），人間の配置，経営実践，経営**成果**などはどのような**関連**になるのか。

　**経営体の事業目的に即した諸目標・成果**について，ドラッカーはどのように示しているのであろうか。それらが如何なる体系にあるものと，われわれは捉える必要があるのか。また，**統治目的の実現のために必要とされる諸問題**，また，社会目的の実現のために必要とされる諸問題，さらに，事業経済目的と非事業〔統治・社会〕経済目的の実現のために必要とされる諸問題は，それぞれ経営体存続目標体系との関連で，どう位置づけることにしたらよいか。

　また，これらの**目標・その実行・成果のためのシステム**は，いかなるものになればよいのか。

一　　　　　　　事業的制度 ⇒ 事業目的＝現在および将来の顧客・市場・用途の創造
　　　　　　　　　　　　　　　↑
　　　　　　　　　経営体は特定の社会的職分を担当するため，特定の事業を営む
　(pp.304～5)
　　　　　　　　統治的制度 ⇒ 統治目的＝権限・権力の正当化
　　　　　　　　　　　　　　　↑
　経営目的　　　　経営体はその内外の政治的構造や統治の問題を解決して，
　　‖
　経営体　　　　　　　　　　自律的な社会と経営体を築く
　維持発展
　(目標達成)　　　社会的制度 ⇒ 社会目的＝社会的な指導性発揮
　で解散も　　　　　　　　　　↑
　　　　　　　　　経営体は指導者としてその内外の社会の健全化に努めることにより
　　　　　　　　　　　　　　自身の健全化を図ることになる

　　　　　　　　経済的制度 ⇒ 経済目的＝現在および将来の内外の費用補償
　　　　　　　　　　　　　　　↑　　　　　　(上巻の第六章の二，三を参照)
　　　　　　　　　経営体は先ず事業経済面と非事業経済面で現在と将来に向けて費用
　　　　　　　　　を賄って存続する必要がある(各面での経済的配慮には
　　　　　　　　　　　　　　　　　　違いがありそうである)

　目標達成による解散 ← ex. 政府事業等のサンセット条項適用，期限つき研究開発経営体の
　　　　　　　　　　　　　　　　　　　　　　　　　　　　　　　　　　事業完了。
　　(p.305, ℓ.↑2～p.306, Par.1)

二　　経　営　目　的 ──→ **経 営 諸 目 標** ──→ **到達目標地点**ないし**標的**　(cf. Ⅰ：p.14)
　　　(経営体維持発展)　　(**経営体存続目標**)　　↑
　　　　　　│(解散も)　　　　│　　　　　　　　依存
　　　　各種経営体すべてに一般的に適用　　　　戦略や均衡標的群＝個々の経営体に特有
　　　　　　　(形式性・論理性)　　　　　　　　　　　　(実際性・実践性)


　　(p.317)
　　　経営諸目標 ──→ 戦略計画（第一段階＝昨日からの脱却，第二段階＝明日の構築。計画
　　　　　　　　　　　　　　　　　　　　　　　　　　　　　　　　　　｜職務・責
　　　作成の本質＝現在下すべき決定をその将来性の知識でもって為す）──→ 仕事｜任・完了
　　　　　　　　　　　　　　　　　　　　　　　　　　　　　　　　　　｜期　限・
　　｜成果測定・｜
　　｜フィード　｜に具体化 ──→ 人の配置 ──→ 各経営目標に対する責任に基づいた経営実行
　　｜バック機構｜
　　　──→経営成果

　　次頁以降において，経営体存続目標と各制度面の諸問題を関連づけてみることにする。

**経営体の事業目的（顧客創造）に即した目標・成果体系**（上巻の 456 頁も参照）
(cf., Ⅰ: pp.19～56. 本書 pp.13～40, 51～68, 113～122)

マーケティングの目標＝事業の最終成果すなわち顧客から見た事業全体の目標

基幹的な目標
- 中核市場の目標 → 事業規定を有意味な具体的行動に移せることになる
  ↑ 市場の動態・動向・変化と幾度も対比させて検証
- 市場地位の目標 ＝＝ 限界的最小限と独占的最大限の間の最適値
  ↑ 製品〔サーヴィス〕・市場区分・流通経路の注意深い分析

〔河野のマトメ〕 〔ドラッカーの例示したもの〕
○ツキ数字は上巻の307～8頁のもの

特定的な目標
- 廃棄目標：㊂既存製品の廃棄の目標 ←―変化―― 知識・市場・製品組合せ・事業目標
- 維持目標：既存製品の㊀既存市場, ㊁新規市場での占拠率・売上金額,
  既存の㊅販売組織・価格, ㊆顧客のためのサーヴィス, ㊇与信基準
  と与信効果, などの目標
- 革新目標：㊃現在の市場が必要としている新製品（種類・性質・量・占拠率）
  ㊄新製品で開拓すべき新市場（占拠率・売上金額）・新規の㊅販売
  組織・価格, ㊆顧客のためのサーヴィス, ㊇与信基準と与信効果,
  などの目標

―――――――――――――――――――――――――――

イノヴェイションの目標
‖（革新）
事業の凡ゆる部門・職能活動や各種の業種に関する革新の目標
- Ⅰ マーケティングの諸目標を達成するための諸目標（近い将来か遠い将来）
- Ⅱ 知識の進歩から近い将来か遠い将来に起こりうる凡ゆる分野の新事態

マーケティング革新の目標＝上述のマーケティングの革新目標（と基幹的目標）

〔ドラッカーの例示したもの〕　○ツキ数字は上巻
p.308, ℓ.↑2 ～ p.309, ℓ.5
〔河野が解釈しマトメたもの〕

㊀ マーケティングの諸目標を達成するための新製品・新サービス ＝ ㊅㊆の㊃～㊇

㊃ マーケティング諸目標を達成するための新しい生産工程 → 物的資源革新の目標,
および生産性の目標

㊁ 既存の製品を陳腐化させるような知識変化に備えるための
新製品・新サーヴィス ＝ ㊅㊆の㊁を穴埋めするもの, ㊅㊆の㊃

㊄ 知識・技能面の各種進歩に合わせた主要活動分野の革新 → 人間組織・管理の革新,
（会計・設計・事務管理・労使関係など） および生産性革新の目標

〔人間組織革新の目標〕　○ツキ数字は上巻 p.309, ℓ.↑7～p.310, ℓ.1
　㈠　経営者の採用・育成・業績の特定の目標　(1)目標自主設定と自己統制による指導，
　　　(2)経営者の職務内容の設定,(3)管理組織の精神,(4)管理組織構造,(5)将来の経営者
　　　の育成，などの目標)
　㈡　経営者以外の労働力の主要グループ別の目標
　㈢　労働組合との関係の目標　………　経営的社会責任目標にも関係
　㈣　従業員の技能（▽㊂の㈤も）の目標
　　　　　　　　　　　　　　　　　　　〔職歴〕
　㈤　従業員の態度の目標　　（以上㈠～㈤　人間のマーケティング革新の目標）


〔物的資源革新の目標〕　○ツキ数字は上巻の310頁のもの
　㈠　物的資源革新の目標（▽㊂と㊁㊂の目標の達成に必要な，新油田の発見と開発・
　　　　　　　　　　　鉄鉱石の供給源の開発・原材料の確保・製品仕入先の育成）
　㈡　物的施設革新の目標（工場・機械・事務所・店舗の廃棄と革新の目標）


〔財務資源革新の目標〕（『現代の経営』第7章も参照）
　㈠　資金使途革新の目標
　㈡　資金調達革新の目標（資金のマーケティング革新の目標）


〔生産性革新の目標〕
〔管理革新の目標〕

------

マーケティングの維持・改善の目標：㈢～㈤　⎫
人　間　組　織　の　維　持・改　善　の　目　標：㈠～㈤　⎬　上述の各革新目標と同じ項目で
物　的　資　源　の　維　持・改　善　の　目　標：㈠・㈡　⎬　中身は異なったもの
財　務　資　源　の　維　持・改　善　の　目　標：㈠・㈡　⎬　（維持・改善の特性をもったもの）
生　産　性　の　維　持・改　善　の　目　標：　　　　　⎬
管　理　改　善　の　目　標：　　　　　　　　　　　　 ⎭

　　　　マーケティング維持・改善の目標㈢＝製品の改善（▽の目標達成や予測技術変化の先取
　　　　　　　　　りのため）▽目標㈣～㈧に関係
　　　　　　　　　　　　　　㈣＝物的資源目標（および生産性目標）に関係
　　　　　　　　　　　　　　㈤＝人間組織目標（および生産性目標）に関係

以上のような事業的な経営体存続目標体系は，

　　各成果領域別の目標体系と関係づけることができる
　　各事業単位の各成果領域別の目標体系と関係づけることができる　（上巻の456頁の右半分も参照）

事業目的に即した目標・成果体系
- マーケティング目標・成果
  - 基幹的な目標・成果
    - 中核市場の目標・成果
    - 市場地位の目標・成果
  - 特定的な目標・成果
    - 維持目標・成果
      - 廃棄目標・成果＝既存製品の廃棄の目標・成果
      - 既存製品の既存市場・新規市場での占拠率の目標・成果
      - 既存の販売組織・価格・サーヴィス・与信などの目標・成果
    - 革新目標・成果
      - 新規製品と新規市場の目標・成果
      - 新規の販売組織・価格・サーヴィス・与信などの目標・成果
- イノヴェイションの目標・成果
  - マーケティングの革新の目標・成果
  - 物的資源・財務資源・人間組織の革新の目標・成果
  - 生産性の革新の目標・成果
  - 管理の革新の目標・成果
- 人間組織の目標・成果
  - 経営者資源の目標・成果＝経営者指導・経営者職務・管理組織の精神と構造・経営者育成などの目標・成果
  - その他の人的資源（労使関係も含む）の目標・成果
- 物的資源の目標・成果
  - 物的資源の目標・成果
  - 物的施設の目標・成果
- 財務資源の目標・成果

市場・顧客・最終用途と販売の
　先導性の目標・成果
　将来性の目標・成果
　成果性の目標・成果

製品〔サーヴィス〕と生産の
　先導性の目標・成果
　将来性の目標・成果
　成果性の目標・成果

流通経路と配給の
　先導性の目標・成果
　将来性の目標・成果
　成果性の目標・成果

(cf., Ⅰ：pp.57〜66. 本書 pp.42〜4, 70〜1, 127)

経営体の統治目的（権限権力正当化）に即した目標・成果体系

- イノヴェイション（管理革新）の目標・成果
- 人間組織（労組や他との関係）の目標・成果
- 人間への社会的衝撃の解決の目標・成果
- 社会的責任（経営体社会関係）の目標・成果

- 労組との二重的統治の目標・成果
- 組織道徳律の遵守の目標・成果
- 経済権力正当化の目標・成果（取締役会・理事会の機能化・統治）
- 社会的諸職能の調整・各種利害者集団の調整（自己統治）・職能遂行の社会的調整等の目標・成果
- 全般管理的統治（協働統治）の目標・成果

(cf., Ⅰ：pp.67〜86. 本書 pp.45, 71〜3, 127)

経営体の社会目的（指導性発揮）に即した目標・成果体系

- イノヴェイション（管理革新）の目標・成果
- 人間組織（知識労働者・労働組合との関係）の目標・成果
- 社会的責任（社会的衝撃・問題・構築の解決）の目標と成果

- 社会的衝撃（環境保護・文明と文化の調和・職場社会・被傭者社会〔年金労働者・長期被傭者・知識労働者など〕との関係，その他の社会的衝撃の監視）への社会的責任の目標・成果
- 社会問題（知識労働者・労働組合・サードセクター・政府・偏執的な少数派利害者集団などとの関係，その他の社会問題の討議）への目標・成果
- 経営倫理（組織社会構成員的な経営体の倫理，社会指導者集団的な経営者の倫理，知識労働者の経営体構成員的な倫理）への目標と成果
- 政治責任と教育的責任（組織社会構成員的な経営体・経営者の）への目標・成果
- 新社会（地域・市民・民主社会，自由市場経済社会，起業家社会，連帯社会，知識社会など）構築への目標・成果

(cf., Ⅰ：pp.91～108. 本書 pp.46～8, 74～77, 124～6)

**補償）に即した目標・成果体系　事業経済目的（顧客創造の費用**

- イノヴェイション（管理革新）の目標・成果 ── 事業経済管理の革新の目標・成果
- 生産性の目標・成果 ── 資本（固定資産・運転資産）・自然資源・時間・知識・知識労働者（人的資源のマーケティング）・組織構造・各種活動間関係の生産性・総合生産性の目標・成果
- 財務資源の目標・成果
  - 事業構想・戦略に即した資本運用形態の目標・成果
  - 資本の運用形態に即した調達源泉（財務資源のマーケティング）の目標・成果
- 収益性の目標・成果
  - 必要最小収益性，制約条件としての収益性，獲得可能性としての収益性，計画目標や業績測定尺度としての収益性，収益性意識，についての目標・成果
  - 製品サーヴィスの価格設定の目標・成果
  - 当期費用・将来形成費用の目標・成果

右側：
- 市場・顧客・用途と販売の経済性の目標と成果
- 製品〔サーヴィス〕と生産の経済性の目標・成果
- 流通経路と配給の経済性の目標・成果
- マクロ経済学・マクロ経済との関係

(cf., Ⅰ：pp.103～4. 本書 pp.42～5, 47)

**補償）に即した目標・成果体系　権力正当化・指導性発揮の費用　経営体の非事業経済目的（権限**

- イノヴェイション（管理革新）の目標・成果
- プロダクティヴィティの目標・成果
- 財務資源の目標・成果
- 収益性の目標・成果
- 人間組織の目標・成果
- 社会的責任の目標・成果

右側：
- 経営体の統治的制度面の課題に関連した経済的諸問題
- 経営体の社会的制度面の課題に関連した経済的諸問題

［これらのうち，ドラッカー自身が取り上げた社会経済的新陳代謝費用，年金・労働・社会継続費用，地球環境保全費用のみならず，寄付目的の資金運用費，年金基金管理費・投資先監査費，自由で機能し連帯一体化する社会の構築のための社会的費用の経営体負担分，自己実現・理想追求のための費用もある，と解釈できよう。］

財務的・定量的データのみならず非財務的・定性的データも
事業・事業経済（cf., 本書p.47）のデータのみならず統治・社会・非事業経済のデータも
　　　　　　　　　↓（河野解釈→発展）

経営システムの統合化の目標・成果　＝　経営データ処理システムと会計システムの　統合化の目標成果
(cf., 本書 p.48)

**経営戦略** (p.317 補。本書 pp.4〜9 補。) (*Challenges*, ch.2.)

経営戦略 = 事業の定義を現実の成果に結びつけるもの → 事業定義の適切さを明らかにする
何が機会であるかを決めるもの → 見直しの時 = 望ましい成果をあげない時
経営戦略上予期しない成果をあげた時

**経営戦略の前提とすべきもの**：21世紀への転換に世界が直面するような急激な変化・不確実性の時代

**（1）先進国における少子化**

- 高齢化の問題 ≠ 特に目新しいこと
  - 平均寿命の延びが18世紀に始まり19世紀に加速。対処法既知：79歳定年も。
- 途上国の人口増加問題 ≠ 目新しいこと
  - 先進国の百年前と同じ，インド以外は天井打ち。環境との均衡：20世紀初頭欧州経験済。
- ① 人口増加をめぐる諸問題 ＝ 政治の中心化 ＝ 異文化・宗教国からの大量移民は危険な問題。日本は深刻，米国さえも。
- ② 政治は不安定たらざるをえない
- ③ 早期退職の傾向は続くが，パートタイマーが増加。知識労働者も。
  → 多様化した被傭者の管理，定年後の知識労働者の誘引・定着・生産性向上が必要。
- ④ とくに知識労働者の生産性を急速に向上させる必要 ← 競争力問題
- ○ 機会：教育充実化の機会（日本：教育重視・教員厚遇化）。子供用品製造業。

**（2）支出配分の変化／経営の仕方が異なる**

- 顧客の全支出のうち，自社が提供するカテゴリーの製品やサーヴィスに使ってもらえる割合の数値 ＝ 経営戦略のための情報の基本 ← 定着値が長期持続
- このカテゴリー間の変化，カテゴリー内での変化：21世紀の数10年間は重要
- 20世紀の成長部門 ＝ 市場経済のものでなく，需要と供給の法則に従わず，価格の影響を受けず，経済学のモデル外で，経済理論に従わない
- ① 政府：民営化の進捗で増大せず。新顔：環境対策 ＝ 資源使途に大影響の規制
- ② 医療：今後とも成長 ← 人口構造の変化。ただし，部門内の様相は一変
- ③ 教育：〃　〃　〃　〃　ex. 学校から継続教育へ
- ④ 余暇：生産性や産出能力の伸びは①②③の合計。既に成熟，衰退面も ← 市場で「時間」獲得競争が激化，利益率低下，サーヴィス差別化の難化。
- 個々の分野や個々の経営体の経営戦略にもたらす 意味 の解明のために
  （20世紀末30年の例：退職後の資金確保をめざす金融業。出版業）
- Ⓐ 成長産業：自らが将来を創るとの姿勢が必要 → 革新の先頭，リスク冒す
- Ⓑ 成熟産業：幾つかの的を絞った重要分野 が必要 → 柔軟性と変化 必要
  費用と品質が重要な分野で主導　　　　　　満足度変化への対応
  → 提携・パートナーシップ・合弁が必要
  ex. 医薬品産業：ニーズ満たすため遺伝子工学・分子生物学・医療用エレクトロニクス，漢法医学などを必要化（'90年代以降）
- Ⓒ 衰退産業：もはや差別化は困難，市況商品に変化。　ex. 普通乗用車
  → シェアの奪い合い（＝ 量的拡大）
  → 費用削減と品質向上のための体系的努力による産業内での地位の確立をめざす
- → 必要：量的な変化の情報 ＋ 質的な変化の分析（企業も非営利経営体も）

**（3）業績についての新定義（従来）**

力　の　移　行 ← 財産権の移行 ← 人口増加の変化

- 企業：
  - 株主の直接的利益のためにのみ経営すべし
    短期的 ← 米国新理論
  - 顧客・従業員・株主の均衡的利益のために〃
    ＝ 英・米（1920年代〜最近）の主流
    → 誰にも責任を負わなかった
  - 社会的調和や肉体労働者の利益のために〃
    ＝ 日・独・スカンジナビア ← 知識労働者

年金基金と信託基金の発展
将来の年金受給者が企業所有者に

金持ちではないが豊かな非肉体労働の中流階級の出現
平均寿命の伸長

← いずれも無効なので，修正が必要
企業統治をめぐる議論は始まったばかり
企業とくに上場大企業の目的／業績 に新定義が必要 → 株主優先の短期的利益と長期的繁栄の均衡
　　　　　　　　　　　　　　　　　　　　知識労働者の動機・非金銭的応報

（4）グローバル競争の激化
- あらゆる種類の経営体：グローバルな競争力の強化 ＝ 経営戦略上の目標
　世界のどこかの主導的経営体が設定する基準 の不達成 → 成功・生残りも困難
　（生産性・事業諸活動・経営存続目標的活動）
- ⊠（それにも拘らず）
　21世紀中葉にまで，保護主義の波が世界を覆う ← 外界の冷たい乱気流への防衛
　グローバル水準に未達の経営体：保護しきれない，更に弱くなるだけ

（5）政治の論理との乖離

3つの世界が重複・それぞれ強力化
- 真にグローバルな経済の世界：資金と情報にかかわる
　　国境：障害，コスト・センター
- 地域共同体の経済の世界 → 物の移動が自由，サーヴィスと人の移動の障害が大幅に除去
　　（しかし）
　　⊠ 国境の意味を減じえない，国境の超越は更にありえない
- 国とそれぞれの地方からなる政治的な世界
　（経済的というよりも優れて政治的）

あらゆる種類の経営体：これらから逃れられない。3世界を同時に生きる必然性

行ってはならない事
- 誘惑に負けて，経営上の判断を疎（おろそ）かにすること
　└ 政府／自治体が経済力低下を補うために用意するあらゆる種類の餌
　　（減免税の優遇，高関税の保護，独占の約束，諸々の補助）
　→ ただ（無料）ほど高いものはない
- 自ら事業構想・定義や経営戦略に合致しない事業への進出（特に買収での事業拡大）
　機会 ＝ 経営戦略の確立で摑（つか）めるもの ⊠ 脇道

行うべき事
- 事業発展（＝投資や買収以外の方法で → 提携・パートナーシップ・合弁）＝ 進出国の他の経営体との協力によって実現
- 理想：経済の枠組と政治の枠組を分離できる形態
　　（世界）　　（国別）　　→ 経済と政治の摩擦を緩和
- 為替変動への対応：完全な地場産業でさえ世界経済の荒波に揉（も）まれる時代
　通貨＝ ┌ 野放図に動く ← 実体経済の利益を目的とせず
　　　　│　　　　　　　　事業や資産ではなく有価証券に投資
　　　　└ 不安定きわまりない ← 変動相場制によってえられた国内政策上の自由を濫用

理想的に必要
- 経営上の意思決定や行動の内 ┌ いずれを事業上の必要に即して行い，
　　　　　　　　　　　　　　 └ いずれを進出国の事情に即して行なうべきか を事前に知る
- グローバル事業の一環としての必要／各当該地の主権に関る政治的な現実 の双方を同時に満足させる意思決定や行動を，いかに行なうかを知る

経営目的は，経営体全体の維持発展，また，これらの達成による解散である，と解釈する。
　事業体は，その中核市場や市場地位について基幹的なマーケティング目標を設定し，また，市場（製品の市場占拠率・売上高など）・知識・製品・製品組み合わせ・価格・販売組織・顧客へのサーヴィス・与信の基準と効果などについて，廃棄目標・維持改善目標・革新目標を特定的なマーケティング目標として設定する必要がある。マーケティングの新しい基幹的目標と特定的な革新目標はイノヴェイション目標に含まれる。物的資源の革新目標は新たな資源そのものの獲得と供給源の確保・育成と物的施設の廃棄・獲得である。財務資源の革新目標は資金使途と資金調達についてである。人間組織の革新目標は従業員と経営者の人事管理と組織と態度と労使関係についてである。これらに関連して，維持・改善も目標になる。
　目標と統治問題とのかかわりは以下の通りである。①労働組合と経営陣の二重的統治化は，労組との関係も含めた人間組織，職場社会への社会的衝撃の解決，労使関係の管理革新も含めた，革新の各目標と，②組織道徳律の具現化は，個人や集団という人間組織，人間への社会的衝撃の解決，人事や人間指導（リーダーシップ）の管理革新も含めた，革新の各目標と，③経済権力の正当化と経営体統治権限の正当化は，取締役会・理事会の構成や機能の適正化や革新の目標と，④政府の統治権限との調整，社会における諸職能・権限の調整による自律的生存，各種利害者集団の関係化の調整は，各社会的責任，管理革新も含めた，革新の目標，と関わっている。
　目標と社会責任問題とのかかわり：①経営体の社会的衝撃の解決は，社会的責任，諸影響を受けやすい人間組織，各種の分野での管理革新も含めた，革新の各目標と，②経営体や経営者による社会問題の解決は，社会的責任，不健全な環境の中から脱出させられる人間組織，各種の分野で必要とされる管理革新も含めた，革新の各目標と，③経営倫理や政治責任や教育的責任と，④新社会構築責任の適正化は，社会的責任，倫理や責任の具現者や担い手たる人間組織，各種の分野での管理革新も含めた，革新の各目標と，関わっている。
　事業構想・戦略に即した資本運用形態と調達源泉との経済適正化は，直接的には財務資源と，また，関連の管理分野の革新に対応した革新目標になる。固定資産や運転資産に変わる資本，自然資源，時間（とくに経営者の時間），知識と知識労働者，組織構造，各種の活動間の関係，上級管理職へ昇進する機会のない仕事，での生産性の向上は，直接的にはプロダクティヴィティの目標，また，関連の管理分野の革新に対応した革新目標，部分的には財務資源の目標になる。収益性（必要最小限・制約条件・獲得可能性，または，計画目標や業績測定尺度などとしての経営体継続費用準備能力の程度と，その意識）の向上は，収益性の目標，また，関連の管理分野の革新に対応した革新目標になる。また，非事業〔統治的社会的〕経済目的に即した目標は，革新や人間組織や社会的責任に関連して経済的な性格を表わす。
　経営統合システム化の目標は財務や会計面・定量面も非財務非会計面・定性面も含んでいる。

## 2 事業戦略・経営目標に即した組織
（上巻　pp.209～221）（cf., pp.467, 290～1. 本書pp.120, 47）

　組織の分野は，目覚ましく成長した研究領域でもあるし，改変に常に取り組まれている問題領域でもある。しかし，間違った組織は，組織目的の達成に向けて人々を動員できず，業績も向上させることもできない。それでは，従来，どのように分析されてきたのであろうか。

　まず，**これまでの組織分析**は，経営体に必要と思われるあらゆる経営活動，すなわち**職能のすべてを分析**するものであった。しかし，組織の定義に即してみれば，**何かに重点をおいて分析**するほうが適切だと思われるが，何に焦点をあててみればよいのであろうか。重点の置き方は時代や状況によって異なってくるので，こうした組織分析がとくに必要となるような経営体とは，どのような種類のものだということになるのであろうか。

　つぎに，**これまでの組織分析**は，経営体に必要と思われる**各活動を個々に合理化させ能率化**させることをめざしてなされる分析であった。しかしながら，各活動という部分に関して合理化・能率化を実現させることによって，果たして，**経営体の全体にとって意味がある**ということになるのであろうか。それでは，各活動はどのように分析すればよいのか。

　さらに，**これまでの組織分析**は，一つの部分が力を一定方向に加えられると他に必ず反応するという歯車仕立ての**機械づくりのように**，諸活動を結び付けることを行ったのである。しかし，各活動のどの側面に注目するかで分析結果が異なる。その側面の性格を決定する要因は，何であろうか。**諸活動の間の関係**は，機械における各部分の関係とは異なるものとして，どのようなものが考えられるのであろうか。それはどのような意義をもっているのか。

　しかしながら，こうした組織分析の条件を満たさないと，**悪い組織**が現われてくる。その**徴候や原因**はどのようなものか。組織階層が多すぎると，人々に共通の方向づけや相互理解をむずかしくさせ，目標を歪め，注意を誤った方向に向けさせるようになる。各種の問題がそれぞれどこに属すかについて人々の間に統一的見解がなく混乱があれば，同じ種類の組織問題がしばしば起こることになる。組織再編のブームに安易に乗って均整な組織の形を狙いすぎていくと，業績中心の態度が欠けてきて，人々の注意が二次的方向に向いてしまう。職務規定が不十分で，しかも人間関係が複雑であると，会議は多すぎることになる。焦点を絞らずに何も彼も少しずつ手掛けたり，組織の中で人々が多くて込み合っていたりすれば，自ずと，他の人に気を遣いすぎて，非常に貧弱な組織しか生まれてこなくなる。部門や人々の課題を狭いか，あるいは多すぎて設計すると，職責を持たぬ人に頼まざるをえない。以上のような悪い組織は，それぞれ上述のどの**分析**をしなかったためなのであろうか。

組織＝経営体が意思決定した戦略と目標を達成するための手段

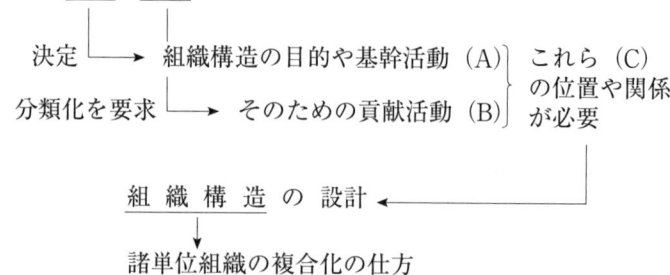

　　　　　　　　　　　組織構造 の 設計 ←
　　　　　　　　　　　↓
　　　　　　　　　　諸単位組織の複合化の仕方

　　　　（pp.210～2）　　≠あらゆる経営活動すなわち職能のすべてを分析（従来）
　（A）**基幹活動の分析**
　　　　　　　　　　　＝重点的な組織分析

基幹活動＝事業戦略・目標にとって価値のあるものに対して責任を負った組織単位
　　　　　　　　　　(cf., I：p.30)　　(ex. p.211, ℓℓ.4～5, 7～10)
マークス＆スペンサー社の事業規定＝労働者階級の家族のための高級商品の開発
→どのような新製品が望ましいかを決め，その新製品を開発・設計・試験して生産に
　　移させる機関（研究所）の活動 ←
　　　　　　　　　　　　　　　　　　　　　　　　　　　ex.
　　　　　　　　　　　　事業戦略・目標にとって不可欠で中心的であるもの
　同じ名称の活動でも　　　　　(p.211, ℓℓ.4～5)　＝基幹活動
　(ex. 研究所活動)
　　　　　　　　　　　　事業戦略・目標にとって不可欠で中心的でないもの
　　　　　　　　　　　　　　　　(p.211, ℓℓ.6～7)　≠基幹活動
　　　　　　　　　　　　　　　　　　　　　　　　　　　ex.
　　　　　　　　　　　　　仕入商品を試験する所（研究所）の活動
　シアーズ・ローバック社の事業規定＝アメリカの家庭のための仕入係になる

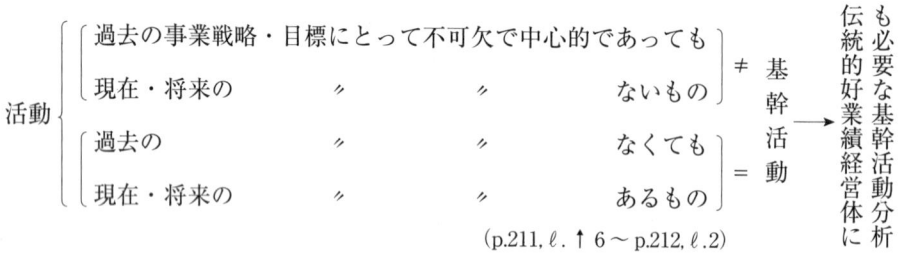

急成長（＝組織に混乱を生じさせる過程）の経営体＝基幹活動分析が最も必要
∴　市場・技術・事業形態・目標などの変化→戦略の変化→基幹活動分析→組織変革

(pp.212〜4)
**(B) 貢献種類の分析** 　{ ≠個々に合理化・能率化されるべき各活動の分析（従来）
　　　　　　　　　　　　＝成果即応的な組織分析

　　　　成果との関連で活動を分類

　　　　　　同一種類の貢献をする諸活動　→　同一種類の構成単位にまとめる
　　　　　　　　　　　　　　　　　　　　　　同一の管理下におくことができる

成果を生む活動 {
- ⅰ 成果を直接にもたらす活動＝企業では収入，病院では治療，学校では学習，と直接的に結び付く活動
  - ex. 企業：革新活動，販売活動（販売予測・市場調査・販売管理・販売訓練・売却），財務活動（資金調達・資金管理）
- ⅱ 成果に直接に関連づけられ貢献する活動
  - ex. 企業：製造，エンジニアリング，購買，物流，労務（求人・雇傭・訓練・労使関係など）の諸活動
- ⅲ 成果に直接的か間接的に関連づけられる情報活動
  - ex. 企業：経理，オペレーション・リサーチ，コンピュータ関連の諸活動

支援活動＝活動結果が他の組織単位に活用されて成果になる {
- ⅰ 良心活動＝経営体や経営者にヴィジョンや価値観や基準を与えて業務監査の方策を与える活動
  - ex. 従業員管理，マーケティング，社会的な衝撃・問題・新構築の管理，外部社会関係管理，革新の諸活動
- ⅱ 助言・教示活動＝サーヴィス・スタッフ活動
- ⅲ 関係活動＝法律スタッフ，特許部の諸活動

成果と直接的にも間接的にも関連性のない活動＝付随的な活動＝衛生・家事活動
　　　ex. 医務から清掃，食堂から年金，立地から書類，
　　　　　の各種作業・管理

最高経営活動＝多元的・継続的・反復的な活動（cf. 本書 pp.44〜5）
　　　ex. 目標策定，規範設定，組織経営，対外関係，の活動
　　　　　経営体を代表した儀式的活動，非常時の代行の準備活動

(pp.215～8)　　　　　　　｛≠機械づくりの如くに諸活動を結び付けるように分析
(C) **有機体観的な組織分析**　　　　　　　　　　　　　　　　　　　　（従来）
　　　　↑　　　　　　　　｛＝諸活動の**相互作用**的な**意思決定**や**関係**の分析
　　　　│　　　　　　　　　　　　　　　　　　（Ⅰ）　　　（Ⅱ）
　　　　└──諸活動を相互作用の中に位置づけることによって，
　　　　　　有機体的な組織構造が設計される。

(PP.215～7)
（Ⅰ）┌─㈠将来性の度合い＝将来拘束度，決定効力解消速度（前者が大／後者が小 →上層）（逆）
　　　│　㈡影響〃＝他の職能・分野や経営体全体に対する影響度（大 → 上層）（逆）
意　　│　㈢質的要因含有〃＝基本的な行動原則，倫理的な価値観，社会的・政治的信念
思　　│　　　　　　　　　　などの含有度（多 → 上層）（逆）
決　　│　㈣決定頻度〃＝定期的に繰り返して決定（→ 下層），稀な決定（→ 上層）
定　　│
の　　│　ex.㈠シアーズ・ローバック社で既存製品の取扱い中止，新規製品取扱い
性　　│　　　　　　　開始 → 将来に大影響 ─────────────────┐
格　　│　　　　　　　（同社の第二・三位の実力者）購買経営者の承認が必要 ←─┘
の　　│
決　　│　　㈡大量生産工場での在庫部品管理方式の変更 → 事業過程全体に影響
定　　│　　　　　　　　　　　　　　　　　　　　　　　　　　　‖
要　　│　　　　決定→｛工場よりも高次の経営者陣　　　｛全部品製造，組立て，製品引渡
因　　│　　　　　　　 関係職能の経営者間の協議　　　　し，デザイン，プレミアム価格，
　　　│　　　　　　　　　　　　　　　　　　　　　　　設計
　　　↓
　　　　　　意思決定階層の原則｛決定はできる限り低い階層ですべきである①
　　　　　　　　　　　　　　　　決定は影響を受ける活動・目標が理解される階層ですべし②
　　　　　　　　　　　　　　┐
　　　　　　　　　　　　　　│①→決定されるべき低い階層度③　　　　　　　　　┐示す
　　　　　　　　　　　　　　│②→可能な低い階層，決定に関わる(知らされる)経営者④

　　　　位　┌組織内における個々の活動の所属場所 ←──①②③④
　　　　　　│仕事に関する決定を下すに必要な権限を
　　　　　　│　　　　　　　持てるほど高い階層に位置づけ ←── ④後半
　　　　置　│決定内容の執行に必要な知識と経験を
　　　　　　└　　　　　　　持てるほど低い階層に位置づけ ←── ①②③, ④前半

────────────────────────────────────────────────

　　　上層との関係 ex. 鉄道事業における技術的職能｛新しい設備や施設の企画
　　　　　　　　　　　　　　　　　　　　　　　　 現存の設備や施設の保全
　　　　　　　　　　　　　　　　しべえ与
Ⅱ　　　　　　　　　　　　　　　　　　　　　　密接に↓関係
の　　　　　　　　　　　　　　──────物的資源の決定や革新目標の設定と達成
例　　最高経営者と直接協議できるような位置

　　　横との関係　ex.

　　　　　　　　　　　　　　　　　　　　　　　関　要製　価製　売　配
　　　　　　　　　　　　　　　　　　　　　　　係　改品　格品　上　給
　　　　　　　　　　　　　　　　　　　　　　　情　善開　設開　予　計
　　　　　　　　　　　　　　　　　　　　　　　報　のや　定発　定　画
　　　　　　　　　　　　　　　　　　　　　　　　　必デ　のや　数　の
　　　　　　　　　　　　　　　　　　　　　　　　　要ザ　指デ　量　情
　　　　　　　　　　　　　　　　　　　　　　　　　なイ　針ザ　の　報
　　　　　　　　　　　　　　　　　　　　　　　　　新ン　のイ　情
　　　　　　　　　　　　　　　　　　　　　　　　　製の　情ン　報
　　　　　　　　　　　　　　　　　　　　　　　　　品旧　報の
　　　　　　　　　　　　　　　　　　　　　　　　　と製
　　　　　　　　　　　　　　　　　　　　　　　　　　品
　　　販売(セリング)　　　　　　　　　　　　　　　　　　　　　　　技　　　　製
　　　　職　能　　←→ マーケティング職能 ──→ 購買職能 ─→ 術　──→ 造
　　　　　　　　　　（あるいは↓下に置く）　　　　　　　　　　　　職　　　　職
　　　　　　　　　　　　　　　　　　　　　　　　　　　　　　　　　能　　　　能
　　　　　　　　　　　 販売（セリング）職能

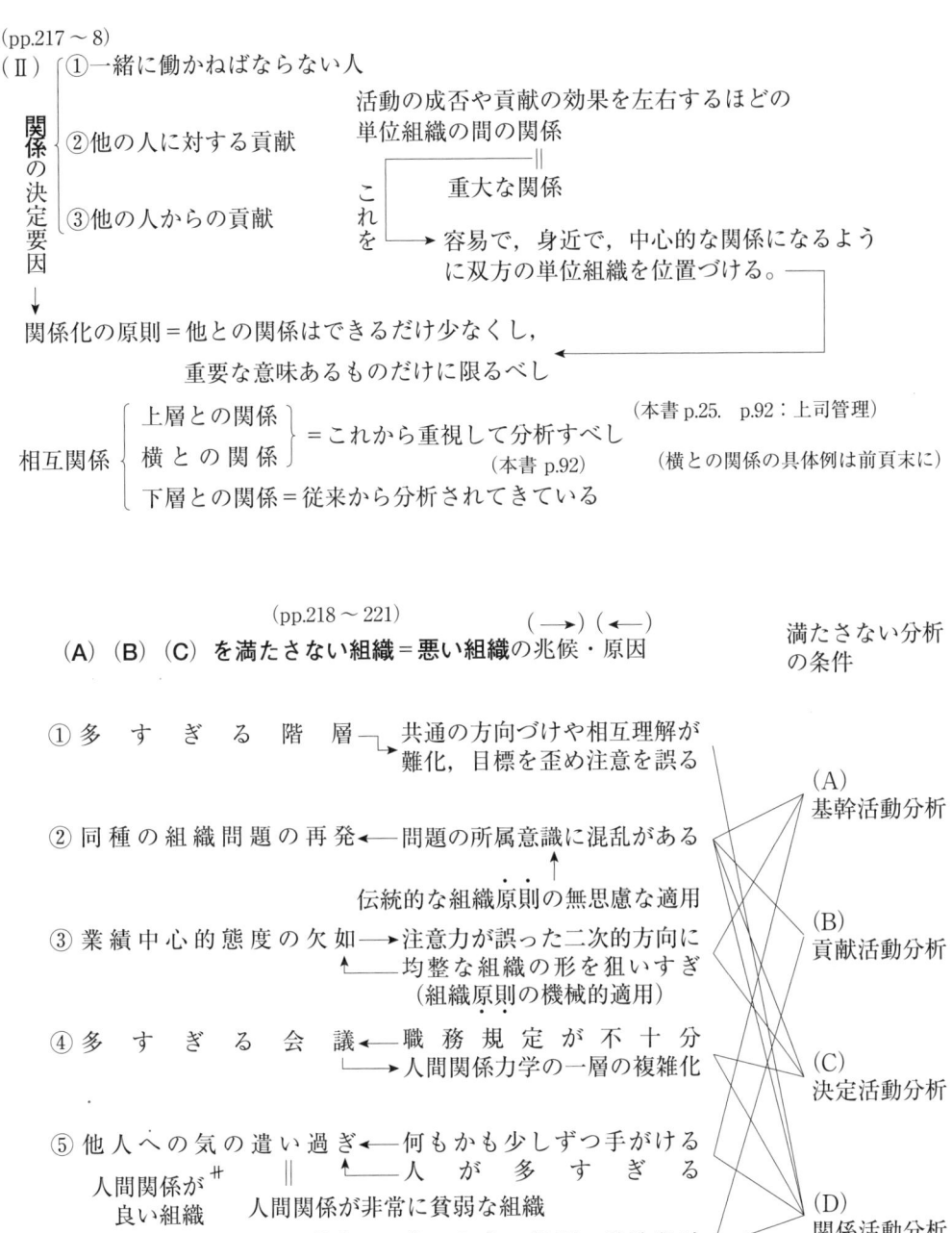

17

組織とは「経営体が意思決定した戦略と目標を達成するための手段」である。戦略が決まると，組織構造の目的や基幹活動（すなわち，事業の戦略や目標にとって価値あるものに対して責任を負った組織単位）が明らかになってくる。目標を達成するためには，各種の貢献活動が必要とされてくる。しかも，これらの基幹活動・貢献活動の位置や関係を適切なものとすることによって，適正な組織構造がつくられることになるのである。

　まず，基幹活動は「経営体が業績を上げ目標を達成するために卓越性が必要となるような活動」のことである。あくまでも，目標や戦略が重要な意味を持っている。したがって，同じ名称の活動でも，経営体が異なれば，また経営体の内外の環境が違って戦略や目標が変わってくれば，一方が基幹活動で，他方がそうではないということになる場合もある。例えば，基幹活動は，事業の相違によって，婦人服会社ではデザイン活動，紙・パルプ会社では長期的な森林経営，照明具会社では採光・照明に関する顧客教育活動などとなっている。また，過去の事業戦略・目標に不可欠で中心的であっても現在はそうではない活動もあるし，過去はそうでなくとも現在・将来の事業戦略・目標に不可欠で中心的になっている活動もあるので，好業績をあげてきた伝統的な経営体はこの変化に注意しなければならない。従来のような凡ゆる活動・職能の分析の代わりに，重点的な組織分析が必要とされているのである。

　つぎに，貢献活動の種類は経営全体の業績や成果との関連で決まる。何よりも成果への貢献の仕方の違いが重要であり，同一種類の活動は同一種類の構成単位にまとめる必要がある。「成果を生む活動」は，成果を直接にもたらす活動（革新・販売・財務），成果に関連づけられ貢献する活動（購買・技術・製造・物流・労務），成果に直接か間接的に関連づけられる活動（経理・OR・コンピュータ関連）である。活動結果が他の組織単位に活用されて成果になるという「支援活動」は，良心活動（従業員管理・マーケティング・社会的な衝撃や問題や新構築の監査），助言・教示活動（サーヴィス・スタッフ活動），関係活動（法律・特許部門）である。なお，これらの諸活動以外に「衛生・家事活動」・「最高経営活動」もある。

　さらに，諸活動の意思決定に注目すると，各活動は，意思決定されたことによる将来性（拘束度），他への影響度，質的要因（原則・価値・信念）含有度，決定頻度に基づいて決定の下されるべき階層に差異が生じる。また，一緒に働かなければならぬ人，他の人への貢献，他からの貢献，によって効果が左右されるような単位活動との関係は，重大な関係であり，これを容易で身近な中心的な関係にもっていくように，単位活動間の諸関係の中身を限定・厳選すべきである。

　なお，悪い組織の兆候（多すぎる階層，同種の組織問題の再発，業績中心的態度の欠如，多すぎる会議，他人への気の遣い過ぎ，職責をもたない人への依存）が現われてきたら，その原因を究明したり，対策を講じたりするために，上述の諸組織分析の一つか複数を選んで，適切な分析を進めていく必要が生じてきたことになる。

3 事業に即した仕事の組織と生産工程の組織，および，労働（職務遂行）の組織
　（上巻　pp.221〜243）（cf., pp.467, 290〜1. 本書 pp.120, 47）

　組織的活動を形成するものは何か。まず，なされるべき「**仕事**」（work）がある。これはどのような**特性**をもっているか。つぎに，各仕事のために集められた人々が協働に向け一つの製品やサーヴィスづくりにまでまとめるのが，「**生産工程**」（production process）である。これはどうしたら**適切**になるのか。さらに，「**労働**」（working）という**人間によってなされる活動**そのものがある。これはいかなる**特徴**をもったものとして捉えられたらよいのか。

　まず，**仕事分析**がある。しかし，いきなり仕事分析に取り組んでいってよいのであろうか。仕事はそもそも何のために必要とされているのであろうか。これを考えると，経営的仕事や生産上の仕事に関して**仕事分析の前に取り組むべきもの**が明らかになる。それはどのようにして進められ，いかなるものを明らかにすべきなのか。仕事分析そのものはいかなるものか。

　つぎに，**生産**とは，原材料に用具を使うことによってえられるものであろうか。そうではなく，**仕事に論理を適用すること**であると考えている人もいる。その場合に，各種の生産方式に特有な論理・原理・特徴が明らかにされなければならない。**生産方式**としては，大別すると，個別生産・硬直的大量生産・柔軟な大量生産・装置生産の各方式が考えられている。各方式の**具体例**をあげるとすれば，どのようになるであろうか。各生産方式の**論理・原理・特徴**を示す場合に，いろいろなやり方があると思われるが，それらをいくつかにまとめて示せると解釈できよう。例えば，事業・事業経営面，労働・労働者面，経営者・経営者行動面，組織面において，各生産方式の特徴・論理・原理を示すというやり方は，どうであろうか。なお，同一の生産工程の中にこれらを調和させて適用する場合もある。また，生産方式の原理・特徴の中で**規格化**〔標準化〕と柔軟性を同時に実現させる場合は，どうすればよいのか。

　さらに，**労働ないし職務遂行の仕方が良い方向に変わる**ためには，人間性の如何を問題にするよりもむしろ，**人間の労働面と経営の組織面の内容を変革**させることによって労働者や経営者の**行動の仕方が変わること**を期待する方がよい。労働の特定の次元ではなく総ての次元におけるそれぞれの特性の注目点に注意して，それに応じて労働の仕方を同時に変更させると，適切な結果がえられることになる。では，生産上の職務遂行あるいは経営的職務遂行に関して，**労働あるいは行動の次元**にはどのようなものがあるか，その各次元の**注目点**とは何か，それらによって如何なる結果がえられるか。また，個人・集団による生産上の職務遂行の内容が変更されるための条件は何か。さらに**経営的職務遂行の内容**がいかに**変更**され，それによって他との関係はいかに**変革**されるのか。この変更は**経営的**に何の意味をもつか。

(p.221 〜 p.222, ℓ.1)

仕事（work）＝客観的で没個性的で普遍的なもの→仕事の論理による管理→生産性
　　　　　　　　　　　　　　　　　　　　　　　　　　　　　　　長期的には両方が必要
労働（working）＝労働者によって果たされるもの→労働の力学による管理→成就感
　　（職務遂行）　　（独特の人間活動）

工程（production process）＝各種の仕事が集められて形成される特定の過程の特徴・
　　　　　　　　　　　　　　　　　　　　　　　　　　　　　原理を適用したもの

どの仕事・工程（最終製品の差）にも当て嵌(は)まる原理


(p.222, ℓ.2 〜 p.224, Par.1)

物として産出される仕事：肉体労働にあてはまる原理（以下のものにも適用可能）
　　　　　　　　　　　　　　　　　　　　　　　　（違いは適用法と用具だけ）

情　　報　　〃　　：部品を規格化 ──組立て──→ 最終製品：大量生産方式

　　　　　　　　　　　　工程＝（規格部品で組織化）＋（適切な用具）

サーヴィス　　〃　　：〃〃〃＋（かなりの自由裁量余地）　柔軟な大量生産方式
　　　　　　　　　　　　→多種多様な販売活動＝定型業務

知　　識　　〃　　：開発（新規に獲得した知識 ──変換する──→ 市場性のある製品
　　　　　　　　　　　　　　　　　　　　　　　　仕　事　　　　　・サーヴィス）
　　　　　　　　　　　　　　　　　　　　　　柔軟な大量生産方式


最終製品の基本的仕様を決めるのはその顧客の必要性や価値観
　　　　　　　　　　　基本的作業・動作を識別→分析（→再設計→最高能率遂行が可能）
　　　　　　　　　　　　　　　　　　　　　　　　　　　　　　（p.224, Par.2）

［産　出　物　分　析　出　仕　事　分　析　の　論　理：生産上の仕事
　課　題　分　析　発　仕　事　分　析　の　論　理：経営的仕事］
　　　　　　　　　　　点
　（事業，仕事と労働者，）　基本的作業・動作に識別→分析
　　社会的衝撃・問題・構築

　経営者の仕事は社会から　　［目標，組織化，意思疎通］　［必要能力　（p.224, Par.↑1
　経営体に与えられた客観　　　業績測定，人材育成　　　　　特　性］　〜 p.225, Par.1）
　的課題で決定　　　　　　　　　　　　　　　　　　　　　　　　　　（cf., 本書 p.85）

恒久的コスト削減のための仕事の再検討と再設計（p.225, Par.2 〜 p.226, Par.1）

　　3年に1度，各種の仕事の実績・陳腐化度・目的を検討→廃止や再構築
　　3年に1度，全仕事の年間改善目標に即して，生産性向上実施→コスト予防
　　全仕事について最も簡単な方法を問う

- 各**生産方式**の特徴を生かす→生産方式の各原理にもとづいて**生産工程**の各部分を組織化し，これらの方式を同一生産工程の中で調和させる（p.222, Par. 2）
- 以下の特徴で規格化と柔軟性が大きな地位を占めている→生産工程の各段階・基本単位毎に規格化と柔軟性の均衡・融合で差をつけ，各段階を位置と関係から自由に動かす（変更も）
  →競争激化，製品寿命短縮化，市場変化，少量特性に迅速対応（p.241, Par. ↑1～p.242, Par. 1）
- 生産工程の組織化の別の問題
  - 同一国籍内での統合化＝ex. NASA，組織間関係
  - 超国籍的な統合化＝ex. 国際分業（p.242, Par. ↑1～p.243, Par. 1）
  - 全作業を各種知識で流れ工程とし最終工程を多様化（p.243, Par. 1 補充）

(pp.237～241)

| 生産方式／生産原理・特徴 | 個別生産 | 硬直的大量生産 | 柔軟な大量生産 | 装置生産 |
|---|---|---|---|---|
| （例） | 軍艦・高層ビル・伝統的建設・電話架設・治療工程・芸術品生産 | 自動車 電機製品 | 教会・神社・仏閣・量産住宅・造船・診療・病院の宿泊と給食と家事 | 化学工業・輸送・製鉄・製紙・航空 |
| 事業・事業経営面 ⓐ用具・材料 | ⓐ規格化 | ⓐ規格化 | ⓐ 硬直的大量生産方式と殆ど同じ | ⓐ基礎原料から出発しⓓⓔに影響（原料の論理） |
| ⓑ生産段階 | ⓑⓒ同質的段階毎の仕事編成 | ⓑⓒ 部品製造の一様性と | ⓑⓒ | ⓑない |
| ⓒ部品 | | ⓓⓔ 製品組立の多様性との結合 | ⓓⓒ | ⓒない |
| ⓓ工程 | ⓓ進行日程表で | | | ⓓ一つの高度に硬直的工程（硬直的大量生産の場合より硬直的） |
| ⓔ製品 | ⓔ個性的・高原価 | ⓔ規格化 | ⓔ非常に多様化 | ⓔ用途の非常に異なった各種の最終製品（個別生産より多様） |
| ⓕ製品構成 | | ⓕ固定 | ⓕ柔軟 | ⓕ多様性はあるが，柔軟性はない。 |
| ⓖ資源集約性 | ⓖ労働集約的 | ⓖ労働集約的 | ⓖ資本集約的だが，かなりの労働力も必要 | ⓖ資本集約的で失敗すると費用が嵩む。かつ労働集約的 |
| ⓗ生産柔軟性 | ⓗ高い | ⓗ大量の生産，小さい変動 | 経営体全体は高くないが単位事業・製品別は割合高い | ⓗ低い。漸増は不可。設備当り最低生産量はかなり高い |

21

| | | | | | |
|---|---|---|---|---|---|
| 労働・労働者面 | ⓘ技　能 | ⓘ熟練技能の要求は高い | ⓘⓙ工程設計には高度な判断力と熟練が必要。実際の作業には殆どか全然不要 | ⓘⓙ工程設計は硬直的大量生産方式と同じ。だが実際の作業にはかなりの判断力も必要だが，熟練は殆ど不要 | ⓘⓙ工程設計は大量生産方式と同じ。だが実際の作業にはかなりの判断力が必要，熟練は必要かまたは不要 |
| | ⓙ判　断　力 | ⓙ殆どか全然必要なし | | | |
| | ⓚ人事管理の条件 | ⓚ調整可だが職長や高度熟練者は常に保有する必要あり | ⓚ労働力が小さい市場性の為被傭安定性を強く要求 | ⓚ硬直的大量生産方式と殆ど同じ，要求はますます強化 | ⓚ判断力を要するため経営側から雇傭安定を強く要求 |
| 経営者・経営者行動面 | ⓛ主　要　行　動 | ⓛ受注 | ⓛ流通組織の構築，顧客教育（入手可能な製品範囲内で納得させる） | ⓛ硬直的大量生産方式と殆ど同じ | ⓛ一つの市場の創造・維持・拡充。新しい複数の市場の創造 |
| | ⓜ意思決定期間 | ⓜ短い | ⓜ個別生産方式よりは長い（流通組織の構築は十年かも） | ⓜ個別生産方式よりは長い（流通組織の構築は十年かも） | ⓜ柔軟な大量生産方式より長い（ⓖⓚⓛの影響のため） |
| | ⓝ管　理　技　能 | ⓝ技術的職能に優れた人 | ⓝ分析的思考・生産日程の作成と計画の設定の能力 | ⓝ硬直的大量生産方式と同じ。事業全体の考察，概念的思考 | ⓝ事業全体を考察し，概念的に統合化して意思決定する力 |
| 組織面 | ⓞ組　織　構　造 | ⓞ各職能間の調整は最上層に集中 | ⓞ設計・製造・販売の緊密な連携のため決定と調整は下層で | ⓞ調整問題は各職能代表者のティームで。権限の分散・下位委譲 | ⓞ柔軟な大量生産方式と同じ |

```
┌①労働の力学（人間労働面）───┐  （充実職務）   決定  ─→ ①労働者の行動の仕方
│〔①' 行動〕〔行動〕         ├─→ 職務構成 ─────   〔①' 経営者〕
└②組織軸の論理（経営組織面）─┘       ‖              ─→ 労働者に必要な管理の仕方
  〔②'〕                          大事
                          人々が多くの時間を過ごし， 成就感
                                             共同意識を持てる所
```

① (p.226, Par.↑1〜p.228, Par.1)(cf., 本書 p.24)

| | ① 労　働　の　力　学　(→矢印の方向) | | |
|---|---|---|---|
| 労働の次元 | →次元の特性の注目点 | →労働の仕方の変更 | →結果 |
| 生理的次元 | 調整能力<br>知覚を行為に関連づける | 多様に構成<br>自由な設定と変化（各人毎） | 生産性向上 |
| 心理的次元 | 自分の価値・人間性を測定する手段が労働 | 心理的欲求を満足させる内容 | |

| | | | | |
|---|---|---|---|---|
| 社会的次元 | 社会的動物・集団所属欲求 | | 仕事上の諸関係と社会的集団的繋がりを本人の希望で形成 | と共に成就感の獲得 |
| 経済的次元 | 意欲鼓舞の補強条件 | | 費用面と生計面の矛盾を緩和するものとしての給与 | |
| 権限的次元 | 組織に特有 | | 日程や手順に従った労働　昇進〔者〕の決定 | |
| 経済権限的次元 | どの労働貢献も不可欠だが重要度・技能度は相違　成果は外から | | 外部要因と労資権力関係と労働者間関係とによって決定 | |

② (p.228, Par.2～p.229, Par.1) (cf., 本書 pp.25, 28) 実際の組織構造〔化〕で考慮されるべき諸点（解釈）

| ② 組 織 軸 の 論 理 (特 性)〔職場社会も非公式組織も含む―解釈 cf., 本書 p.45〕 | |
|---|---|
| 課　　　題 | 経営者的視覚と経営責任受容態度（貢献的・引責的態度，知識廃棄・獲得能力を向上させて変化を受容する態度）<br>(⊠ 従来：マイジョブ意識) |
| 担 当 仕 事 | （仕事分析・労働分析により設定された仕事）プラス（臨時的な付加）<br>新職務就任時とその後毎年<br>(従来：設定済みの職務のみ)　検　討　(p.232, ℓℓ.3〜9) ⟶ ｛業績や貢献の反省による引受仕事／必要性から上司が割り当てた仕事｝ |
| 責　　任<br>　事業的 | ⅰ 自分の職務への責任（職務設計）　ⅱ 労働仲間への責任（諸職務の共同体化の設計など）　ⅲ 経営体全体成果への自分の責任　(従来：ⅰのみ／ⅰ中心) |
| 　非事業的 | ⅳ 職場社会の社会的課題（安全・保健・所得・雇傭，人事管理〔労使間の利害が一致か相反〕，技術変更の意思疎通，生産性向上の労使協力）<br>ⅱ 労働仲間への責任　(⊠ 従来：事業面のみ)　(cf. Ⅰ：pp.72〜3) |
| 情　　報<br>　事業的 | ⅰ 自分の職務設計の情報　ⅱ フィードバックによる仕事管理の情報　ⅲ 継続学習（個人的集団的学習の欲求・革新への抵抗・陳腐化に対応）の情報 |
| 　非事業的 | ⅳ 職場社会の自治管理のための情報　ⅲ 継続学習仲間の情報（⊠ 〃 ） |
| 他との関係<br>　事業的 | ⅰ 職務設計のための監督者やIEマンとの関係　ⅱ 労働仲間や学習仲間との関係　ⅲ 監督者（責任遂行に必要な知識・情報・指導・裁定の源泉）との関係　ⅳ フィードバック機構や知識労働者との関係　ⅴ 監督者や中間経営者（経営者的態度の育成，経営体全体への責任の遂行）との関係 |
| 　非事業的 | ⅵ 職場社会との関係（社会的課題に取り組む構成員や経営者との関係）<br>ⅱ 労働仲間や学習仲間との関係　(⊠ 〃 ) |

**労働の力学（人間労働面）と組織軸の論理（広義経営組織面）から見て充実した職務内容**
　　　　　　　　　　　　‖
　　　　　　　非事業面も含んでいる　　　（p.229, Par.2 ～ p.230, Par.1）

職務設計の注意点 ┌ 分析の原理　分解する事　機械　計画と実行の分離 ┐ 混同・
　　　　　　　　 └ 行動の原理　組み立てる事　人間　計画者と実行者の分離 ┘ 同一視しない
　　　　　　　　　　　　　　　　　　　　　　　　完全分離でなく関連化 ←┘

個別的職務の充実化の条件 ┌ ⅰ 少なくとも仕事の一段階を包括　ⅱ 職務の速度とリズムは
　　　　　　　　　　　　 └ 業績に基づくもの　ⅲ 技能の判断を要する挑戦を含む。

集団的・ティーム的労働に適した諸職務の充実化のための条件
　┌ ⅰ 真の協働集団としての組織化　ⅱ 一個の結集した社会単位であることが自他に明確
　│ ⅲ 集団の必要性に応じた各人の職務（職務交替も）　ⅳ 各人の能力と業績が本人と集団
　│ 全体との利益になるように設定された職務　ⅴ 自分・仲間・業績に誇りをもちうる
　└ ⅵ 個人努力にも協働努力にも同じように報酬

①' 経営的人間行動面（行動の力学）（p.230, Par.2 ～ p.231, Par.1）（cf., 本書 pp.22 ～ 3）

| 行動の次元 | → 次元の特性の注目点 → | 行動の仕方の変更 → | 結果 |
|---|---|---|---|
| 生理的次元 | ①と同じ | 五つの各基本作業の資質と能力すべてを活用・向上させる。 | 生産性向上と共に成就感の獲得 |
| 心理的次元 | ①と同じ | 全般管理的な仕事を自己統制で遂行して満足できるように | |
| 社会的次元 | ①と同じ | 目標設定に参加。他の管理者から期待できる貢献の明記→集団社会性とその成果の強調 | |
| 経済的次元 | 経営体や社会での地位や当人の価値を表示→公正通念が付着 | 間違った行動成果が報賞・重視されないように注意してあげる。 | |
| 権限的次元 | 人事決定は経営体の価値観や役割や目的を表示 | 人事管理手段を究極的なものとして誠実さに基づいて管理 | |
| 心理・社会的次元 | 専門的成果や成就に関心 | 仕事は人生！　敬意と厚遇を！ | |

（p.231 補。本書 p.24 補。*Next*, pp.260, 282, 22-4. 邦訳 26, 47 ～ 9, 86 ～ 90 頁。）

②' 経営的仕事・人間行動〔労働〕の組織軸 (p.231, Par.2～p.233, Par.1) (cf. 本書 p.23)

| ②' 組織軸の論理（特　性） | |
|---|---|
| 課　　題 | （経営的仕事：どの経営者も行う）プラス（部分職能的仕事：特定経営者） |
| 担当仕事 | ②と同じ |
| 責　　任 | 対 |
| 事業的 | ⅰ ＝ ②のⅲ，ⅱ ＝ ②のⅰ，ⅲ ≒ ②のⅱ<br>応<br>　　　　　経営的組織に特有 ｛ ⅲ 所属単位・部門の目標の開発<br>　　　　　　　　　　　　　　ⅴ 部下に職能遂行させる |
| 非事業的 | ⅵ ＝ ②のⅳ，ⅳ ＝ ②のⅱ |
| 情　　報 | |
| 事業的 | ⅰ ＝ ②のⅰ，ⅲ ＝ ②のⅱ，ⅳ ＝ ②のⅲ。ⅱ 所属組織の目標の情報<br>　　　　　　　　　　　　　　　　　　↑<br>　　　　　　　　　　　　経営的組織に特有な事業的責任 |
| 非事業的 | ⅴ ＝ ②のⅳ，ⅳ 継続学習仲間の情報 ＝ ②のⅲ |
| 他との関係 | |
| 事業的 | ⅰ ＝ ②のⅰ，ⅱ ＝ ②のⅱ，ⅲ ＝ ②のⅴ，ⅳ ＝ ②のⅳ，但し対象の他者は，<br>ⅰが上級経営者・人事管理専門家，ⅲが上級経営者，ⅳがライン経営者 |
| 非事業的 | ⅴ ＝ ②のⅳ，ⅱ ＝ ②のⅱ |
| 事業的権限 | 経営的組織に特有　ⅰ 決定（変更も）権　ⅱ 命令権　ⅲ 知識にもとづく権威 |

**行動の力学（人間行動面）と組織軸の論理（広義経営組織面）から見て充実した職務内容**
充実した内容の職務 ＝ できるだけ広い幅と権限を与えられたもの (p.233, ℓ.↑1～p.236)

```
┌ ⅰ 職務記述書の作成と書き換え ← 経営体の使命，事業構想・規定，経営目標設定と業績測定
│ ⅱ 自身と部門の成果・貢献についての提案　ⅰを超えた割当・引受仕事
│                          将来の構築 ─┘ 対応 └─ 目標や到達目標地点
│
│                              ┌ 経営層の場合 ┌ 自分への期待を理解
│              (cf. 本書        │              └ 自分の計画や活動を上に理解・重視してもらう
│              pp.17, 92)       │
│          ┌ 上との関係 ┤ 知識労働者の ┌ 最高経営者に専門知識・資料を理解してもらう
│ ⅲ 他との関係            │ 場合          └ 現在の事業・本来の事業等の決定を催促
│ ⅳ 必要情報と
│    他への情報 ┤ 横との関係＝自分の仕事遂行や効果獲得に必要→情報の提供活用の意欲や
│    の明示    │     （関係数を制限 ← 重要なものに限定 ←）                        能力
│              └ 下との関係＝部下の目標設定の援助→部下への情報・道具・助言の提供。
└  → 経営関係幅
```

労働者の成果たる最終製品の基本的仕様を決めるのは市場・顧客の欲求・価値観であり，また経営者の仕事を決めるのは社会からの要請・課題であるので，産出物分析で製品の効用・形態・使用法・作成法が，また課題分析では既述の経営者の三課題が，明らかにされる。これを出発点にして，仕事分析の論理を適用することになる。生産上の仕事をも経営的仕事をも基本的作業（や動作）に細分し，その特性を識別し，必要に応じて改善をすればよい。

個別生産の例は高層ビル・芸術品の生産や治療工程，硬直的大量生産の例は自動車・電機製品の生産（これも規格性・柔軟性・廉価性を求め生産・事業過程の統合が進行中），柔軟な大量生産の例は量産住宅，造船，病院の診療・宿泊・給食・家事の業務，装置生産の例は化学・製鉄・航空業である。各生産方式に関する特徴が，それぞれ各面から，すなわち，用具・材料（規格性）・生産段階と部品（同質性・多様性・その有無）・工程（進行日程票によるのか，硬直的か）・製品（個性・画一・多様）・製品構成（固定・柔軟）・資源的集約性（資本か労働か）・生産柔軟性（高・低，全体・部分）という事業面，技能（要・不要，高・低）・判断力（要・不要，高・低）・人事管理条件（雇傭量の安定・不安定）という労働面，必要な主要行動・意思決定期間・必要管理技能という経営者面，組織での調整面，から示しうる。

労働の生理的次元で人間の調整能力や知覚に注目して，労働の仕方を多様に構成し各人ごとに自由に設定し変化させるようにすれば，生産性が向上し成就感が得られることになる。他の次元でも同様に，労働が，心理的次元では自分の価値や人間性を測定する手段，社会的次元では集団所属欲求の充足手段，経済的次元では費用面と生計面の矛盾を緩和した意欲鼓舞の補強条件となるように，また，権限的次元では日程や手順や昇進，経済権限的次元では賃金決定などを適切にする必要がある。同様に経営的職務遂行にも対処しつつ，その固有な点にも配慮する（心理・社会的次元では専門的成果や成就に関心を持たせる手段も）。こうして，職務が充実〔拡大〕させられることになる。また，労働課題という組織軸の論理・特性については，労働者の経営者的視角・責任の受容と，経営者の一般的仕事や部分的職能的仕事に注目して，職務充実を図るようにすれば，生産性が向上し，成就感がえられることになる。他の組織軸でも同様に，担当仕事面では引受仕事も含めたもの，事業的責任面では自分の職務や労働仲間や経営全体成果への責任〔非事業的責任面では職場社会の社会的課題や労働仲間への責任〕，事業的情報では職務設計やフィードバックや継続学習の情報〔非事業的情報では職場社会や継続学習仲間の情報〕，他との事業的関係では監督者・IEマンや労働仲間・学習仲間や知識労働者や経営者との関係〔他との非事業的関係では職場社会や労働仲間・学習仲間との関係〕，に注目して，適切なものにする必要がある。経営的な組織軸でも同じ様に対処しつつ，その固有な点にも配慮して，職務を充実させる。〔なお，ここに非事業的面も取り上げ，実際の組織構造を示した。非事業面は後で改めて社会的組織において取り上げる。〕

## 4　事業や経営の改善・革新・両者均衡のための組織（総合的組織の三構成要素）
（上巻　pp.243～266）（cf., pp.467～8. 本書 p.120, 33～40）

　いかに小規模で単純であろうとも，あらゆる経営体には同様に，**三種類の仕事群**が存在している。それぞれの組織群は適切に組織化されて，**一つの総合的な組織**（one overall organization）にまで**まとめあげられなければならない**。それでは，これら三種の仕事群のための組織とは，どのようなものであろうか。これまでの経営体や成果の特性を考慮すれば何等かのヒントがえられると思われるが，どうなのであろうか。

　三種類の仕事群の**特性**に応じて，それぞれの組織化の中身が決まってくる。それらは，どのようなものであり，**いかに異なっているのであろうか**。そして，こうした組織化のためには，その前提条件があるとされている。その前提条件の一つとして，**組織的活動のための仕事はどのように設定されなければならないであろうか。仕事の遂行過程**で情報はいかなるものになればよいのであろうか。**仕事を遂行する人々**が特定の組織の中で所属し続けることにおいて，人々も組織環境も変化することがあるが，**このためには**何に注意しておいたらよいのであろうか。これら三つの前提条件は，三種類の仕事群に関するそれぞれの特性に即して，異なっているが，それらはどのように相違しているのであろうか。

　また，これら三条件が形成されるには，どのようになればよいのであろうか。**これらの条件が形成されるには**，一般労働者，知識労働者，最高経営者はそれぞれどのように関わったらよいのか。また，これらの条件が形成され，職務が遂行され，その過程で環境変化が生じ危機状態に陥ってしまう場合もありうるが，それを避けるには，あらかじめ何がなされていなければならないことになるのか。これらの条件の形成方法は，三種類の仕事群の各特性に即して，異なっているが，それらはいかに相違した内容になっているのであろうか。

　さらに，各仕事群の組織化には**それぞれに相応しい感情・態度・行動**などが必要とされている。それらが身に付き発現・発揮されるためには，それらを**鼓舞するための補強条件**が考えられなければならなくなる。それぞれの組織化を進めていくと，人々に対して何等かの不利益がもたらされる場合もでてくる。そのためには，あらかじめ何に注意しておいたらよいのであろうか。これは，組織化の違いによって，どのような差がつくのか。また，仕事や仕事遂行によって感情・態度・行動を鼓舞することとは別に，**他の人事管理的施策によっても**これを実現する場合が考えられうる。それでは，どのような施策が必要であろうか。これも組織化の特性で，差がつく。また，特定の組織化に相応しい感情・態度・行動を鼓舞する場合に，特定種類の人々の立場獲得や課題実現を可能にするような制度はどういうものか。

① **現在における責任労働者組織と事業遂行的・経営改善的な知識労働者組織** (pp.245〜252)

責任と信頼の組織化にもとづいた労働と労働者の管理　　　(p.244)（信頼：補：本書p.31）
（労働の各次元と関係，複数の次元により対応）⊠（従来）権限による組織化

①前提条件 (p.246)
- ⅰ システマティックな仕事分析・工程分析→生産的な仕事の設定：労働の生理的次元
- ⅱ 職務中心的で自己統制用のフィードバック情報→自己管理が可能：〃生理・心理〃
- ⅲ 継続学習の組織化（(a) 新技能獲得欲求，(b) 自身の成績向上，(c) 仲間の成績向上，(d) 良い仕事に役立たせたい欲求，(e) 革新反対（抵抗）への対策，(f) 労働者陳腐化対策のため）→〃生理〃(f)，〃心理〃(a)・(b)・(d)・(f)，〃社会〃(c)，〃権限〃(e)

②その形成方法 (p.246, ℓ.↑2〜p.247, ℓ.↑3)
- ⅰ 計画過程での資源として労働者が活かされること（(a) 一方的にやれる訳ではない→〃権限〃，(b) 労働者の知識・経験・欲求が資源→〃生理・心理〃）
- ⅱ 明確な権限体系を，職務遂行と危機状況とのために保証すること→〃権限〃

③経営責任と信頼の組織化 (p.247, ℓ.↑2〜p.249, ℓ.↑3)（③の組織軸の責任 p.23 を参照）
- ⅰ 職務充実化に対する責任＝専門職や監督者の援助により職務設計→〃生理・権限〃
- ⅱ 各自の職務と職務間関係に対する責任→〃生理・心理・社会・権限〃
- ⅲ 経営体の全体の業績と成果に対する責任→〃生理・心理・社会〃
- ⅳ 職場社会に対する責任（㊀職場社会に根ざしたもの→〃権限〃
㊁指導力発揮・責任感体得・尊敬受領・学習の機会→〃心理・社会〃）
(cf., Ⅰ：pp.72〜3)

④責任感鼓舞の補強条件 (p.249, ℓ.↑2〜p.252, Par.1)
- ⅰ 組織だった就職斡旋活動にもとづく職務・被傭の保証と収入の安定
→〃心理〃　　→〃経済〃　　→〃経済〃
- ⅱ 実効ある福利厚生（(a) 最大の便益の享受→〃心理・経済〃，(b) 給付の下限の保証，それ以上は収益性・生産性に即応，使用者側の下限の拠出額，柔軟な拠出方法→〃経済〃，(c) 各労働者の費用公平負担と必要性・状況に応じて組合せと選択→〃心理・経済権限〃，(d) 職場社会が制度を設計しその中で各人が選択→〃社会・権限〃）

Ⅱ 将来に向けた**事業革新・経営革新的な知識労働者組織**（pp.252～7）

革新する組織の共通の特徴＝革新の意味を知り，革新の力学を理解し，革新の戦略をもち，管理的なものとは別種の，革新のための，目標（到達地点）・測定尺度の必要性を知り，トップの役割と態度をとり，組織構造化をなしている。

(p.252, Par.↑1～p.253, Par.1)

①前提条件（p.253, Par.2～p.254, ℓ.1）

- ⅰ 基本的な発見をめざす意図的かつシステマティックな仕事の設定

  課題の体系化→課題取り組みの進行状況を上司に通知→現実的評価

- ⅱ 自己統制のためのフィードバック情報（革新しやすい所の情報）と機構

  （Ⅰの⑤を参照）特に事業形態の革新機会の所在（p.67, Par.3～p.68, Par.1） ㊅ 社会革新

- ⅲ 継続学習の組織化＝①の①のⅲと同じ形式

②その形成方法（p.254, Par.2）

- ⅰ アイディア過程での資源として知識労働者が活かされること＝①の②のⅰと同じ形式
- ⅱ 明確な権限体系を，職務遂行と危機状況のために保証すること＝①の②のⅱと同じ形式

③革新の組織化（p.254, Par.↑1～p.256, Par.1）

- ⅰ アイディアの論理に焦点をあてた革新的組織単位の組織化（cf., pp.84～5. Ⅰの⑥）
- ⅱ 市場に焦点をあわせた革新の組織化（cf., pp.34～7. Ⅰの③）
- ⅲ 事業としての革新の組織化＝何か新しく目指す処から遡（さかのぼ）って今なすべきものへ仕事を組織化。状況の論理に従ってどの職能から始めてもよい（cf., p.85. Ⅰの⑥）
- ⅳ 革新戦略にもとづいた革新の組織化（cf., p.69. Ⅰの⑤）
- ⅴ 優先順位に従った革新の組織化（cf., p.52. Ⅰの④）
- ⅵ 別建て別個処理の革新予算に裏付けられた革新の組織 ✕ 事業遂行改善の予算（cf., p.87. Ⅰの⑥）

④革新的態度奨励の補強条件（p.256, Par.2～p.257）

- ⅰ 組織だった就職斡旋活動にもとづく職務・被傭の保証と収入の安定＝①④ⅰと同形式
- ⅱ 実効ある福利厚生＝①④ⅱと同形式，ただし，自由重視の知識労働者に特に必要

Ⅲ 　**将来に向けた革新と現在における改善との均衡をめざした最高経営者組織**　(pp.258～266)

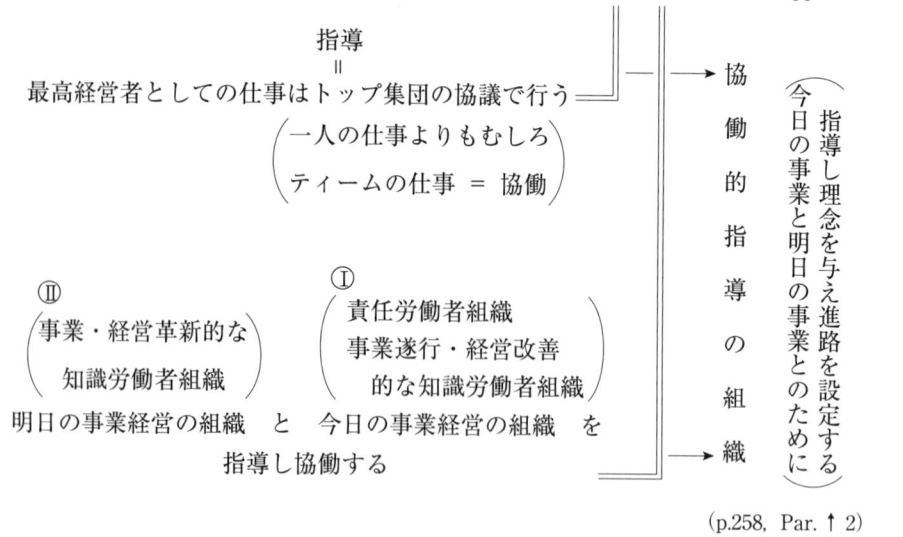

```
              指導
               ‖
  最高経営者としての仕事はトップ集団の協議で行う ─┐     ┐   ┐
         ┌ 一人の仕事よりもむしろ ┐             │     │協  │今
         ( ティームの仕事 ＝ 協働 )             │ →  │働  │日指
         └                    ┘             │     │的  │の導
                                             │     │指  │事し
     ┌─────────┐   ┌─────────┐     │     │導  │業理
     │Ⅱ          │   │① 責任労働者組織│     │     │の  │と念
     │事業・経営革新的な│   │ 事業遂行・経営改善│  │     │組  │明を
     │知識労働者組織  │   │ 的な知識労働者組織│  │     │織  │日与
     └─────────┘   └─────────┘     │     │    │のえ
      明日の事業経営の組織  と  今日の事業経営の組織 を   │     │    │事進
                 指導し協働する  ─────────┘     │    │業路
                                                   ─→  │    │とを
                                                         │    │の設
                                                         ┘    │た定
                                                               │めす
                                                               ┘に る
                                                   (p.258, Par.↑2)
```

①前提条件　(p.258, Par.↑1 ～ p.259, Par.1)

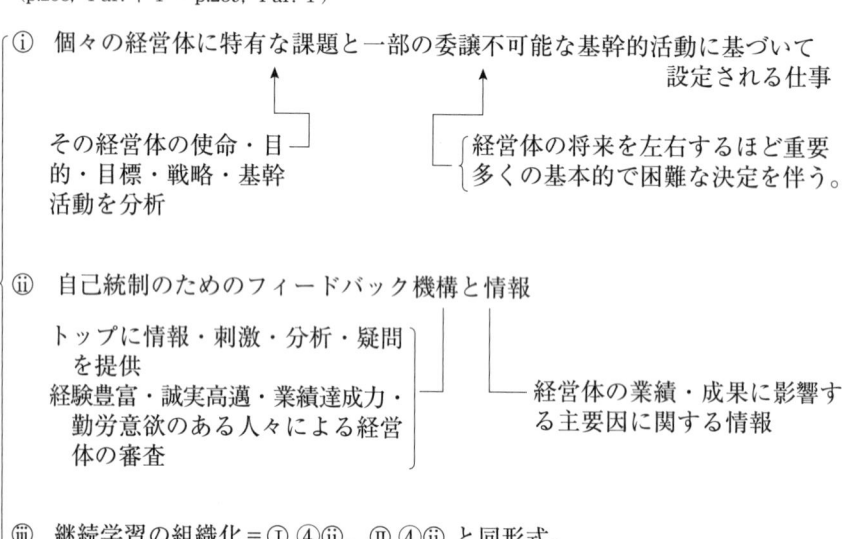

　　　┌　ⅰ　個々の経営体に特有な課題と一部の委譲不可能な基幹的活動に基づいて
　　　│　　　　　　　　　　　　　　　↑　　　　　　　↑　　　　　　　　　　　設定される仕事
　　　│　　　　　　　　　　┌その経営体の使命・目┐　　┌経営体の将来を左右するほど重要
　　　│　　　　　　　　　　│的・目標・戦略・基幹│　　│多くの基本的で困難な決定を伴う。
　　　│　　　　　　　　　　└活動を分析　　　　　┘　　└
　　　│
　　　│　ⅱ　自己統制のためのフィードバック機構と情報
　　　│　　　　　┌トップに情報・刺激・分析・疑問┐
　　　│　　　　　│を提供　　　　　　　　　　　　│
　　　│　　　　　│経験豊富・誠実高邁・業績達成力・│──経営体の業績・成果に影響す
　　　│　　　　　│勤労意欲のある人々による経営　│　　る主要因に関する情報
　　　│　　　　　└体の審査　　　　　　　　　　　┘
　　　│
　　　└　ⅲ　継続学習の組織化＝①④ⅱ，Ⅱ④ⅱと同形式。
　　　　　　　　　　　　　　特に他人の開発を通じた自己開発

②その形成方法　(p.259, Par.↑1 ～ p.260, Par.1)
　　　　　　　　　　　　　　　　　　　　　　　　　　　　　　　　最高課題すべてを
　　　┌　ⅰ　各種の能力や気質の持主たる最高経営者が活かされること→全体として見渡す
　　　│　　　思索する人・行動する人・人間味のある人・表看板になりうる人
　　　│
　　　└　ⅱ　明確な権限体系を職務遂行と危機状況のために保証すること　┌Ⅰ：p.63　　┐
　　　　　　　→代行・審査機関＝取締役会→体内の内情に通じて強力　(cf.│Ⅱ：pp.44,71│)
　　　　　　　　　　　　　　　　　　　　　　　　　　　　　　　　　　└　　　　　　┘

③協働的指導の組織化 （p.260, Par.2 〜 p.265, Par.1）

　ⓘ　誠実な人間を上級経営者に配置＝長所に目を向け，誰がよりも何が正しいかに関心
　　　をもち，知識よりも誠実さを重視し，強い部下を好み，高い基準を設定する人

　ⓘⓘ　ⓘとの協働的指導の関係＝人間指導（リーダーシップ）および目　標　自　主　設　定　と　自　己　統　制

| 責任感と達成意欲を伴わせ，働く人々を〔に〕資源と見て〔見られるようにして〕，適材適所主義を貫く諸実践 | 経営体の客観的な必要を反映した目標，積極的に参加し十分考えて設定された目標 | 最善尽力願望を満たし，必要情報を授受，部下の強さを発揮させるための統制 |

　ⓘⓘⓘ　ⓘⓘとの協働的指導の関係＝目標自主設定と自己統制

　　　　　　　　　　（これの機会・必要・挑戦）
　　　　　　　　目標・能力・経営体認識を理解
　　　トップ ←――――――――――――――→ 中間経営者
　　　　　　　事業の使命・目標・戦略・優先順位
　　　　　　　　　　　の決定を要求

　　　トップは粗野で莫迦（ばか）げたアイディアを可能性があればヴィジョンにまで高め，
　　　　　　　　　　　　　　　　　　　　　　　組織全体の関心事にさせる。

　ⓘⓥ　最高経営者内での協働
　　　┌ チームとしての決定案で意見交換 → この領域が，何か，如何あるべきかを考察
　　　│　　　　　組織全体の繁栄に決定的に影響 ← 多種多様な最高課題を達成 ← 意思疎通
　　　└ 各自の割り当て領域内で最大自律性 ← 同僚への周知徹底によって得られる

④協働的指導の責任感鼓舞の補強条件 （p.265, Par.↑1 〜 p.266）（cf., Ⅰ：p.81）

　ⓘ　最高経営者の報酬についての一般的誤解の除去　→　その方法㊀〜㊃

　　　㊀　役得や節税対策の報酬を廃止し，金銭報酬を中心に→　使途の選択の幅拡大・自由化
　　　㊁　所得税率のインフレ・スライド化（可能）→ 実質所得低下の防止と累進税率頭打ちの改訂
　　　㊂　トップ報酬と一般従業員賃金との適正倍率を設定
　　　㊃　管理階層数による報酬押し上げを排除 ← 管理階層数の必要最小化

　ⓘⓘ　無能者・業績不振者・変革不能者は取締役会で排除するか，自ら潔く引退する（cf., Ⅰ：
　　　　　　　　　　　　　　　　　　　　　　　　　　　　　　　　　　　　　p.64）
　　　→　政府の介入や金融界の乗取りを予防し経営体の潜在力を顕在化させる

Ⅰ　**責任と信頼（trust）による組織化**　（p.245補。*Change*, pp.71〜2. 邦訳83〜5頁）（本書p.28補）

　同一経経営体による各種提携・関係化→雇傭形態の多様化→雇傭している人々には，

　命令よりも信頼が必要→雇傭の「マーケティング関係化」：かれらの要望・目的・価値・

　ライフスタイルを問う。
　　　　　　　　　　　　　　　　　　（cf., 本書p.95　多種多様な雇傭形態下の人事管理）

どのような経営体でも，事業や経営を均衡的に改善し革新するための組織が必要である。

第一の組織単位は，現在における責任労働者組織と事業遂行的・経営改善的な知識労働者組織である。この組織の形成には，経営責任の組織化（各種の提携や関係化に伴う雇傭形態の多様化による信頼の組織化も）が必要である。さらにこのためには前提になるものがある。責任が引き受けられるためには，まずは，仕事や工程がシステマティックに分析されたものでなければならない。仕事の遂行過程では，職務中心的で自己統制用のフィードバック情報を得られれば，責任ある労働が可能になる。仕事やその遂行法の実施のみならず改善を事前に準備しておくには，継続学習の組織化が必要である。これらの前提条件を形成するには，仕事分析や情報フィードバックや継続学習の計画過程で労働者が資源として活用され，また，仕事遂行や各種の危機発生で必要とされるような明確な権限体系を予め保証しておくとよい。経営責任の組織化で考慮されるべき責任とは，すでに3の組織軸で示した責任のことである。責任感を鼓舞するには，組織だった就職斡旋活動にもとづいて職務や被傭を保証して収入を安定化させてあげること，および，実効ある福利厚生にすること（給付の下限を保証し，それ以上は収益性・生産性の増減に即応させ，各労働者の費用負担を公平にさせ，支給を各労働者のそれぞれの必要性に応じさせ，その管理を職場社会がリードすること）が必要である。

第二の組織単位は，将来に向けた事業革新・経営革新的な知識労働者組織である。この組織の形成には，革新の組織化が必要である。革新の組織化の前提条件とその形成方法は，項目が第一の組織単位と同じで，内容は革新に特有なものである。革新の組織化には，アイディアの論理や湧出および市場に焦点をあて，優先順位に従い戦略にもとづき，事業として革新を進め，しかも事業や経営の遂行・改善の予算とは別建て別個処理する必要がある。革新的態度の奨励を補強する条件も，自由を重視しつつ，第一の組織単位の場合と同様である。

第三の組織単位は上述の二つを統合化し，将来に向けた革新と現在における改善との均衡をめざした最高経営者組織であり，2の一つである。トップであるがゆえに指導し，トップ集団の中や前述の各組織単位との間で協働することが必要であるので，この組織単位は協働的指導の組織化によって得られる。協働的指導のための組織化の前提条件とその形成方法は，前二者の組織単位と同じ項目で，内容が最高経営者に特有なものとされている。協働的指導の組織化では，人々の長所に目を向け，正しいことや仕事の要請に関心をもち，知識よりも誠実さを重視し，強い部下を好み，高い基準を設定する誠実な人間を昇進させ配置し，第一・二の組織単位との間にリーダーシップおよび目標自主設定と自己統制を実践し，トップ層内では各人の自主性と意思疎通を適切にする必要がある。協働的指導の責任感を鼓舞する補強条件としては，最高経営者の報酬についての一般的誤解を除去し，また，無能者・業績不振者・変革不能者は，取締役会によって排除するか，自ら潔く引退することが，あげられる。

**5** **組織形態**（総合的組織の各単位の具体的な形態）（上巻　pp.267～282）
（cf., 本書 pp.27～32），**情報中心組織，経営的な健康維持の組織**（上巻　pp.282～287）

　どの経営体も，**一般労働者・知識労働者組織**と，**知識労働者組織**と，**最高経営者組織**を必要としている。それぞれの組織単位は**適切な形態**を**選択**され営まれなければならない。
　まず，どの組織形態も，**必要な条件**を満たさなければならない。その条件は，次のような**組織や組織形態の本質や特性**に即して明らかにされる必要があるが，それらはどのようなものか。ⓘどの組織形態も成果達成の助けにならなければならない。ⓘⓘどの組織形態も経済的であるべきである。ⓘⓘⓘどの組織形態も駆動への変換の伝導ベルトである。ⓘⓥどの組織構造も意思疎通を支援する必要がある。ⓥどの組織でも意思決定が下されるものである。ⓥⓘ組織は持続する存在である。ⓥⓘⓘ組織は自らを永続・代謝させようとしているものである。
　これらの条件を満たしつつ**特定の組織形態**が**設計**されなければならない。それぞれの組織形態に関する**設計論理**のうちどれに応じたものとして特定の組織単位が考えられるか，が判断されて，適切な組織形態が選定されることになる。それでは，特定の組織形態ではどのような設計論理が考えられているのであろうか。その設計論理は複数ありうるが，新しく次の設計論理が必要となってくるのには，規模が拡大しすぎ複雑性が増大しすぎて，経営体全体の業績が悪化するという理由がある。それらはどのようなものであるのであろうか。
　各組織形態は，**一般的諸条件**のうちどれをどのくらい**満たしているのか**。これに答えれば，**特定の組織形態の長短所・成功条件・必要条件・適用原則**が解明されるようになる。それでは，それらの長所や適用原則とは，どのようなものか。これらは，どのような特性をもった組織あるいは，総合的組織の構成要素のうちどの種類の組織単位に，うまく適用できるかを示すことになる。また，それらの短所や成功条件や必要条件とは，どのようなものか。これらは，適用可能と思われる特定の組織形態の導入・運用での注意点を示しうることになる。
　初期の企業における組織は，範を軍隊に求めて，指揮・命令の権限を基礎にして，管理者が指揮・命令の統一化を部門間の調整により図り，意思疎通の過程で弱くなりがちの命令の強さを増幅させる作用をしていた。しかし，**知識労働者**が**中心**になり，**革新**も**必要**になり，**情報技術**が**高度化**してきて，どのような組織が必要になってきているのであろうか。
　経営体内の就業者年齢層が不均衡化し**組織が老体化**してきたら，どのような原則と具体策で**若さを回復・維持**したらよいか。また，**スタッフ肥満回避**には，**仕事・人事面**でどういう対策を講ずべきか。また，**ミドル肥大防止**では，**職位・人事面**でどうしたらよいのだろうか。

組織形態＝その一般的条件を全般的にか部分的に満たし特定論理・原則を包括した構造
**組織形態の一般的条件**＝どのような組織形態構造も満たすべき最低必要条件
　　　　　　　　　　　　　　　　　　　　　　　　　　　(p.267～p.268, Par.1)
　　ⅰ　明快さ＝各成員に位置，必要物の所在・到達法を知らせる。
　　　　　　　組織形態は成果達成の助け
　　ⅱ　経済的＝自己統制，少人数で従事　──　組織形態は経済的であるべし
　　ⅲ　方向づけ＝業績と成果・将来を指向　──　組織は駆動への変換の伝導ベルト
　　ⅳ　課題理解＝全体と自分の課題の理解　──　組織構造は意思疎通を支援
　　ⅴ　意思決定＝適切な意思決定とその遂行　──　組織では意思決定が下される
　　ⅵ　安定性と適応性＝場所の安定性・時相の連続性と，新規への適応性
　　　　　　　　　　組織は持続する存在
　　ⅶ　永続性と新陳代謝＝明日の指導者や昇進のための教育と，新規性の受容
　　　　　　　　　　組織は自らを永続・代謝させる。

**特定の組織形態の設計論理**＝組織形態の特定の設計に包含される論理
　　(A)　課題・仕事＝努力中心の組織づくりの論理　　(p.268, Par.2～p.271, Par.1)
　　　↓　　　　　　　段階的・手順ごとの仕事，人々を移動して協働に向かわせた仕事
　　　規模拡大
　　　複雑増加　　　大きな要因は事業形態の変化　　　　　による諸努力の総和が成果
　　　で不成績
　　(B)　業績や成果＝経営体成果中心の組織づくりの論理
　　　↓　　　　　　　自律的な単位事業という組織単位は経営体に利益を貢献すべし
　　　更　に　　　　　（単位組織内は（A）適用）　　　（事業全体）
　　　規模拡大
　　　複雑増加　　　各単位事業の成果の総和が経営体（事業）全体の成果になる
　　　で不成績
　　(C)　関　　係＝システム的複合化中心の組織づくりの論理
　　　　　　　　　　中央に独立的または他律的，課題が流動的または不変的，関係が
　　　　　　　　　　長期的または短期的である　多様な経営体群または単位組織群
　　　　　　　　　　　　（経営体内は（B）適用）　　（単位組織内は（A）〃 ）
　　　　　　　　　のシステム的総和が複合的経営体の成果である。(Ⅰ：pp.44～5)

**特定の組織形態の設計原則**＝組織形態の特定の設計に包含される原則（論理の適用法）
　　　　特定の組織形態を**適用する原則・組織領域・成功条件**　(pp.376～7)(本書 pp.65～6)
　　　点線の丸バツ印か括弧つき数字＝その一般的条件の一部〔しか〕満たす〔さない〕
　　　実線の丸バツ印か丸つき数字＝その一般的条件の全てを満たす〔さない〕
　　①　職能別→職能別組織形態＝仕事が段階・技能の間を動き回る組織形態（pp.271～2）
　　　　　　　（論理（A）適用）

| | | | | |
|---|---|---|---|---|
| ○ ⅰ | | × ⅲ | 職人的熟練や専門職的基準の重視による | 適用 ⇒ 小規模で，凡ゆる面で変化が少なく，複雑でない組織 |
| × (ⅵ)(安) × ⅱ | ある程度以上の規模と複雑さで職能間に対立，職能部門内に摩擦発生すると満たさなくなる | × ⅴ | 意思決定者がトップだけ | ○事業遂行，経営改善的な責任労働者組織にのみ適用（長所 ⅰⅱ(ⅵ)を参照） |
| × ⅳ | 中規模以上になると困難 | × ⅶ | 人々の視野・知識・能力・忠誠心も狭くなるから | ●最高経営者組織には不適（短所ⅲⅶを参照） |
| × (ⅵ)(適) | 挑戦の機会は抑圧されがち | | | ●革新組織単位には更に不適 |

　　　　基幹活動分野の質量充実，明日の為の要獲得職能の明示 ←

ロ　チーム型→経営体内チーム型組織形態＝仕事や課題が固定され，異なる技能と道具の
　　所有者たる労働者が一つのチームにまとめられる。（論理（A）適用）（pp.272〜4）
　　　　　　　　　　　　　　　　　　　　　　　　　　　　　　　　　（補：本書 p.38）

| | | | | |
|---|---|---|---|---|
| ○ ⅳ | | × ⅰ | チーム内の人間関係・職務割当て・意思疎通，チーム外への説明・決定公開，などに常に気配りが必要。自分の課題と仕事への理解と注意が不十分になる。 | 適用 ⇒ ○最高経営者組織に最適・唯一 |
| ○ (ⅵ)(適) | | × ⅱ | | ○革新的組織にも優先適用 |
| ◌ (ⅶ)職能別より少し優るだけ | | × ⅴ | | ○職能別組織に不可欠な補完物 |
| | | × (ⅵ)(安) | | |
| | | (ⅳ) | | |

　　　　　人間関係よりも互いの職務と共通の課題への共通理解 ←

ハ　連邦分権制→連邦分権制組織形態＝それ自身の業績や成果に対する責任と
　　　　　　　　経営体全体へのそれ自身の貢献に対する責任をもつ複数の自律的単位事業群
　　　　　　　　　　　　　　（論理（B）適用）
　　　　　　　　によって構成されたもの（pp.275〜7）

| | | | | |
|---|---|---|---|---|
| ○ ⅲ | 単位事業の経営者はその業績と成果に身近に位置 | ○ (ⅶ)ⅲ ⅴ (育成)だから | | 適用 ⇒ ○事業遂行的・経営改善的な組織（特に知識労働者組織）単位群 |
| ○ ⅴ | 小規模で単純でも単位事業体のトップたること | ○ ⅰ ○ ⅱ ○ ⅳ ○ (ⅵ) | | ○事業革新的・経営革新的な知識労働者組織単位群 |

　　　　　トップ留保の決定権，集権的管理手段，　　　　⇒ 最高経営者がその課題に
　　　　　　　　　全般的尺度が必要　　　　　　　　　　　　専念可能となる（経営体
　　　　単位＝独自の市場をもつ（製品でも販売地域でも可）　・事業全体）
　　　　　　　一つの単位事業になりうること（製造がなくても可，ex. 研究開発契約）
　　　　　　　職能別組織の利点を引き出すとともに弱点を中和できる程に小さな規模

ニ　擬似分権制→擬似分権制組織形態＝真の事業に分割できない性質のもので敢えて連邦
　　　　　　　　　分権制化させたもの（pp.277〜280）

ex.（化学事業を研究開発・製造・販売に三分割）
（素材事業を生産地別・用途別・顧客産業別に分割）
（銀行事業を小口・商業・法人・国際・信託向け別に分割）

×ⅰ　　×ⅲ　　×ⅳ ｝適用
×ⅱ　　×ⅴ
⇒ ●最高責任者組織や事業革新的知識労働者組織に適用できない。
　○最後の手段として事業遂行的・経営改善的組織に適用

(p.280, Par.2 ~ p.281, Par.1. 補：本書 p.39)

ホ　システム型→経営体間システム型・経営体内システム型組織形態＝多種多様な経営体または単位組織が一つのシステムにまとめられる（論理（C）適用）

○（ⅵ）適応性・柔軟性　　×ⅰ ×（ⅵ）×ⅳ 適用
○（ⅶ）新アイディア受容　×ⅴ ×（ⅶ）×ⅱ ⇒ 限られている（ex. NASA,
　　　　　　　　　　　　　　　　　　　　　　　多〔超〕国籍経営体〔連合〕,
納入業者と商社の関係，企業集団内の関係（系列），企業間の各種の
提携・同盟（本書 p.35），ジャスト・イン・タイム配送システム（*Future*, ch. 37））
(p.282)

ヘ　意思決定別→サイモンやマーチの文献などをもとにして今後の課題となりうる

---

| 命令中心組織 | | | |
|---|---|---|---|
| 指揮・命令の権限<br>（pp.282～3） | 基　礎 | 関係者全員が具体的な行動に翻訳して結集できるような目的<br>経営体全体・各部門・各人の成果に対する経営陣の期待を明確に表現した目標 |
| | | オーケストラ・病院・インド総督府を参考<br>｛楽　譜・診断書・監督官報告書｝<br>　　　　　　　　政務官評価書 |
| 軍隊に範を求めた<br>組織全体の活動に必要な研究・開発・生産・販売など時系列的に分離 | 各職能部門 | 仕事の基準の設定，専門知識労働者の訓練，人事管理の遂行のみをなす |
| 各部門間は権限により協力<br>‖<br>部門間・単位組織間を調整するための管理者 | 全　体 | 実際の仕事は問題ごとにチームで行う。<br>必要な総ての専門知識労働者が同時に一つのチームとして研究の段階から市場での地位の確立まで共同して働く<br>一人ひとりの自己規律<br>相互関係と意思疎通に関する各人の責任の自覚 |
| 人間を統制するもの<br>資料に意味と目的を付加したもの | 資　料<br>情　報 | 情報を生み出すために使われる。<br>情報責任は他人や自分に対するもの<br>　　　　　意思疎通範囲 ← |
| 情報の中継点＝意思疎通の為に通過する焦点のぼけた信号を増幅させるという人間増幅機 | 管理者 | その能力は情報入手能力<br>共存｛既存のものを最適化させる管理者部門<br>　　　既存のものを陳腐化させ，明日を創造させる企業者部門｝ |

```
                                        知 識   分化しやすい→多くの専門家が必要。
 ┌資料を情報に転換させるもので                    中枢機関（法務・広報・人事・労務）
 │最高経営者と現業部門との間の                      は引き続き必要
 └スタッフ部門に集中                                     だが
                                         │     〔助言・調整・相談の人々は大幅削減〕
                                         │
                                        移│    組織の最下層，専門家達の頭の中にある。
  （pp.282～5）                          │
  （cf., p.383, Par.2. 本書 p.67）       行 ▶〔**情 報 中 心 組 織**〕（補：本書 p.39）
                                         │    （Information Based‖Organization）
                                         │   組織形態の一般的条件を満たす＝
                                        新│   ⅰ情報責任の自覚，ⅱ調整的管理者の
 ┌被備者の中心：肉体労働者・事務労働     し│    排除と自己統制の管理，ⅲ目標中心，
 │         者から知識労働者へ           い│   ⅳ目標提示と情報責任，ⅴ目標自主設
 │              ‖                       状│    定，ⅵ管理者部門と企業家部門の併存，
 │         軍隊指揮系統には              況│   ⅶ意識的な知識交換・創造
 │         なじまない。                   │
 │革新と企業家精神が不可欠→              │   その特定的条件＝タスク志向チーム
 │  →スタッフの知識だけでは不十分        │     （＝マトリックス型より先進的・異質
 │情報技術の高度化→各種資料の分析，             →知識労働の一般モデル化）
 │  戦略的前提条件の検討，代替諸案の
 └  設定，それらのウェートをつける。
```

残ってもらいたい人が早期退職；辞めてもらいたい人が長期残留→組織の老体化 ┐

**経営体の若さの維持** （p.286, Par.↑2）

 ┌原則＝成果に焦点をあわせ，挑戦を受容し，生産的たらしめる。
 │      ┌40歳代の前半ないし中頃の管理者に関する分析→定年まで残ってほしい
 └具体策＝│  人，貢献が頂点に達してしまった人，限られた専門分野だけの人
        └60歳代の役員・管理者・専門職への対策

分析・計画・情報処理・政策立案・助言などのスタッフ ┤過剰な人数・├
                                              └過大な権限┘
                                                    ＝肥大化→競争力低下 ┐

**スタッフ肥満回避の原則** （p.286, Par.↑1～p.287, Par.1）

 ┌仕事面＝㊀重要度の高い長期的な課題に専念　㊁重要度の高く限定された課題にの
 │                                              み取り組む。
 │人間面＝┌㊀二つ以上の職能部門（ライン）での好成績者をスタッフに配置させる。（Ⅰ：p.83, 八）
 └（配置）└㊁スタッフ経験5～7年の人はライン・現業に復帰させる。

戦後のベビー・ブーム世代が管理職に就き始めた→中間管理者の肥大化→情報が半減

　　　　　　　　　・雑音は倍増→意思決定の遅れ→変化対応は不適切 ┐

**ミドル肥大防止の原則** （p.287, Par.2）

 ┌空席職位＝数ヶ月空席でも問題無しなら削除。優秀者＝ヨリ挑戦的でヨリ新しい責任
 └のある横の仕事へ異動。昇進＝知識十分，新職務で無監督でも短期に好業績の者だけ。

**チーム型組織形態の種類** (p.274補。本書p.35補。)(Change, pp.15-6, 89-91, 97-102, 240-3. 邦訳 19～20, 104～7, 111～6, 267～270頁。)

仕事の内容・特徴に最適の型を選択し適用することが必要（同一経営体で複数の型の採用も可）

現代の組織 ＝ 知識専門家による組織 ＝ 同等の者・同僚・僚友による組織

各知識の ┌ ≠ それぞれの知識に固有な優位性・劣位性
位置づけ └ ＝ 共通の課題に対する貢献

知識労働が専門化するほど成果はあがる → 知識労働者は他者との協力・結合・継続によって成果があがる → チームが仕事の単位になる

**野球型**
- 構成員の位置は固定。各職能担当者は「直列」して仕事をし，自分のやり方で行なうが，守るべきもの ＝ 監督者の指示だけ
  └ 仕事・報酬・評価・昇進を決定
- 例：心臓手術外科チーム，フォード組立ライン，昔乍らのデトロイト新車開発，オーケストラ
- 強味：各構成員を評価し，明確な目標・責任をもたせ，各人に訓練で強味を限度一杯まで伸長させ，他者に調子を合わせずとも自由に行なわせる
- 問題点：柔軟性がない → 何度も行い，全構成員が全体の動作を把握して初めて，機能

**サッカー型**
- 各構成員が一斉に動くが，相互に関係づけられた位置を維持。各職能担当者は「並列」して仕事をする。非常に厳格な条件がある ＝ コーチが指示する戦術のような楽譜が必要。
- 例：緊急患者への救命医療チーム，日本式の新車開発設計チーム
- 強味：フレキシブル・マニュファクチャリングの結果に対応できた柔軟性。ただし設計仕様書：型・技術・機能・重量・価格について厳格・詳細・厳守。
- 問題点：型の運用を習得するのに時間を要する（ex. 日本自動車企業は15年）

**ダブルス・テニス型**
**ジャズ・バンド型**
- 各構成員はお互いに知り尽くし補い合う。チーム全体の目標は明確さが必要。業績をあげるのはチームであり，各構成員はチームに貢献するのみ。
- 例：GMのサターン事業部
- 強味：信じられないほどに，柔軟
- 問題点：厳格な条件：少人数（多くて5～7人まで）。かなりの時間をかけて訓練を積み共に働く必要がある（→ 最終的にはあまり好まれないかも）

情報型組織が多くなりつつある → サッカー型あるいはダブルス・テニス型への転換を迫る：
＝ 各構成員が自ら責任ある意思決定を行なうべき組織＝自らをエグゼクティヴと見る組織
⊠ 野球型（＝旧来の知識を活用し発展させるうえでは強味を発揮する組織）

個々のチームには１つの型しか選べないが，目的に応じて様々のチームを使いこなす必要。
或る種の型から別種の型への転換は，容易ではなく，徐々には出来なく，従前の型を完全に断ち切る必要がある ＝ 従前の習慣・価値観・人間関係の廃棄が必要

ex. 日本の自動車企業の新車開発チーム：野球型からサッカー型へ転換 ＝ 15年を要した。
しかし，その結果として，新しいチーム型を習得後の開発期間 ＝ 3分の1に短縮

各種チームの成果をあげる能力，その強味と問題点，各チーム型の代替関係，を理解する
＝ 人間のマネジメントにかかわる中心的課題

どのチーム型が必要かを判断し，実際に組織化し，自らがチームの完全な一員になる能力
＝ 今後のますます不可欠な条件

**企業間の各種の提携・同盟によるシステム型組織形態** (p.282補。本書p.36補。)(*Next*, pp.203-6. 邦訳49〜53頁。)

小売業者と納入業者達との関係をかつて構築したシアーズ・ローバック，マークス・アンド・スペンサー

　　　　　＝＝現在のGM，トヨタ，大手ブランドの消費財製造業者
　　　　　同類

GM：所有権に基づく統制　→　経営管理による　　将来　｛製造部門の多くを分離
　　　による統合的企業モデル　変身　連合体統合　　　構　　2大ライバルとも組んだグローバルな購買組合体制の構築
　　　　　　　　　　　　　　　　　　　　　　　　　想　　自動車の設計・エンジン製造・製品組み立て・自他車販売に特化
　　　　　　　　　　　　　　　　　　　　　　　　　　　　オークション形式のインターネットでの部品調達

トヨタ：自らの製造コア・コンピタンスを中心に企業集団化　将来構想　｛各製品ごとの製造会社の絞り込み，その製品製造会社の生産管理の面倒見，トヨタの製品コンサルタント組織からの検査・「助言」を条件に部品納入契約する部品製造会社，自動車以外の製造会社にも提供される製造コンサルタント事業サーヴィス

大手ブランドの消費財製造業者：他とくに中小の製造業者の製品とは競合しない商品を扱い，製品の6割を150の小売チェーンで販売（受領か配達）できるウェブ・サイトを構築中

異業種の同族経営中堅企業群によるシンジケート　最近EUで設立　(このモデル：19世紀の農業協同組合) ｛それぞれ高度のエンジニアリングを必要とする製品のリーダー的地位にある各企業が，独立性を維持し，独自の製品を開発し，自社の工場で生産し，独自の先進国市場を持っているが，新興国・途上国市場向けにはシンジケートと構成諸企業の間で，株式を保有しあい，その構成諸企業のために工場を所有し，その現地下請工場で生産してやり，製品の販売と流通を引き受けてやり，アフターサーヴィスも。

**情報中心組織** (p.286補。本書p.37補。)(cf. I：p.99. 本書p.48：情報の中身・内容。)

統制されず統制もできないという状況＝命令権というものの無い状況　←　｛命令中心組織からの転換　外部委託，各種提携

において　エグゼクティヴが
‖　評価される基準
個々の特定分野に対する責任
‖
人間に対する支配（マネジャー：部下を連想）
上司と部下の関係
地位と権力の組合せ
×
各人と支援者の関係
相互理解と責任の組合せ

｛仕事の複雑さ
　仕事で使う情報　←　｛今後1.5〜2年以内に自分のなしうる最高の貢献を考え抜く（聞くことも）→自分の置く重点を協働者に通知→理解されたのかを確認
　仕事が生み出す情報　→　他者に活用されてはじめて成果に結び着く
　仕事に必要な様々な関係　←　｛情報の解釈＋専門性と異分野接触の均衡　各専門家の管理＋各個別知識の統合

｛先ず，個々の仕事を検討し，
　次に，必要な情報を入力し，
　最後に，人間関係に進むことによって，
　仕事は行なわれる

情報の基本的な性質：今日の組織で見失われ勝

情報への精通には，自分が何を知るべきかを学ぶことから始める必要があるが，しかし最近は，議論が技術に偏り過ぎ，しかも，情報の道具の速度に偏っている
(*Change*, "*Interview*.")

コムピュータに使われるべき事業情報の内容 (cf. I：p.99.)
事業経済に必要な情報 (cf. I：p.99.)

まず，どの組織形態も満たさなければならない条件がある。どの組織形態であっても，ⅰ各成員の位置・必要物などを明快に知らせる，ⅱ少人数で自己統制により経済的である，ⅲ業績と成果・将来を指向する，ⅳ全体と自分の課題を理解する，ⅴ意思決定が適切に下される，ⅵ安定・適応的に持続する存在である，ⅶ自らを永続・代謝させることが，必要である。

つぎに，経営・生産の段階的・手順ごとの仕事によって，あるいは異なる道具と技術のある人々を移動させ協働に向かわせるチームによって，諸努力を総和させれば適切な成果が得られるようになる組織形態が選ばれる。すなわち，課題あるいは仕事という努力中心の組織づくりの論理が考慮される。この論理にもとづいて組織形態が運営され続けると，規模が拡大し複雑性が増加してしまい，業績が芳しくなくなる場合も生じてくる。そこで，新しい論理，すなわち業績や成果という経営体成果中心の組織づくりの論理が必要になる。自律的な単位事業という組織単位を確立させることによって，経営体全体に対して成果面で貢献させるようになるという組織形態が選ばれる。これが運営され続けると，さらなる規模の拡大と複雑性の増加で業績が悪化してしまう場合も生じてくる。そこでまた，新しい論理として関係というシステム的複合化中心の組織づくりの論理が考え出されてくる。多様な経営体群または単位組織群が複合的経営体という中央に対して独立的なものも他律的なものもあり，その課題が流動的なものも不変的なものもあり，その関係が長期的なものも短期的なものもあるが，それらが一つのシステムになるという組織形態が選ばれることになる。

組織形態の論理を適用する第一のものは，仕事が生産段階・技能の間を動き回るという職能別組織形態である。これは明快で経済的であるが，経営体全体への方向づけも広い視野・能力・忠誠心も得にくいので，小規模・安定・単純な現在事業用の組織単位にのみ適用でき，トップや革新用の組織単位には不適である。第二は，経営体内チーム型の各種の組織形態で，課題理解と適応性の面で優れているので，トップに唯一に最も適し，革新用に優先適用され，また，職能制を補完するが，明快性・経済性・意思決定の面で欠陥が出ないようにする必要がある。業績や成果という論理に基づく連邦分権制は，組織形態の一般的条件のほとんどを満たすので，事業や経営の改善・革新両用の知識労働者組織に適しており，トップが本来の仕事に集中できるようにさせる。逆なのが擬似分権制で，最後の手段として改善用知識労働者組織に適用できるのみである。システム型組織は経営体の内にも外にも適用できる。

従来の命令中心組織から情報中心の組織に移行すれば，経営体全体の目的・目標と各人・各部門の目標が基礎にされ，知識労働者の協働と管理者の情報入手能力で営まれる。

経営体は，成果に焦点を合わせさせ挑戦的・生産的にさせて組織に若さを保ち，スタッフを重要で長期的な限定的な課題に取り組ませ職歴上もライン職との間を往復させ，ミドル職位数を限定し優秀者を挑戦的な横への異動か，知識十分の上への昇進で生かす必要がある。

6 経営体の各制度面と統治的組織（上巻 pp.295～300）・社会的組織（事業非事業間関係組織や個別経営体間関係組織 （上巻 pp.300～2））・経済的組織（上巻 pp.288～294），人事部と一体化した組織部（上巻 pp.302～3）

　経営体は，社会の必要としている職能を遂行する手段ではあるが，その組織化を事業組織化するだけで，社会的公器として，果たして十分なのであろうか。適正な組織単位が必要か。
　経営体は，社会に対して職能・事業・経営の選択や遂行で横暴にならないように，**社会的諸基準を遵守するための組織単位**も併せ持ち影響力を**全体に浸透**させる必要がなかろうか。
　**各経営体**はそれぞれの事業を自律的に営んでいるが，これら**職能間・事業間**で，また，事業と関わる**権限間**あるいは**利害間**で十分な調整が，社会においては成されうるのであろうか。
　経営体は**社会から正しいと是認され経営活動が権限を持って当然とされる組織化は何か**。
　事業経営者も労働組合指導者も**組織でどう関係化されれば人的統治権限は正当になるか**。
　経営体とくに**株式会社で株主の権利・経済権力が正当化される配慮は**，組織面では何か。
　経営体・経営者の権限・権力の基礎は，個々の利害者集団の外にあり，あらゆる利害者集団の服さざるをえない価値観であるとされる場合があるが，**その組織化とは如何なるものか**。
　**最高経営者**が社会から与えられた客観的諸課題の設定や遂行過程や結果を**自己評価**するのみならず自らを**厳正に審査してくれる機関**も認め**如何に関係させれば**，正当になるのか。
　経営体は，事業・職能の遂行という第一義的責任のみならず，その他の**社会的責任**も果たしていかなければならない。そのためには，**各種の利害者集団との関係をいかにすべきか**。
　**事業全体をマクロ経済や世界経済との関連で一つの経済的組織体として全般的に眺める必要がある**。ところで，現在の広義マクロ経済には三種類の乖離・分離の現象が生じているが，マクロ経済との関連で事業経済的組織の**専門単位**と**全体像**はどう築かれたらよいのか。
　また，**事業経済的制度面や経営組織の全体を一つの経済的組織体として全般的に眺める必要があるように思われる**。事業経済や経営組織の解明のための**諸分析や諸単位組織のうち如何なるものが相互に関連づけられる**と，一つの全体としてまとめあげられることになるのか。
　つぎに，非事業経済たる**統治的経済・社会的経済に応じた組織**というものは何か。経営体の統治的・社会的制度面の課題に関連した経済的諸問題に対して，各種の資源や努力を投入し活用し再分配していることを分析し決定するための組織とは，どのようなものなのか。
　以上の諸問題を取り扱う**組織部**はこれまで，機能を表わす名称をつけた無人格のポスト（職務・職位）の問題を取り扱い，人材の需要に焦点をあわせてきた。これを所与のものとして人材の供給に焦点をあわせてきたのが**人事部**であった。スタッフたる両者は，これまで別個の業務を営んできたが，これからは**一体化**され，**ライン活動**もなすべきなのは，**何故か**。

**社会職能的統治権限を正当化された**（すなわち特定職能遂行の社会性を認定された）
**経営組織**（上巻 p.295, Par.1）(cf., pp.95～6, 392～3, 486. Ⅰ：p.58. 本書 pp.70, 127)

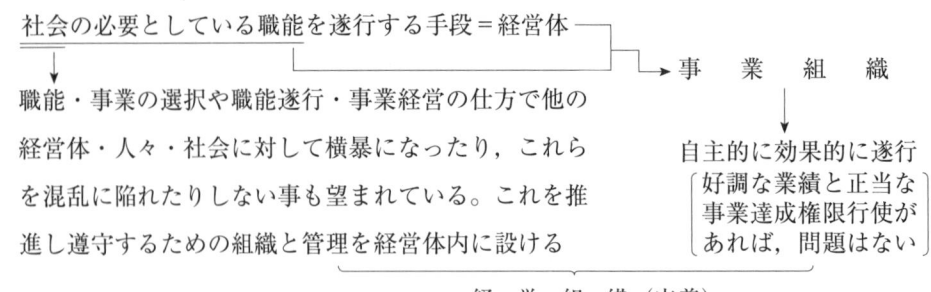

```
    社会の必要としている職能を遂行する手段＝経営体 ─────┐
      │                                                      ↓
      ↓                                                 事 業 組 織
    職能・事業の選択や職能遂行・事業経営の仕方で他の           │
    経営体・人々・社会に対して横暴になったり，これら           ↓
    を混乱に陥れたりしない事も望まれている。これを推      自主的に効果的に遂行
    進し遵守するための組織と管理を経営体内に設ける     ┌好調な業績と正当な ┐
                                                      │事業達成権限行使が │
                                                      └あれば，問題はない ┘
                        経 営 組 織（広義）
```

**社会的な共通の善をも追求する自律的な経営組織**（p.295, Par.2）(cf., pp.96～7, 393, 486.
　　　　　　　　　　　　　　　　　　　　　　　　　　　　　　Ⅰ：p.59. 本書 pp.70, 127)

```
    社会の必要としている職能を遂行する手段＝経営体 ─────→ 事 業 組 織
      │
      ↓
    社会には各種多数の経営体が存在
      │
      ↓
    職能間・権限間・利害間が調整される必要あり
              │
              ↓
          社 会 的 共 通 の 善
              │
              ↓
    これを検討するための組織と管理を経営体内に設ける
    （ex. 取締役会・スタッフ社長室）
                              これに相応しい形で特定の職能と職能遂行方法
                              を選択する
                        経 営 組 織（広義）
```

**社会的な組織道徳律をも体現した経営組織**（p.295, Par.3～p.296, Par.1）(cf., pp. 97～8, 393～4, 486.
　　　　　　　　　　　　　　　　　　　　　　　　　　　　　　Ⅰ：p.59. 本書 pp.70, 127)

```
    社会の必要としている職能を遂行している手段＝経営体 ──→ 事 業 組 織
      │                                                      │
      ↓                                                      ↓
    職能遂行が権限をもって然るべきだということになる為には  第一義的職能を十分に
      社会的根本信念を経営体が遵守すべきである              遂行し，業績をあげる
              │                                              │
              ↓                                              ↓
          現代の組織社会における根本信念              ┌市場と個人のニーズ┐予
                                                    │                  │測
        ┌人間の強みを生産的にすることが組織の目的である┐│消費者と従業員の  │識
        │個 人 の 強 み は 社 会 の た め に な る  │└        ニーズ  ┘別
        └──────────────────────────────┘
                                                    これだけでは未だ不適切
    これを体現するための組織と管理（人間指導の各種実践 p.393, ℓ.18～p.394, ℓ.3）
              （ex. 取締役会）
                  これを浸透させた事業組織 ＝＝＝＝＝ 経 営 組 織（広義）
```

**自治的な職場社会に裏打ちされて正当な人的統治権限にもとづいて運営される経営組織**
(p.296, Par.3) (cf., pp.103～5, 394, 486～7. Ⅰ：p.63. 本書 pp.70, 127)

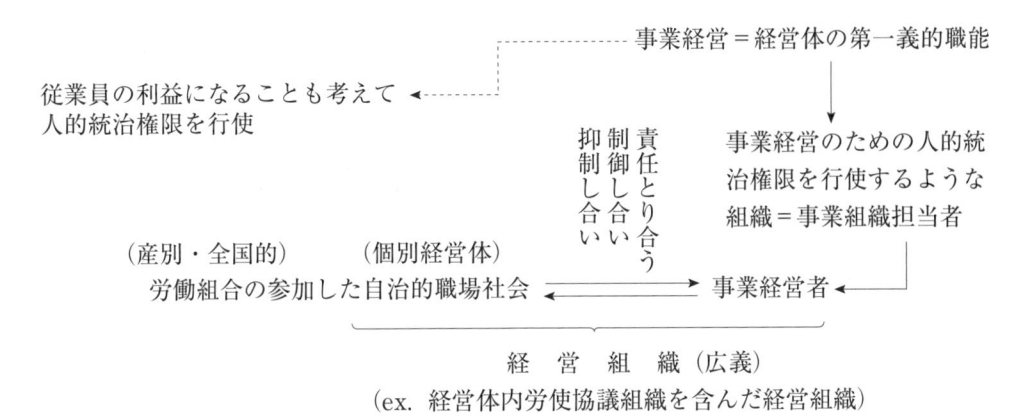

```
                                    ┌──────── 事業経営＝経営体の第一義的職能
                                    ┊                        │
                                    ┊                        ↓
  従業員の利益になることも考えて ◂┄┄┘             事業経営のための人的統
  人的統治権限を行使                  責制抑          治権限を行使するような
                                      任御制          組織＝事業組織担当者
                                      と し し
                                      り 合 合
   （産別・全国的）    （個別経営体）  合 い い
                                      う
       労働組合の参加した自治的職場社会  ◂──────  事業経営者  ◂
                                └─────────────────┬──────────────────┘
                                        経 営 組 織（広義）
                                （ex. 経営体内労使協議組織を含んだ経営組織）
```

**正当な経済権力（最高経営者への取締役会による他者統治）にもとづいて運営される経営組織**
(p.296, Par.2) (cf., pp.98～102, 394, 486. Ⅰ：p.62. 本書 pp.71, 127)

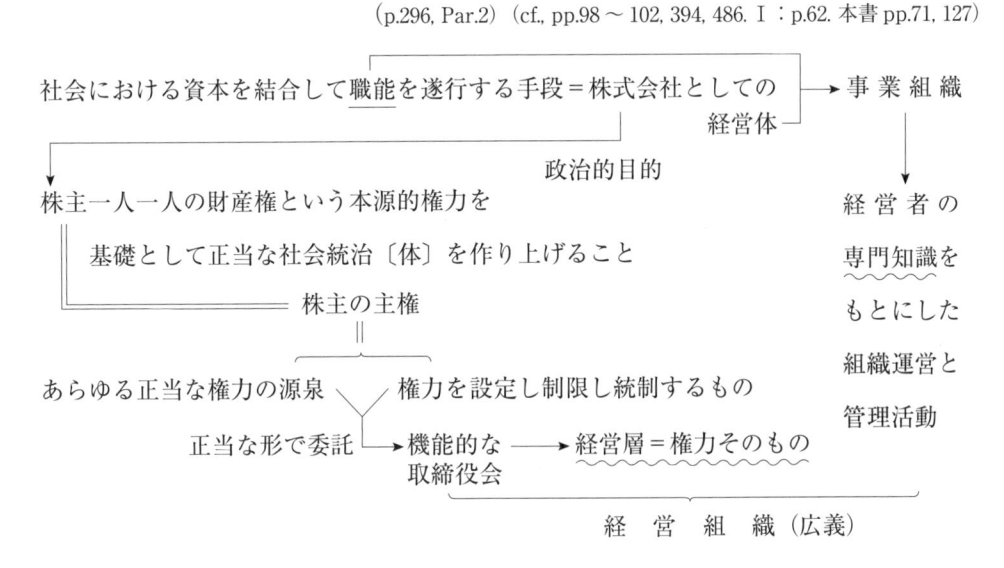

```
        ┌───── 社会における資本を結合して職能を遂行する手段＝株式会社としての ──→ 事業組織
        │                                          経営体                            │
        │                      政治的目的                                            ↓
        ↓                                                                         経営者の
  株主一人一人の財産権という本源的権力を                                          専門知識を
    基礎として正当な社会統治〔体〕を作り上げること                                もとにした
                    ═══ 株主の主権                                                組織運営と
                          ‖                                                      管理活動
   あらゆる正当な権力の源泉   権力を設定し制限し統制するもの
              正当な形で委託 ─→ 機能的な ──→ 経営層＝権力そのもの
                              取締役会        ～～～～～～～～～～
                          └──────────────┬──────────────┘
                                経 営 組 織（広義）
```

**各種利害者集団を永続的経営体維持に結集して（最高経営者の自己統治）権威づけられ正当化された経営組織**（上巻 p.299, Par.2 ～ p.300）(cf., pp.106 ～ 7, 395, 487. Ⅰ：pp.64 ～ 5. 本書 pp.71, 127)

社会の必要としている職能を遂行する手段＝経営体 ─────→ 事 業 組 織

職能遂行において権力が正当であることを
社会は要求している

　　　　　その外にあってその力を超越するもの
　　　　　その力に服する人々が真の価値と認めるもの

　　　各種利害関係者を調整して新しい連帯の絆を作る
　　　各種利害者集団を永続的経営体維持に結集しながら事業遂行をなす
　　　　　　　　　　　　経 営 組 織（広義）

（組成的）
**正当な全般管理的統治権限（最高経営者と取締役会・理事会の協働統治）に基づく経営組織**
　　　（上巻 p.296, ℓ↑1 ～ p.299, Par. 1) (cf., pp.105 ～ 6, 395, 487. Ⅰ：pp. 64 ～ 5. 本書 pp.71, 127)

最高経営者が最高経営自身を統制・統治する方法をもっている（第三章，第7章の一 を参照）
　　　　　　　　　　　　‖
取締役会職能（pp.297 ～ 8）←──── 審査機関　　　　最高経営者の課題（p.298, Par.2 ～ p.299）
（理事会）

　㊀ 自社の事業は何か，如何にあるべきかを ──── ①経営体の使命を考え貫く
　　　最高経営者に考え貫かせる
　　　　　　　　　　　　　　　　　　　　　　　　＝われわれの事業は何であり，
　　　　　　　　　　　　　　　　　　　　　　　　　 如何にあるべきかを問い質す

　㊁ 目標の設定と戦略の開発についての有無
　　　を確認　　　　　　　　　　　　　　　　　　＝目標の設定，戦略と計画の開発，
　　　　　　　　　　　　　　　　　　　　　　　　　 明日の成果のため今日意思決定

　㊂ 自社の計画作成，資本投下方針，管理固　　　②基準や範例の設定＝良心機能
　　　定費などの検討
　　　　　　　　　　　　　　　　　　　　　　　　＝基幹分野で理念と価値基準を設定

　㊃ 人事の決定と組織の問題を監視 ─────── ③人間組織の形成と維持

　㊄ 組織の精神を見守り組織を管理（従業員　　　＝明日の人的資源開発（特に最高経
　　　の強みの活用と弱みの無害化，明日の経　　　　営者の育成），経営体の精神の創
　　　営者の育成，管理者の報酬や用具や手法　①　　成，組織の構造と設計
　　　の活用）　　　　　　　　　　　　　　　②
　　　　　　　　　　　　　　　　　　　　　　③
これ以外の役割（業務執行委員会として）　　　　⑥重大危機に備えて最高経営者の代行
　　ⅰ最高経営者の相談相手 ─────────　　機関を用意しておく
　　ⅱ無能や成績不振の最高経営者の排除 ───　　注：④⑤については次頁の社会的組
　　ⅲ最高経営者の代行 ────────── ⅲ　　織を参照。これらも含めて，広
　　　　　　　　　　　　　　　　　　　　　　　　　義の全般管理的統治になる。
　　　　　　　　　　　　　　　　　　　　経 営 組 織（広義）

**社会的組織**（pp.300〜2）(cf., pp.108〜156＝第五章。pp.396〜400, 488〜9. Ⅰ：pp.67〜90.
本書 pp.71〜3, 127)

経営体 ┌ 第一義的社会責任＝事業職能を遂行する ─┐
       └ その他の社会的責任を果たす ─────┤ ために各種の利害者集団との関係を大
                                              切にする必要

経営体 ←── 経営体の現状・問題・方針
           ・計画を知る必要がある    株主・従業員・地域社会・消費者・納入業者・
       ──→                          流通業者
           理解・尊敬・受容が必要
           誤解・疑問も理解する必要

《最高経営者の課題》

公共・地域社会関係委員会    ④顧客・主要納入業者・労働組合・銀行・金融
としての取締役会の職能 ─┐    機関・その他の外部機関など，との関係
                         └ ⑤各種の儀式的職能＝行事・委員会・夕食会に
     〔社会的組織〕関係              参加
            ↓
         社会的組織部門 ┌ 良心活動の担当の単位組織
         (cf., 本書 p.15) ┤ 関連のサーヴィス・スタッフ組織
                        └ 家事・衛生活動の担当の単位組織

経営体の社会的制度面 ┌ 事業非事業間関係組織（ex. p.302, ℓℓ.4〜6）
に対応した社会的組織 └ 個別経営体間関係組織（ex. p.302, ℓℓ.7〜8）

→ 事業非事業間関係組織 ┌ 対地球環境関係組織，公共地域社会〔国内・国外・経済地域・民族地域という〕
                        │ 関係組織，労資関係組織，対職場社会関係組織，対知識労働者関係組織，対サー
                        │ ド・セクター関係組織，対政府〔国内・外国の中央・地方の政府〕関係組織，対
                        │ 民主・市民・地域社会関係組織，事業非事業間関係の経営体倫理・政治責任と経
                        └ 営者倫理・政府責任関連組織

→ 個別経営体間関係組織 ┌ 事業上の各種取引関係者との関係についての組織（起業経営体とも関係も）
                        └ 個別経営体間関係の経営体倫理・経営者倫理関連組織

  構成 ┌ 取締役会の公共・地域社会関係委員会，最高経営者の良心活動の担当の組織単位，
       └ 関連のサーヴィス・スタッフ組織，家事・衛生活動の担当の組織単位，など
                                                         (cf., Ⅰ：p.64. 本書 p.15)

(一) マクロ経済の構造的変化 ⇨ 一つの経済的組織体としての事業……全体として眺める

　　マクロ経済　事業経済　間　関係組織（上巻 pp.288〜289, ℓ.2）

① （上巻の第6章の第1節の（六），178〜9頁を参照）

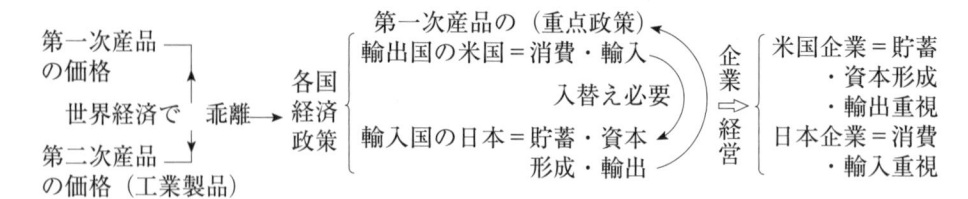

```
第一次産品                    第一次産品の（重点政策）
の価格                        輸出国の米国＝消費・輸入        企    米国企業＝貯蓄
         世界経済で  乖離  各国                          業        ・資本形成
第二次産品           　   経済    入替え必要             ⇨        ・輸出重視
の価格（工業製品）         政策  輸入国の日本＝貯蓄・資本  経    日本企業＝消費
                                形成・輸出              営        ・輸入重視
```

② （上巻の第6章の第1節の（四），171頁を参照）　　　　ex. 日本の経済政策

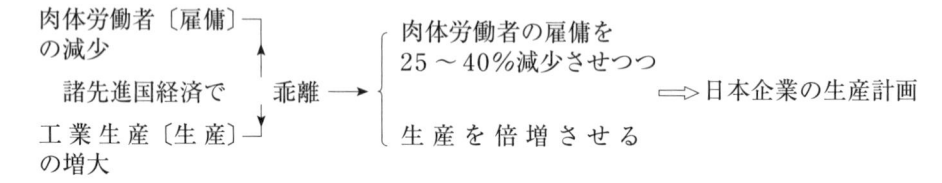

```
肉体労働者〔雇傭〕              肉体労働者の雇傭を
の減少                          25〜40％減少させつつ
         諸先進国経済で 乖離 →                        ⇨ 日本企業の生産計画
工 業 生 産〔生産〕              生 産 を 倍 増 さ せ る
の増大
```

③ （上巻の第6章の第1節の（五），177頁を参照）

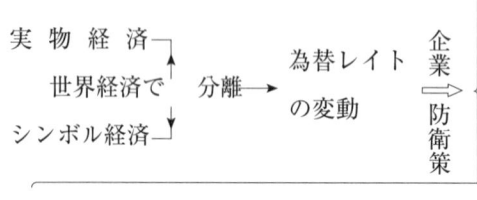

```
                                                     各国での売上げ収益に応じた各国通貨
実 物 経 済                                              の空売り
         世界経済で 分離  為替レイト  企               資本や資金を各国で調達して危険を分
シンボル経済               の変動    業               　散させる
                                   防               純国内向けの企業も競争相手企業国の
                                   衛                  通貨でヘッジ（最少の額と期間）
                                   策
         中枢事業生産を為替比率に応じて先進          ＊同様にするか，労務費で有利な発展
         国工場間に配分し，周辺事業生産も＊            途上国の企業に集中配分するか
```

(二) **事業経済的組織**　（上巻の第3章と第6章の第1節（一）（二）（三）と第3節を参照。本書 pp.74〜6）

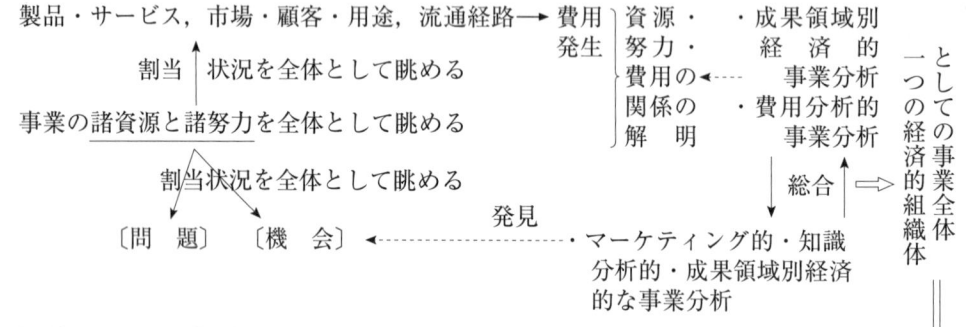

```
製品・サービス，市場・顧客・用途，流通経路 → 費用  資源・  ・成果領域別         と
     割当  状況を全体として眺める           発生  努力・    経済的            し
                                                費用の     事業分析           て
事業の諸資源と諸努力を全体として眺める             関係の  ・費用分析的          の
           割当状況を全体として眺める             解明     事業分析           事  一
                                                          ↓ 総合  ⇨        業  つ
   〔問題〕〔機会〕←――――――――発見―――― マーケティング的・知識         全  の
                                              分析的・成果領域別経済          体  経
                                              的な事業分析                    　 済
〔改善されるべき事業〕〔革新（されるべき）事業〕                                  的
   〔現在の事業〕〔将来の事業〕〔本来の事業〕   に関する事業経済的組織の全体像     組
                                              　　（上巻 p.289, ℓ.3〜p.290, ℓ.3）織
                                              　　（cf., Ⅰ：pp.20〜2, 29〜31）
```

(三) 事業全体を一つの費用の流れとして眺める　　　　　　　　　　　　　（上巻の第7章の
　　　（コスト・ポイント）（上巻の184～187頁を参照）　　　　　　　　　　第1節を参照）
　　　（Ⅰ：p.102．本書 pp.75～6）　　　　　　　　　⇒ **費用経済的組織**……事業経営組織論と
　　　　　　　　　判　　　　　　　　　　　　　　　　　（pp.290～3）　　　　　対応可能
　　　費用発生諸拠点の分析→費用は一つの体系　　　　　　　　　　　　　　　　　　　（本書 pp.13～8）
　　　　　　　　　明

㊀ 事業の目標・成果への貢献の種類に即した費用の類型化 ⇒ 貢献活
　　（上巻の210～4頁を参照。本書 pp.171～2）　　　　　　　動・決　による
　　　　　　　　　　　　　　　　　　　　　　　　　　　　　定分析
　　　　　　　　　　　　　　　　　　　　　　　　　　　　　　　　　　　費用組織化
　　各コスト・ポイントを費用構成での諸関係に位置づける ⇒ 関係・
　　（上巻の215～8頁を参照）　　　　　　　　　　　　　　　位　置　による
　　　　　　　　　　　　　　　　　　　　　　　　　　　　　分　　析

㊁ 個々の仕事について，費用面から検討してみて　　　　　　（本書 pp.19～26）
　　　　　　　　最も経済的な仕事内容に再構成　　　（上巻の221～5, 183～7, 207頁を参照）
　　成果領域別経済性分析　　　　　　　　　　　　　＝仕事分析に対応した費用経済的組織
　　効率的費用管理目標の設定　による仕事合理化
　　主要コスト・ポイントの分析

　　産出物から見てそれに到る仕事間・費用間の　　　（上巻の224頁を参照。本書 p.75）
　　　　　　　諸関係を合理化　　　　　　　　　　　産出物分析，PERT コスト法に
　　　　　　　　　　　　　　　　　　　　　　　　　対応した費用経済的組織

㊂ 労働の力学と組織軸の論理から考察可能な労働において　労働に対応した
　　費用発生→　　　　　　　　　　　　　　　　　　　　　在るべき，ある
　　　　　　　各組織軸で生産性，労働の各次元で達成意欲　いは　実際の
　　　　　　　を与えれば費用実績向上（上巻の226～236頁を参照）費用経済的組織

㊃ 生産工程（生産方式の原理）・総合的組織（構成要素）・組織形態（とくにシステム型・
　　チーム型革新組織，分権制下の事業部間経済関係）に対応した経済的組織
　　　　　　　　　　　　　　　　　　　　　　（上巻の237～282頁を参照）

**非事業経済的組織**　（上巻 pp.207～8）（cf., p.316. 本書 pp.9, 42～5〔丸つき数字〕）

　　　　　　　　　　　　　　　　経済的 ｛(a) 社会職能的統治 (b) 自律的生存権｝
　　経営体の統治的制度面の課題に関連した　　　　(c) 職能遂行権限 (d) 人的統治 (e) 経
　　　　　　　　　　　　　　　　諸問題 ｛済権力 (f) 経営権力 (g) 全般管理統治｝

に対する資源（総合生産性にかかわるもの）や努力の投入や再配分を分析・決定するため
の組織（最高経営者の課題①＝(a)(b)，②＝(a)～(f)，③＝(c)(f)，⑥:::(d)，④＝(a)～(f)）
　　（経営的統治権限）

　　　　　　　　　　　　　　　　経済的 ｛(h) 価値実現社会 (i) 多〔超〕国籍化
　　経営体の社会的制度面の課題に関連した　　　社会 (j) 組織社会 (k) 新多元社会
　　　　　　　　　　　　　　　　諸問題 ｛(l) 被傭者社会 (m) 知識社会との関係
　　に対する　　〃　　（同　上）　　　　　　　(n) 市場経済社会 (o) 起業家社会
　　　　　　　　　　　　　　　　　　　　　　　（構築）(p) 市民民主社会との関係｝

以上の**経済的組織と統治的組織と社会組織と事業組織との統合されたもの＝経営組織**（最広義）

### 情報能力の高度化により統合化されるべき経営データ処理システムと会計システム
<small>(p.290補充。本書 p.46補充。cf. 本書 pp.9, 94, 37, 39)</small>

原石に過ぎないデータが情報となる ← 課題の為に体系化，具体的成果を指向，意思決定に活用
　①情報のユーザー（経営者・各種専門家・組織）が情報に精通（情報専門家＝道具作成者／ユーザー相談相手）
　②意思決定とくに戦略的意思決定過程で経営体外・市場外の情報を既存情報システムに統合
　　既存顧客・非顧客の購買の物・場所・方法 ┘　└ 人口動態・潜在顕在的競争相手の
　　　　　　　　　　　　　　　　　　　　　　　　　行動や計画・技術・経済・為替・資本移動
　③データ処理システムと会計システムの間を，一体化，少なくとも矛盾のないようにする
　　　　　　　　　　　　会計データの　　┌ 会計を財務から切り離し経営活動に注目する改革
　　　　　　　　　　　　意思決定情報へ ← 経営活動を期待成果に結びつける新しい会計
　　この目的 ＝＝＝＝　の転化をめざす　└ 資産評価を取得原価ではなく将来収益で行なう試み

コンピュータに精通したエグゼクティヴが意思決定地位に就くようになり，変化　<small>(Change, ch.10.)</small>

経営者が必要とする情報　　コンピュータという新しい道具　　歴史の　　道具と　　相互依存・影響
経営の道具としての情報 ← による新しい事業コンセプト　　　教え　　概念は　　他方を変える

〔新　し　い　道　具　・　新　し　い　情　報〕　　　　　　　　　　〔新しい
経営過程全体の成果管理とその情報←個別作業の原価計算　　　　　　 事業体概念〕
　＝価値分析・プロセス分析・品質管理・原価計算の統合化
　　①製造過程全体の原価情報，②何かを行なわないことによる原価発生情報　　　（１）
　　　（遊休時間・待ち時間・不良品の手直し・廃棄），③各作業や作業場所の　　資源の加工者，
　　　必要性・不要性の情報，とくにサーヴィス活動（＝一定期間の総原価が　　　コストを
　　　固定し資源間の代替が不可）の成果向上努力情報，④個別の活動原価と　　　　　成果に
　　　成果の変化が事業全体に与える影響情報　　　　　　　　　　　　　　　　　　変換する機関

事業経済的現実（事業経済的連鎖，顧客受容価格）←変化─法的擬制の各経営体
　ますます激化するグローバルな市場において，競争に勝つ為に，　　　　　会　情
　①外部委託・提携・合弁などパートナーシップの事業関係下の　　　　　企計　報　　　（２）
　　経済活動の連鎖全体の原価を把握し，これらの経営体群　　　　　　　業シ　シ　　事業経済的な
　　と協力して，原価を管理・削減し，成果を最大化する必要　　　　　　間ス　ス　　連鎖の環
　②まず顧客が自ら進んで支払う価格を設定し，商品の設計段階から，　 でテ　テ
　　許容される原価を明らかにしている → 価格主導の原価管理　　　　　のム　ム
　　（ウォルマートをモデルにプロクタ＆ギャンブル社は世界300社と）　 接の　の
　　　　　　　　　　　　　　　　　　　　　　　　　　　　　　　　　　続必　共
　　　　　　　　　　　　　　　　　　　　　　　　　　　　　　　　　　　要　有
　　　　　　　　　　　　　　　　　　　　　　　　　　　　　　　　　　　→　化

富の創出とその情報 ← コスト管理：企業が支払いを受けている現在の事業状況
　①基礎情報 ＝ 経営状況の判断のための情報 → 異常値は発見し処置すべき
　　問題の存在を教える：キャッシュ・フローや流動性，在庫数と販売数
　　の比率，収益と社債費の比率，売掛金と売上高の比率
　②生産性の情報 ＝ 生産要素すべてについて：
　　付加価値分析 → いかなる製品・サーヴィス・活動・作業の生産性が
　　　　　　　　　　　高く，大きな価値をもたらしているかを教えてくれる
　　ベンチマーキング ＝ 自社の仕事を同一・全部の産業界の最高の仕事
　　　　　　　　　　　と比較：ある経営体にできることは他の経営体にもできる筈，
　　　　　　　　　　　主導的経営体と少なくとも同水準の仕事ができなければ，　　（３）
　　　　　　　　　　　競争優位を保持できない，という前提に立つ　　　　　　　　富を創出する
　③自社の卓越性に関する情報 ← 主導的地位をえるには，市場や顧客の　　　　　 社会的機関
　　価値と，生産者・供給者としての自らの特別の能力を，結合する力
　　が必要：自社と競争相手の予期せざる成功，業界全体と自社の成功
　　した革新例，革新実績の目標到達度や市場動向・市場地位・研究開
　　発費との合致度，成功した革新は成長力や機会が最大の分野か，
　　逃してしまった重要な革新機会とその理由，革新の商品化の成功度
　④資金と有能者の配分資源についての情報
　　ⅰ収益率・回収率・回収期間・キャッシュフロー・現在価値すべてを，投資の提案
　　　と代替案で検討し一覧表化（成果の期待と達成の度合いとその影響と期限）
　　ⅱ明確な目的意識のもとに慎重に人員配置し，その結果を記録し検討

戦略的情報＝成果が存在する外部環境の組織的な情報←戦術的情報＝現在の事業状況の情報
　　＝市場・顧客・非顧客・産業内外の技術・国際金融市場・世界経済

　　　　　　　市場選好・流通経路・税制・社会規制・知的財産権等について
戦略の策定 ← 期待する情報を提供し，環境の仮定や経営体の戦略・ヴィジョン
　　　　　　　に正しい疑問を提起してくれるような日常的な情報システム　　　　（４）
　　　　凡ゆる種類のデータバンク，各国の専門誌，データサーヴィス‥‥　　　 外部世界によ
　　　　経済団体，政府刊行物，世銀レポート，科学論文，調査結果　　　　　　 り造られ創る
　　　　情報の使用法を具体的に教え，事業や業務について具体的に聞　　　　　 被造物・
　　　　いてくれ，双方向のコンサルティングをしてくれるもの‥‥特に<small>(Change, ch.12.)</small>創造的主体

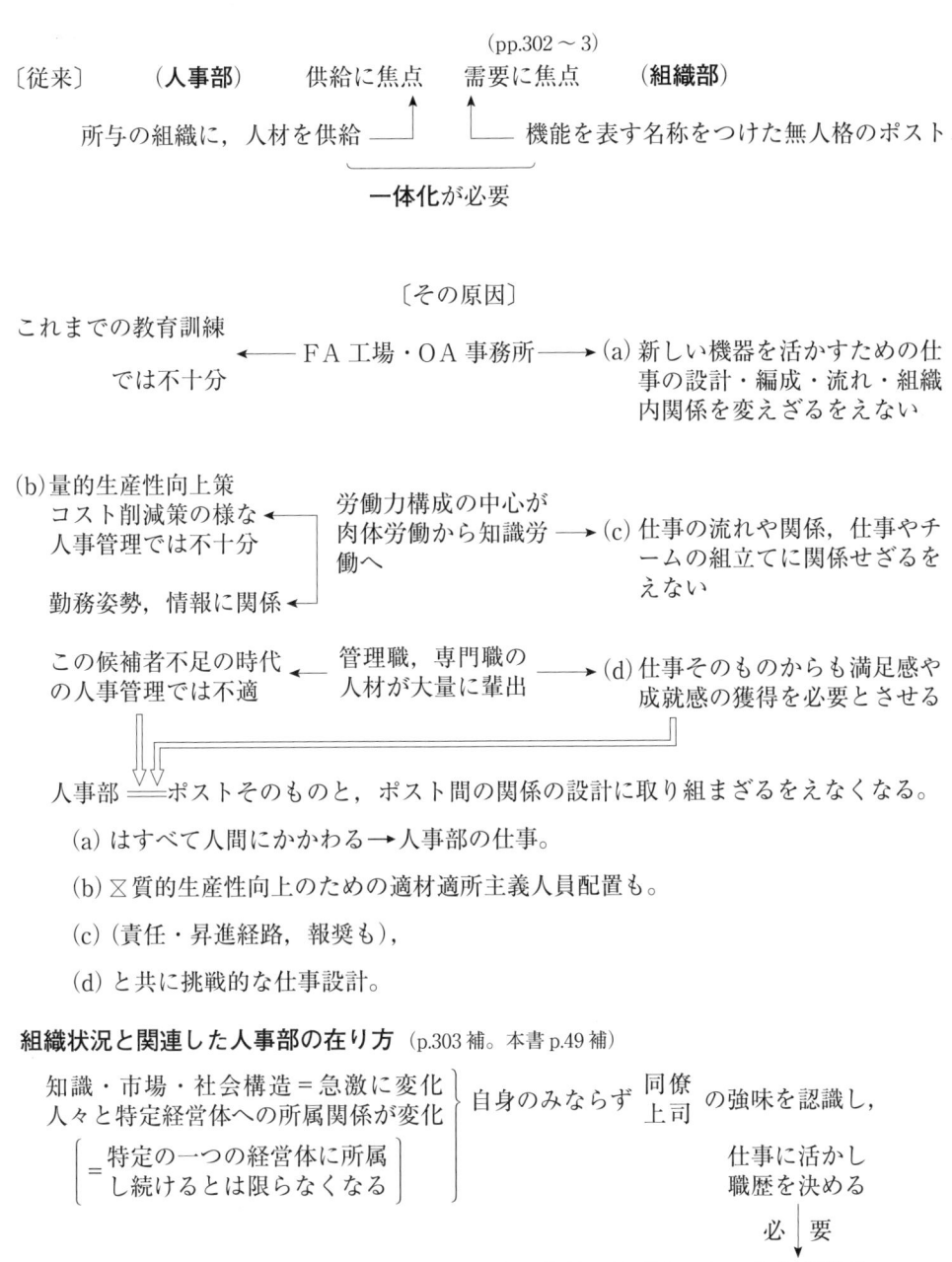

〔従来〕　**（人事部）**　　供給に焦点　　需要に焦点　　**（組織部）**
　　　　　　　　　　　　　　　　　　　（pp.302〜3）
　　　　　　所与の組織に，人材を供給 ────┐┌──── 機能を表す名称をつけた無人格のポスト
　　　　　　　　　　　　　　　　　**一体化が必要**

〔その原因〕

これまでの教育訓練　　　←── FA工場・OA事務所 ──→ (a) 新しい機器を活かすための仕
　　では不十分　　　　　　　　　　　　　　　　　　　　事の設計・編成・流れ・組織
　　　　　　　　　　　　　　　　　　　　　　　　　　　内関係を変えざるをえない

(b) 量的生産性向上策
　　コスト削減策の様な　←──　労働力構成の中心が
　　人事管理では不十分　　　　肉体労働から知識労　──→ (c) 仕事の流れや関係，仕事やチ
　　　　　　　　　　　　　　　働へ　　　　　　　　　　　ームの組立てに関係せざるを
　勤務姿勢，情報に関係 ←──　　　　　　　　　　　　　　えない

　この候補者不足の時代 ←── 管理職，専門職の　　──→ (d) 仕事そのものからも満足感や
　の人事管理では不適　　　　 人材が大量に輩出　　　　　成就感の獲得を必要とさせる

人事部 ══ ポストそのものと，ポスト間の関係の設計に取り組まざるをえなくなる。

　(a) はすべて人間にかかわる→人事部の仕事。
　(b) ⊠ 質的生産性向上のための適材適所主義人員配置も。
　(c) （責任・昇進経路，報奨も），
　(d) と共に挑戦的な仕事設計。

**組織状況と関連した人事部の在り方**（p.303補。本書 p.49補）

　知識・市場・社会構造＝急激に変化　　｜自身のみならず　同僚　の強みを認識し，
　人々と特定経営体への所属関係が変化　｜　　　　　　　　上司
　　［＝特定の一つの経営体に所属　　　｜　　　　　　　仕事に活かし
　　　し続けるとは限らなくなる　］　　｜　　　　　　　職歴を決める
　　　　　　　　　　　　　　　　　　　　　　　　　　必｜要

　　　　労働力一般ではなく，個々の人間を具体的に管理するという人事管理
　　　　　　　　　　　　　　　　　　　　　　　（Post, "Introduction"）

経営体は、その職能・事業・経営を選択し遂行する点で社会的に問題がないか否かをチェックするような組織単位を構築し、それと事業経営組織との関係も適正化する必要がある。

　多元的組織社会では、社会的共通の善(グッド)と各種の職能・事業間や権限・利害間を調整し新しい連帯の絆をも考慮して事業を選択し経営法も決定するような専門の組織単位が必要である。

　各経営体は、各時代の社会的根本信念（組織社会では「人間の強味を生産的にする」）を具現し遵守させる専門の組織単位を構築し経営してはじめて、社会から正当だと認められる。

　事業経営者と職場社会指導者（産別・全国的な組織の労働組合が個々の経営体の職場社会に参加）が人的統治権限に単独ではなく共同で対処する専門組織単位を構築すればよい。

　経営体、とくに株式会社で、あらゆる正当な権限の源泉たる株主の主権をもとにして取締役会に委託し、さらに専門経営者層に権限を委譲しつつ他者統治を保てば、正当化される。

　経営体は、各種の社会的責任を遂行するためには、その責任内容に応じて、一方では取締役会あるいは理事会の中に公共・地域社会委員会を構築し他の委員会と共存させると共に、他方では各種利害関係者関連の各種のラインやスタッフの専門組織単位を構築し最高経営者の下に適切に相互関係化させ自己統治も同時に進めることで、広義経営組織化を図るとよい。

　経営体は最高経営者の課題に関してヨリ上位の取締役会あるいは理事会で専門に審査する委員会を構築し、それと適切な関係を持たせ、協働統治にして広義の経営組織にするとよい。

　広義マクロ経済における構造的変化に即した対応のための専門スタッフを設置し、その方針を情報で経営体全体に及ぼしていけば、マクロ経済 事業経済 間 関係組織が形成される。

　各種の事業分析間を関連化させ事業全体を一つの経済的組織体として全般的に眺めるように、専門のスタッフ部門が調査し分析し、トップが最終的に判断し意思決定して、その結果を経営体全体に及ぼせば、それに応じた意思決定と行動を組織構成員はとれることになる。

　費用発生拠点を相互に関連させて合理化を進めていけば、事業全体を一つの費用の流れだと眺められる。決定分析や関係分析などにより仕事のみならず費用項目を組織化できれば、経営体が費用諸類型の複合体として、費用経済的組織として捉えられる。さらに、労働の力学と組織軸の論理をもとに生産性と達成意欲を十分に考慮した在るべき労働の費用経済的組織も設定され、また各職務・担当者の実際の労働に対し費用経済的組織の合理化も図られる。

　経営体における統治的な経済問題に適切に対処して正当性を維持し、また社会的衝撃を軽減・削除し既存社会の問題を克服・中和化させ新社会を構築する上で、経済配慮するために、取締役会・理事会や各種関連スタッフ部門は相互に他の組織単位と調整される必要がある。

　FA化とOA化で諸機器を生かす組織化と新しい教育の可能性が増し、知識労働者や管理職・専門職人材が急増して、仕事や組織部や人事管理が変革されざるをえなくなり、人事部もポストや組織に関わりをもつことで管理内容が変えられることになり、両者が一体化する。

## 7　事業管理（その1）── 事業構想・事業戦略の管理 ──　（上巻　pp.351〜365）

　前著の第③・④では**事業の生成・持続・変化**が取り上げられ，事業構想と事業戦略が対象にされた。これは客観的にしめされたが，これを**実際に担当する経営者**やそれを**実際に決定や行動に移す管理**の面から捉え直して説明するとすれば，どのようになるのであろうか。

　まず，**事業構想ないし事業規定を構築**するためにはどのようにすればよいのであろうか。**事業状況の分析と事業機会の提案を対応**させる必要がある。各成果領域・部分や事業全体の各特性に関して経営全体として意思統一が図られる必要があるが，どうすればよいか。これらを成果類型に分けるが，予想と実績の比較をしてみて大きく変化したら如何するか。こうした事業状況の分析を**市場分析**ならびに**知識分析に反映させる**場合，いかなる対処の仕方が必要になるのだろうか。また，**経営体にかかわる弱さや不均衡を問題としてではなく機会として捉える**ためには，どのような点に注意して事業機会を見出したらよいのか。また，**変化を発見して将来の事業機会を見出していく**には，どうすればよいのであろうか。

　事業そのものの構想すなわち**事業全体の構想**いいかえれば**事業構想を設定**するためには，以上のように現在と将来の事業機会を発見することによってだけでなく，**現在と将来の事業を予備的に管理**していくことが必要とされているが，これらはどのようにすればよいのであろうか。**現在の事業を効率化**させるように**予め準備**しておくためには，「現在」をどう捉え，市場をいかに捉え，機会をどのように分類し如何なる取り組みをしていけばよいのだろうか。**現在の事業潜在力を顕在化**させるには，**変化にいかに適応**し，現在とは異なった**将来の姿**をどのように明らかにしていけばよいのであろうか。

　以上のような**各種の分析や構想や予備的管理を統合化**することによって，**事業そのものの構想すなわち事業全体の構想を設定**できることになるとされているが，どのようにして統合化させるのであろうか。こうして設定された事業構想をもとにして，事業状況を反省し，事業機会を捉え直すことになるので，事業構想を中心にして各種の分析や構想や予備的管理を体系化させることになると思われるが，どうなのであろうか。

　こうした事業構想・事業規定は，現在の事業と将来の事業と本来の事業に関して統合化させた一つの解答を意味している。それでは，**現在の事業とは何かと問うべき時はいつか。将来の事業はどうなるのであろうかと問うべき時はいつか。本来の事業はどうあるべきかと問うたらよい時はいつか**。また，**事業構想の内容と表現法**を適切なものにするためには，いかなる点に注意していくべきなのであろうか。

**事業創設・変革・廃棄という組成的全般管理職能** （上巻 pp.351～2）(cf., p.29)

　　時間・資源・人口・市場・知識・経済等の実態に即さなくなった単位事業

　　マーケティング ＝ 事業全体の中心的次元 ＝ 事業の最終成果／顧客の観点 から見た事業全体

　　マーケティングに対する 関心／責任感 ──浸透させる→ 経営体のあらゆる分野

　　イノヴェイション ＝ 事業全体という一次元 ≠ 技術・研究の革新
　　　　　　　　　　⇩ 及ぼす
　　各種の経営体の凡ゆる部門・職能・活動 ＝ 新事業・新経営の開発という手順の一部

　　　　これらをいつ，どう使うか ─┬→ 事前の時系列（研究→調達→製造→販売）
　　　　　　　　　　　　　　　　　└→ 状況の論理 ＝ 状況に即す

**将来性も含め現在の事業状況の観察と分類の管理** （上巻 pp.352～4） (cf., pp.30～34. Ⅰ：pp.20～1)

　　経営者が事業実態の仮説（Ⅰ：p.21）を検証→ 事業についての実態理解 という用具を 設計・発展・活用する能力

**① 当該経営体の現在の製品と生産，顧客・市場・用途と販売，流通経路と配給の，**
　　〔サーヴィス〕
　　　　　　　　**経済性・先導性・将来性，を観察する管理** （pp.352～3）

　　観察結果についての ｛専門分析者の間／両者の間／上級経営者の間｝ で ｛不明確点／不明瞭点／意見不一致点｝ ──持ち越させる→ 最高経営者 決定

　　　これら分析の出発点 ＝ 製品についての諸規定（各立場の各種解釈）の統一化

**ⅱ 事業状況の分析にもとづく成果性類型別管理** （p.353）(cf., pp.33～4. Ⅰ：p.21)

　　今日の稼ぎ手 ＝ かなり手直ししても大きくは成長しない→少な目の基幹資源

　　明日の稼ぎ手 ＝ 成績があまりにも良い→支援不要と思われ勝。見返り配慮→追加の資源と活動

　　好成績の特殊領域→非常に限られた資源を使用。昨日の稼ぎ手→没落を遅らせる努力も回避。
　　要修正の領域→一回だけの修正努力。謂われ無き特殊領域→投下済みの基幹資源を削減。
　　開発領域→経営者の我への投資に堕させない。経営者の我への投資→期限内で期待外れだと判明する場合は見限る。シンデレラ姫→配置される基幹資源の質を高め量を殖やす。

**ⅲ 成果性類型の変動の管理** （pp.353～4）

　　各種の事業成果領域の性格・退化的変化の発見管理 ＝ 予想と実績の 差異／比較 の管理→適切処置

　　　〃　　〃　　や事業全体の中年期化の〃 ＝ $\dfrac{増分産出量}{一単位増分投入量}$ の逓減開始→追加資源投入中止
　　　　　　　　（ライフ・サイクル）

**現在ならびに将来の事業機会の発見の管理**（上巻 pp.354〜8）(cf., pp.34〜48)

**現在の事業機会の発見管理**

ⅰ **消費者・顧客の本当の世界を見出すための管理**（pp.354〜5）(cf., Ⅰ：pp.23〜4)

　　顧客・市場・用途の各次元からの調査→最も適合した次元を発見 $\frac{必ず}{しも}$ 経営体内の人々の解釈

　　一つの分析所見を他の分析所見に重ねる→強力で生産的な洞察

　　消費者・顧客の本当の世界を知る為 ｛ 標準的な質問項目＝顧客の種類・場所・購入方法・目的など
　　　　　　　　　　　　　　　　　　 非標準的な質問項目＝非顧客の種類，自由裁量所得，真の欲求

ⅱ **消費者・顧客が受け容れる優越した知識を見出すための管理**（p.355）(cf., Ⅰ：pp.24〜5)

　　当該経営体の知識の特色を解明する管理＝その成功や失敗を他の経営体との $\frac{比較}{分析}$

　　当を得た知識を管理←知識の必要度，学ぶべき新知識，知識の重点変更と進歩状況

　　知識活用を管理←顧客の購入価値への充足度，知識から $\frac{製\;品}{サーヴィス}$ への具現度，

　　　　　　　　　改良すべきか見落としている知識と供給法

ⅲ **市場分析と知識分析を事業状況分析に反映させることによる管理**（pp.355〜6）

　ⅲ′ **事業状況分析・成果類型化の再検討へと導く管理**

　　　―特定の事業成果領域や事業そのものの成果類型を変更→成果性類型別管理

　　　―市場または知識を分類変更→ $\frac{製\;品}{サーヴィス}$ の成果類型を変更，事業戦略を変更

　　　―顧客の規定を変更→事業を変革，費用分類を変更，稀少資源活用先を変更

　ⅲ″ **ギャップ分析**（当然やっておくべきだったが未だ行っていなかったものの発見）
　　　　　　　**へと導く管理**

　　　―開発活動の欠如　＝　盛りを過ぎたものの代替物を開発しなかった　｜を
　　　―支援活動の欠如　＝　機会と成功の開発に相応しい支援をしなかった　｜明示する管理
　　　―所要知識と機会の関連づけ活動 $\left(\to\begin{array}{l}改良と応用先変更\\新知識の獲得\end{array}\right)$ の欠如　｜

ⅳ **危機・弱体状態の発見管理**（pp.356〜7）(cf., Ⅰ：p.25)

　　―制約の所在の発見管理←高い損益分岐点，産業特有の弱点，顧客状況の問題点

　　―不均衡の発見管理←成果に応じない費用類型，不適正な事業規模

　　―脅威の発見管理←市場・顧客・知識の変化

**将来の事業機会の発見管理** （上巻 p.357）(cf., p.43, Par. ↑ 1 ～ p.48, ℓ.2. Ⅰ：p.28)

ⅰ 様式変化の発見管理　　　　　　　　　市場・顧客・事業への影響を考察 ←

　　人口変化を調査→年令構成・文化的慣習・人間的期待感・消費行動等を解明 →

　　主要知識領域の変化や産業・国家・市場の様式変化要因や産業構造の変化を解明 →

ⅱ 変化徴候の発見管理

　部門間・従業員間の軋轢（あつれき）の状況　　　　事業活　　　問　予測内容の現出済み可能性
　　　　　　　　　　　　　　　　　　を感得 探求 動の方 → 社会・経済・市場　　想定の
　事業目標を達成してしまった状態　　　　　　　　向転換　　う　顧客・知識・技術 の 有効性


**事業機会と事業リスクの分類ならびに選択の管理** (p.358)(cf., pp.53 ～ 5. Ⅰ：p.31)

機　会　全体的　　　　　→累加，補完，一大発展，経営体 適　合 事業構想 即応 の機会
　　　　　　　を組織的に分析　　　　　　　　　　　　　　　不適合　　　　相反
リスク　分類的　　　　　→負わざるをえない，その余裕有，無，負えない余裕無のリスク

　機会とリスクを限定＝経営体状況と事業構想に適合したものだけ

　累加的・補完的・一大発展的諸機会を均衡化←機会の極大化，適正リスク を受容
　　　　　　　　　　　　　　　　　　　　　　　　　　　　　　　　　に対策


**現在の事業の効率化の予備的管理と，現在の事業潜在力の顕在化の予備的管理，および，
将来の事業の変身の予備的管理** （上巻 pp.359 ～ 363）

　　　　　　　　　　　　　　　　　　事業の現在構想化の管理　　(pp.359 ～ 360)
　現在の事業の効率化の予備的管理＝　　　↓　　　　　　　　　 (cf., pp.42 ～ 3. Ⅰ：pp.25,
　　　　　　　　　　　　　　　　　　事業の現在構想実現化の管理　　　　　　　　　31)

　大まかな輪郭を描く→順次に訂正・改良していくべし ⇒ 現在構想を陳腐化させない

　理想的な現在の構想と事業状況の分析結果を照合→各成果領域・活動・費用を類型分け

　　㈠廃棄的機会＝何もしないことに機会がある　　　　優先度を高く置く ←
㈠　　　迅速で目的的に廃棄→革新向けに資源を開放，新しいものの探求に導く ─┘
㈤
と　㈡推進的機会＝成功の暁には費用の何倍もの成果がある→優先度を高く置く
㈣　　　理想的な現在の事業構想化に最適な製品や市場
を
最　㈢非優越的機会＝際立ったところがないもの
適　　　優先度の高い機会を犠牲にしてまで資源を吸収させない→残余資源のみ投下
に　　　　　　　　　　　　　　　　　事業領域・ 置 完全に当をえているもの
結　㈣改善機会：ほぼ当を得ている現在の 活動・費用 換
合　　　　わずかな変更のみ加えるだけ ─┘　　　　　理想的な現在の事業構想化
→　　　　　　　　　　　　　　　　　高い優先度＝に適した成果領域・活動・
機　㈤革新機会：新　要　素 →新しい全体統合　　　　費用になれる時のみ
会　　　　　　　一つでも
極　　　革新を先ず適用→現在の事業を理想的な事業に可及的に近づける戦略に対して
大
化

ex. ㊀ 独善的製品と非生産的特殊製品，廃棄可能な補助的・浪費的費用，昨日の主力製品

㊁ 明日の主力製品，それに代替させるための開発努力，シンデレラ製品，新しい重要な知識と流通チャネル，補助的・監視的・浪費的費用の削減

㊂ 今日の主力製品，生産的特殊製品，額も必要努力も大のコストセンター，大きく変更・修正すれば価値のでる製品・サーヴィス・市場（手直し用のもの）

資源割当とくに人員配置＝事業の現在構想の実現化（→活動計画）の最重要点
(p.360, ℓℓ.↑5～1) (cf., pp.53～5. Ⅰ：pp.31～2)

機会順位リスト（大）を作成 ＝ 費消活動単位あたり出来るだけ最大の報酬をえられる諸領域に明確に順位をつける

対応 ｛ 高順位の機会 ←不足なく割当— 必要とされる限りの高順位の人的資源
　　　 低順位の機会 ←人員配置すべきでない— 高順位の機会を犠牲にしてまで ｝

資源順位リスト（一級）を作成 ＝ 出来るだけ最大の能力発揮・貢献をえられる従業員・専門家を順位づける

**現在の事業潜在力の顕在化の予備的管理＝制約回避・不均衡是正・脅威克服の管理**
(pp.361～2) (cf., pp.39～42. Ⅰ：p.25)

経営者が必要性を強調 ｛ 確立された慣習を破壊／最も誇った能力を放棄 ↓ 内部抵抗を鎮圧 ｝ ← 存続・成長の必要条件

ⅰ **制約回避の管理**
　①損益分岐点の高い製造過程を回避→技術的だけでなく経済的性能も考慮し均衡化
　②所属産業に固有の脆弱性の除去が非常に困難でも→不断に研究を続行
　③顧客側の現利益→供給側の事業源・利益源という技術的システム・経済的システム→革新をし機会を開発（ex. 増築・転売計画含み基本住宅，預金者の資産管理を銀行が有料により代行）

ⅱ **不均衡是正の管理**
　④成果の大小に応じていない補助的費用・監視的費用＝浪費→全廃
　⑤不均衡なほど大きくなっている生産的努力・費用→潜在的機会を開発→事業の性質・構成を変革

(i) 事業の再規定（ex. 製造業→流通業）
　　(ii) 顧客の為の研究開発業務→引き受けて一貫化するような多角化
　　(iii)(iv) 取引量に比し多すぎる管理能力資源→活用できる関連事業へ拡大

⑥補助的費用・努力が多すぎる→ $\begin{cases}$独立事業化（補助的活動 $\xrightarrow{適}$ 主業，独立採算が可）\\ 売却（補助的活動が主業に不適→発展後に売却）$\end{cases}$

⑦不適正な事業規模

　(i) $\begin{matrix}市場状況\\現有管理層\end{matrix}$に比し現事業規模が過小→$\begin{matrix}合併・買収\\共同化・合弁\end{matrix}$→$\begin{matrix}事業形態\\根本変革\end{matrix}$　$\begin{matrix}時には財務\\構造・株主\\構成の変革\end{matrix}$

　(iii) 不必要で過大な管理層（←最新の管理流行に耽った結果）→ 適正規模まで削減

　(v) 最小限規模以下＝徐々の成長は許されぬ厳しい状況→$\begin{cases}$同業他社のM&A→一気\\身売り　　　　　　　　飛躍$\end{cases}$

⑩ **脅威克服の管理**＝今までとは違った $\begin{matrix}経営\\製品\end{matrix}$で収益力もある事業を開発

　⑧ $\begin{matrix}乗用車・トラ\\ック・飛行機\end{matrix}$による輸送を脅威に感じた鉄道業→$\begin{matrix}多　数　積　載\\二層トレイラー\end{matrix}$で自動車輸送を再開

　⑨ 他社の低カロリー・ダイエット飲料へ対処が変遷：$\begin{matrix}市場の一時の\\気紛れと評価\end{matrix}$　$\begin{matrix}不本意\\な妥協\end{matrix}$　$\begin{matrix}新旧製品\\とも成長\end{matrix}$

　⑩ $\begin{matrix}電子作用で電流を開閉すること\\\end{matrix}$を十分に研究せず，しかも→他社が開発→$\begin{matrix}市場喪失\\の危機\end{matrix}$
　　　　　　　　　　　　　　　　理論的に不可能と文書発表

## 将来的変化への適応管理，事業の将来構想化の管理，事業の将来構想実現化の管理（pp.362～3）
　　　　　　　　　　　　　　　　　　　　　　　　　　　　　　　　　　(cf., p.43, Par. ↑1～p.48, ℓ.2, Ⅰ：p.28)
　今日に事業の将来を構築→$\begin{matrix}当を得た機会を探し出し\\創り出し，\end{matrix}$　不確実性を活用し現在資源を賭ける

ⅰ **将来的変化への適応管理**

　　$\begin{matrix}様式変化\\変化徴候\end{matrix}$を発見→それに適応し＝$\begin{matrix}将来の事業機会の\\発見という接近方法\end{matrix}$→$\begin{matrix}事業運営全体を変革\\今迄とは違った事業に変更\\事業形態を変革\end{matrix}$
　　　　　　　　資源を賭ける

ⅱ **事業の将来構想化の管理**

　　アイディアの次元にまで遡る＝$\begin{matrix}一般的な物の角度\\から物事を考える\end{matrix}$→有効的で実践的な将来構想を設計
　　　｜
　　　｜関係するもの$\begin{cases}$起業家的な関心と想像力，既存の理論上の命題，\\科学的探求の成果，他国・他産業の成功事例$\end{cases}$
　　アイディアが発展的効果性と知識的・市場的効果性と行動的効果性と経済的効果性と
　　　　　　将来指向的実践性をもてるように注意する。

ⅲ **事業の将来構想実現化の管理**

　　構想に資源を賭ける勇気をもつ。構想実現化を定期的に検討。
　　成果と将来性から見て続行に信念をもつ。

**事業構想ないし事業規定の設定の管理** （上巻 pp.363〜5）

| 問う | ㈠ われわれの事業は何か | ㈡ われわれの事業はどうなるか | ㈢ われわれの事業はいかにあるべきか |
|---|---|---|---|
| ⓐ 問う時期・狙い | 事業の開始時→起業家的考え 事業の成功時→新事業が必要 顧客満足を狙う | 事業が成功した時（成功期，遅くも成功期末期） 狙いは，明日を先取る，予測した変化に適応，現存の継続事業を修正・延長・発展させる | 環境が変化した時 狙いは，現在の事業を別の事業に変化させることにある |
| ⓑ 問い方 | 顧客は，誰か，何処にいるか，何を買うか，顧客にとっての価値とは何か | われわれの事業の特性・使命・目的に大きな影響を与えそうな如何なる環境変化があるか。それらの種々の予想をわれわれの事業の目標・戦略・仕事割当に今日どう組み込むべきか | 事業を別の事業に変えさせて事業の目的と使命を実現するには，どういう機会が開かれ，また，創造されうるか |
| ⓒ 問うて考慮すべき要因とその管理用具 | 顧客の現実・状況・行動・期待・価値等を客観的な事実と受け止め，十分に考慮 | 人口の増減・構成の変化を分析→市場・購買力・購買行動・顧客の欲求・雇傭量等の動向を予見 経済・流行・趣味・競争等の変化を分析→市場構造上の変化を分析 市場分析→顧客の満たされていない欲求を明確化 | 社会・経済・市場での変化，経営体自身か他による革新，適正規模，計画的廃止などを考慮しなければならない |

**事業構想ないし事業規定の陳腐化前兆の発見管理** （p.363補充。本書 p.57補充。cf., Ⅰ：p.33）

陳腐化前兆 ｛ 目標の達成 → 新しい思考を催促
急速な成長 → 既存の事業構想より大きくなり過ぎ
予期せざる成功 → 他社の成功・失敗に不注意
予期せざる失敗 → 自らの既存の事業構想が機能不全 ｝ 環境や経営体使命や中核卓越性を持続的に自問自答
（*Change*, pp.34-36. 邦訳 pp.40〜2）

**事業構想ないし事業規定の陳腐化の予防管理** （同上）（*Change*, pp.32-5. 邦訳 pp.38〜40）

予防配慮 ｛ 事業構想を系統的に監視（モニタリング）し検証するシステム ――組み込んでおく→ 経営体 ⇒ 早期診断
陳腐化した事業構想を再考 → 方針・慣行の変革 ← ｛環境の新しい現実／使命の新しい定義／要獲得の新しい中核的卓越性｝ に組織行動を適合 ｝

対策 ｛ 廃棄 ← 今からでも始めるかを問い直す ← 3年毎に総ての製品・サーヴィス・流通経路・方針などの見直し
顧客志向よりも市場志向 ＝ 経営体外とくに顧客以外の人々を知る ｝

**事業構想や経営体そのものの蘇生**（turn around）**管理** （同上）（*Change*, pp.37-8. 邦訳 pp.43〜4）

最高経営者・執行代表者の勤勉で真面目な活動：①目標達成や急速成長の時に事業構想を見直す。②予期せざる失敗をシステムの欠陥の兆候と見る。③予期せざる成功を自らの構想前提の問題点と見る。④事業構想の陳腐化を決断と治療でしか治らない進行性の致命的な病気と見なす。

事業の創設・変革・廃棄は，最高経営者・知識労働者・取締役会ないし理事会がそれぞれの立場から組成的全般管理職能として，関与するものである。そのためには事業構想・事業規定を経営者は設定しなければならない。経営体の内外の現在と将来の状況ならびに機会をもとにして，事業機会・事業資源・事業活動の優先順位・劣後順位を機会追求および資源活用の極大化という目標に即して，決定しているのである。

　経営者は現在の成果領域（製品〔サーヴィス〕と生産，顧客・市場・用途と販売，流通経路と配給）の特性（経済性・先導性（リーダーシップ）・将来性）を観察し，不明点や意見不一致点を最高経営者にまで持ち越させ，トップが明確な意思決定をし，経営体としての意思統一を図る。成果領域の総てと事業全体について暫定的診断を下し，分類された成果類型に応じて対処する。この予想・実績比較で性格変化を発見し，資源・活動投入の制限・停止・革新推進をなす。

　この事業状況分析を市場分析（標準的・非標準的な質問項目による顧客・市場・用途の調査）と知識分析（知識の成功・失敗例を他の経営体と比較した，所有〔予定〕知識の妥当性と活用度の調査）に反映させて成果類型・事業戦略を変更し欠如活動（ギャップ）を特定化し，また機会分析に反映させて，機会に変換可能な脆弱性や不均衡を解明し現在の事業機会の発見を管理し，状況の変化徴候を探求し将来の事業機会の発見を管理する。

　最高経営者が短期間の簡単な調査によって構築した理想的な事業の現在構想と，事業状況の分析結果とを照合させ，各成果領域・活動・費用を類型に分け，放棄的機会・革新機会・推進機会と改善機会・非優越的機会とを最適に結び着けて，優先順位別の機会に即した資源を配分予定することで，事業の現在効率化を予備的に管理する。事業を危険に陥れる脆弱性，効率や成果達成面で妨げとなる制約を機会に転換させ，現実での各種の不均衡を強味に変換させ，事業への脅威になると思われる市場・顧客・知識の変化を機会に変換させる予定により，現在の事業潜在力の顕在化を予備的に管理する。最高経営者は様式変化や変化徴候を発見してその影響の顕在化の前にそれに適応したり，また，特定的なものを越えて一般的なアイディアの次元にまで溯（さかのぼ）って，起業家的な関心と想像力，既存の理論上の命題，科学的探求の成果，他国あるいは他産業の成功事例などを契機にして事業の将来構想を構築したり，それへの資源投下との定期的検討を予定したりして，将来の事業の変身を予備的に管理する。

　以上のような分析・構想・予備的管理により事業そのものの構想を設定できることになる。事業構想・事業規定は，現在の・本来の・将来の 事業に関する 各回答を統合したものである。経営者が，現在の事業を問うのは事業の開始・成功時であり，将来の事業を問うのは事業の成功時であり，本来の事業を問うのは環境の変化時である。また経営者は，それらの時と予期せざる失敗や成功をシステムや事業構想の欠陥や問題発生の兆候と診（み）て，決然と事業構想の治療に万全を期す必要がある。

8  事業管理（その2）──── 事業基本構造戦略の管理 ────（上巻 pp.365～383, 55～94）

　事業形態で**統一性**と**管理可能性**と**成果性**とを強化する健全な多角化を選択し推進させうるような**管理**をするには，どうしたらよいだろうか。多角化の**適格性**をえたり，**不適格性**をさけたりするためには，経営者はどのような問を発すべきだろうか。**最適な多角化の目標**を設定するのに，いかにしているのであろうか。また，経営体において幅も統一性もある事業戦略を設定するために，**多角化事業基軸**たる共通市場あるいは共通知識を捉えようと経営者はどの点に注意したらよいのか，**各単位事業を自律的**に，**事業全体を統合的**に させるにはいかにすべきなのだろうか。もし多角化事業基軸に収まらなくて**不適格**になるか，好業績でも管理能力の範囲を越えて部分的に**適格**であるにしかすぎなくなる場合に，経営者はどのようにしたらよいのか。また，事業形態構造を適切にしていくためには，その**構造化手段**のうちで**自力開発**か**買収・合併**をどう選ぶべきか。合弁事業の成功の後は，どうすればよいのか。
　事業活動の構造のうち**小規模経営体**では，トップや基幹的要員の活動割当と職務編成は，どのような環境にあって，いかにしていけばよいのだろうか。**中規模経営体**では，どのような環境にあって，経営者はいかにすればよいのか，**職能別組織の行き過ぎ**をどう是正したり，**トップの管理組織**をどう構築したりすればよいのだろうか。**大規模経営体**では，内部的硬直化や島国根性や同族意識を**回避**し，**トップ職能を効果的**にするために，経営者はどうすべきか。また，管理限界や地域的適正規模を越えたり，**売上高増加率以上**に費用増加率が高くなってしまったりしている場合に，経営者はいかにしたらよいのであろうか。**多・超国籍経営体**は，多国籍に属し，多文化の下にあり，多市場に向かい，多種多様の経営陣を抱えているが，経営者は，**単一事業化か多角事業化**にどう取り組むべきか，また**文化や政治面**ではいかに管理をしていけばよいのであろうか。**世界経済化**のために経営者はいかに取り組むべきか。
　経営者は，自分自身ならびに経営体構成員に対して，**事業形態と事業活動に関する構造革新**について，**革新の精神**あるいは**成長の準備を制度化**させ，**革新**あるいは**成長の習慣**を生み出させ，**革新の意味・動態・パターン・予測可能性**あるいは**成長の意味・不連続性・アイデンティティの危機**を学ばせることをめざして，革新あるいは成長の戦略を設定し，革新あるいは成長の**進行過程を統制**し，革新あるいは成長を**組織化**していかなければならないが，具体的にはいかにすればよいのであろうか。
　事業形態と事業活動の間で**構造**やその**手段**や**革新・成長**について相互に関係づけて，どう管理すればよいか。また，**組織形態を適切**に構築し組合わせていくには，いかにすべきか。

**基本的事業構造化の戦略の管理**（上巻 pp.365～376）

**事業機会の確定のための管理**（p.365）

事業構想／経営体状況　に適合した諸機会を選択　──分類──→　改善的〔累加的〕／革新的〔補完的・一大発展的〕　均衡化／機会極大化　→　事業機会の確定／事業戦略の策定

**事業形態の構造化の管理**＝専業化志向と多角事業化志向を均衡化させる経営体の構造化

（上巻 pp.365～371）

ⓘ **多角化の一般的な管理**（pp.365～6）(cf., pp.58～9．Ⅰ：pp.38～9)

内的・外的多角化圧力 → どの圧力に　譲歩・積極的受容／抵抗・積極的排除　するかを理解する管理

統一性・管理可能性・成果性を強化する健全な多角化／分裂を招来して業績力を弱化させる不健全な拡散化（デイフュージョン）　を区別する管理

多業化に完全に不適格な結果，部分的にしか適格でない結果，に対処する管理

経営者の発すべき問い｛
この製品・工程・技術・サーヴィス・市場は他の経営体の方が適格ではないか。
それをわが経営体に適格ならしめるには，何が出来るようになることが必要か，また，それを如何に習得できるのだろうか。
わが経営体にとっても　不適格な／部分的に適格な　ものにとっても　望ましい縁切りは何か。
新規事業がやっかいな状態に陥った時の手直し方法が我々にはわかっているか。
｝

多角問題の指針＝多角化目標を設定 ← 中間　｛
最小限＝経営体の使命を果たし，目標を達し，引き続き生成発展して繁栄するため
最大限＝わが経営体が耐えられる程度の複雑さ
｝

↓

各単位事業・各製品系列・各流通経路の目標を設定，成果測定尺度を導入

ⓘⓘ **多角化事業基軸の管理**（pp.367～8）(cf., pp.59～60．Ⅰ：p.39)

→見做（みな）すのは顧客側 → 共通市場を規定する用具｛予見や分析／市場調査／消費者調査｝には限界ありと覚悟

**共通市場**による**事業統一化の管理**

経営体全体で幅も統一性もある事業戦略を設定 → 共通市場を基に → 各事業単位・各成果領域を自律的に管理
(事業全体のための統一ある戦略，全般的設計，共通使命)

広義に解釈しない → 情報を特定の仕事と成果達成に応用する能力

**共通知識**による**事業統一化の管理**

研究 → 有望な開発案　──検討──→　今後やるべきこと，戦略，必要な資源，最終的な期待

　　　　　　多角化の中でうまくいっていない不適格なもの
　　　　　　　‖
**ⅲ不適格な多角化や部分的に適格な多角化の管理** (p.368) (cf., pp.60～1．Ⅰ：pp.39, 40)
　　　　　　　　　　‖
　　　　　　　　部分的にしか適格であるにすぎないもの

　　　　　　　　　　組織的
　　　　当該単位事業を　　　　に見捨てる→廃棄・売却・別個経営体化
　　　　　　　　　　意識的　　　　　　　　　のうち適切なものを選択
　　　みじめな状態から解放
　　　資源のムダ使いを排除

**ⅳ事業形態構造化の手段の管理** (pp.368～9) (cf., pp.63～6．Ⅰ：p.39)

　　　　　　┌ どちらもやれるだけの希有の能力を獲得することを意図した事業戦略を確立
　自力開発　│　時間も費用も掛けうる能力，意想外の不快事に対処しうる能力
　買収・合併　│　　　　　　　　　　‖
　　　　　　└ どちらがわが経営体の体質・能力・方針に適合しているかを検討

　　　　　不適格な単位事業あるいは部分的にしか適格でない単位事業
　　　　　　　┌買い手┌この事業が最良の機会をもたらす┐
　　　　　　　│　　　└さもなくば最悪の問題を解決する┘ を見付ける（＝マーケティング志向）
　分離・売却→事業幅を適正に縮小

　合弁事業＝事業形態を不健全にしそうな単位事業を，他の経営体と共同経営
　　　　　　　　この不健全さを予め回避

　　　　　　　　　　　┌・各々の親会社の目標，合弁事業の目標　＝明示させ，
　　最初と各段階で　　│
　　関係者の理解を　　┤　　・合弁事業＝自律性をもたせ，
　　　共　通　化　　　│
　　　　　　　　　　　└・親会社から，成功の合弁事業を独立→自律的成長を図らせる

**ⅴ事業形態の変化過程の管理** (pp.369～371) (cf., pp.66～71．Ⅰ：pp.40～1)

　　経営者は，自分自身ならびに経営体構成員に対する
　　　　　　　　　　　　　　　　　　　　　　意味・動態・様
　　　革新の精神の制度化，革新の習慣の成立，革新の　　　　　　の習得　をめざして
　　　　　　　　　　　　　　　　　　　　　　式・予測可能性

　革　┌㈠古いもの＝計画的に廃棄→投下されていた諸資源とくに有能な人間＝解放
　新　│
　戦　├㈡革新活動の目標＝高く設定
　略　│　　　　　　　　　　　　　　　　　　　　　　　　転　具体的
　を　├㈢非実際的・半煮え・粗野なアイディア（経営体の各所で）　　　　　　な革新
　設　│　　　　　　　　　　　　　　　　　　　　　　　　換　実際的
　定　│　　　　　　　┌窮極的な機会　┐
　　　├㈣革新戦略の　│失敗の危険　　│＝十分に検討
　　　│　決定要因　　└必要な努力・費用┘
　　　│
　　　└　革新予算（資本面・費用面）＝別建て・別個処理

**革新進行過程を統制**
- ㈠革新戦略の決定要因 { 窮極的な機会 / 失敗の危険 / 必要な努力・費用 } ＝測定・評価（予算統制も）
- ㈡革新の期待・時期 ←比較し続ける→ 現実 { 管理されていない部分 / 擬似成功 }
  - ＝予め明確に書き出しておく
  - 注意する

**革新を組織化**
- ㈠仕事関係 / アイディアの論理に焦点を合わせた人間関係 } 併存→経営体全体に構築
  - ＝{ 革新や機会について若者に常に問うこと / 継続学習の雰囲気を醸成させること / 市場に焦点，革新の状況の論理に立脚 → 仕事関係／人間関係を構築 }
- ㈡革新のための独立的な組織構造単位を設置 { 事業開発単位の設置，プロジェクト・マネジャーの設置 / 革新諸単位の集合化，革新担当の別会社 { の設置 / との共同経営 } }

経営者は，自分自身ならびに経営体構成員に対する

**成長**への準備の制度化，成長の習慣の生成，{ 成長の意味 / 成長の不連続性 / 成長のアイデンティティ危機 } の習得をめざして

**成長戦略を設定**
- ㈠経営体全体で，入念に成長に備えさせ，成長を訓練し，成長に向け指導
- ㈡成長の必要性の徴候を認識 { 基本方針の変革の必要性，管理組織構造の変革の必要性 / 自分の役割・行動・他者との関係の変革の必要性 }
  - ↓
  - 成長のための変革期の到来を探知
- ㈢成長目標の最低限と最高限を設定（最適値）
- ㈣成長のための諸戦略を策定＝市場戦略・知識戦略・製品戦略・組織戦略・人材戦略など

**成長過程を統制**
- ㈠事業構想 —変換→ 具体的な事業戦略 → 実現を図る
- ㈡成長に即した行動を自分は採れぬと判明→潔く引退→他者に成長を委ねる
  - { 成長の機会を獲得し / 成長のヴィジョン／決意を実現するための行動 }
- ㈢確固たる決意をもち続ける ←基づく— 成長のための偉大なヴィジョン
- ㈣トップ ——————————→ 部下の各経営者
  - 目標に従って自己統制をやらせる

組織化成長を｛㊀トップ：基幹的諸活動（←必要―その事業形態の成長）を分析→自分に不適な活動＝他に委任
　　　　　　㊁継続学習の雰囲気を醸成

　　　　　　　　　　　　　　　　　　　　　　　　　　　　　　　　　　　4種の組織分析
　　　　　　　　　　　　　　　　　　　　　　（cf., 本書の②）　　　　　　　↓
**事業活動の構造化の管理**（上巻 pp.371～9）(cf., pp.71～84. Ⅰ：pp.43～50) 経営体の規模成長段階を判断
　　　　　　　　　　　　　　　　　　　　　　　　　　　　　　　　　　　　↓
　**ⅰ小規模経営体の管理**（p.371）(cf., pp.72, 80. Ⅰ：p.44)　　　規模即応の組織構造・経営法の改革と
　　　　常勤者一人または非常勤のティームを任命→取り組ませる　　　トップ・ミドルの態度改善

　　　トップの課題を編成 ＝ 基幹的活動の内容・目標・遂行責任者を特に明確化
　　　　　｜
　　　当人がどの分野で　←他の誰にも任せられない二課題に取組む時間をもてる
　　　卓越しているかを　　　　　　　　　　　　　　　　　　　　　　　　　　よう注意
　　　基にして実行───→　　　｛経営体内の基幹要員と会うための時間｝
　　　　　　　　　　　　　　　　　外部，市場・顧客・知識のための時間
　　　トップが効果を　　　　↓
　　　あげられる様な活動割当と職務編成をする

　　　独自の管理・情報方式を確立→限られた資源を，成果のもたらされる分野に，
　　　　　↑　　　　　　　　｜　　　　　　　　　　確実に分配し展開させるように努力
　　　わが経営体の基幹資源の現時点での展開状態　　関連づけの為の数値　　将来の事態
　　　経営体の一般的な現状　　　　　　　　　｛会計，基幹要員の現職｝　の進展予想
　　　　　｛機会を見分けるため｝←入手する必要有　位，各資源の生産性，
　　　　　　危難を除去するため　　　　　　　　　　売上高の顧客分布，
　　　　　　　　　　　　　　　　　　　　　　　　　　　　　　　などの数値

　**ⅱ中規模経営体の管理**（pp.371～2）(cf., pp.72～3, 80～2. Ⅰ：p.44)
　　　　自信過剰と過激指向の心理状態→限界的な新規事業単位に手を出す→傷を受ける
　　　　　　　　　　　　　　　　　　　　　　　　　　　　　　　　　　　中　年　太　り
　　　　　　　　　　　　　　　　　　　　　×
　　　　先導性を保つ必要がある分野以外では，必要最低限の事しかやらぬ　トップは
　　　　　　　　　　　　　　　　　　　　　それ以下　　　　　　　　　　自己規律すべし

　　　　　｛単一の製品ないし市場をもつ中規模経営体の管理
　　　　　｜　　大規模　　　　　　　　　　　　　　　　　　　　　　｛製造部門に疑似分権制
　　　　　｜　　複　雑　になり過ぎ→職能別組織形態の行き過ぎを是正　　タスク・フォース制を
　　　三　｜　　　　　　　　　　　　　　　　　　　　かなりの　　　　　補完的に頻繁に利用
　　　つ　｜　　最高経営の仕事に取組むティームを編成←数の要員
　　　の　｜
　　　類　｜　　先導性の必要な分野を，専ら考え計画し助言する人々を編成←極く少人数で
　　　型　｜
　　　毎　｜連邦分権制組織形態の中規模経営体の管理＝高い潜在成長力をもつ諸事業に限定
　　　の　｜　　　　　　　　　　　　　　　　　　　　同一の基本性格　　　　　　　　　　　相互に
　　　管　｜　　　　　　　　　　　　　　　　　　　　　　　　　　　最高｛本社ティーム　　情報提
　　　理　｜　各事業単位＝職能別，経営体全体＝連邦制　経営　各事業ティーム＝｛供と教
　　　　　｜　　　　　　　　　　　　　　　　　　　　　　　　　　　　　　　　　　　　　育責任
　　　　　｜相乗作用的な事業体集団たる中規模経営体の管理
　　　　　｜　　トップ｛①全体的〃＝強力で統一的な計画作成，②各事業部＝自　律　的
　　　　　｜　　・ティ｛　　　　　　　　　　　　　　　　　　　　　　　相互依存的
　　　　　　　　　ーム　③前二者が一緒〃＝他の単位事業への影響や貢献を十分に検討

### ⅲ 大規模経営体の管理 (pp.372～3) (cf., pp.73～4, 82. Ⅰ:p.45)

トップ職能遂行を効果的にする＝役員秘書室／事業研究集団（独自の 情報・刺激・思考・意思疎通 の機関）を設置

内部硬直化を回避＝トップが組織内各所の若い専門職と会合→彼等をよく知り，経営体の目標と機会に焦点をあわせさせる

島国根性／同族意識に染まる危険を阻む＝トップが外部世界を感知する機関になる
　　経営体の外部に，生産的な仕事用の時間のため，トップを組織化
　　所属産業の外部

同種の他の経営体／他種の経営体での成功者を採用（かなり定期的）→経営体内で知れわたり／すでに行われている職務に配置（中間経営層の上位職位）
　　‖
　　新しい職務 →｛現在の仕事のやり方を批判させ，／別の新しいやり方を提案させる
　　　　　　　　　明日の経営能力を育成

各種の分野の各種の仕事の人々：一つの共同の仕事に取組む↗非公式的管理組織の予備軍を形成

革新をめざすティームを経営体の内外に設置→新しい小さな芽を見守る

### ⅳ 不適正規模の是正の管理 (pp.373～4) (cf., pp.74～5. Ⅰ:p.45)

一般的な管理
　╳ ｢売上高を増大させ成長を図る（肥大化した機能を支えると思える処まで）やり方
　　　　　　└→経費の増大→経営体の命取り
　　　適した
　　事業形態（←―存続と繁栄をはかる）を変革→経営者が発すべき問い
　　　｛成功の見込みはどの程度か，その成功が経営体の成果を高められるか，
　　　　　永続的
　　　　成功すれば卓越性が得られるか，成功しても事態が悪化するだけか，｝

経営体の巨大規模を是正する管理可能な限度
　｛規模の収穫逓減点を常に見出しておく
　　これを越えそうな場合：成長を停止させる　　　　応える 従業員・株主 の信頼
　　　　　　　　　　　　　新たに独立しうる経営体の成長を検討｝←　　　　・地域社会
　　いずれ成長能力をもち再び規模の経済に浴しうる経営体

地域社会の割にすぎる営体管理
　社会に相対して大きすぎ→移転の自由がなくなっている→経営体　社会にも不健全
　　　　その地域社会では最早それ以上拡大させない｝←
　　　　その地域社会と経営体のもたれあいを減らす

(cf., pp.76～8, 82～4. Ⅰ:p.45)

### ⅴ 多国籍経営体の管理 (pp.374～5)

多国籍　多文化　多市場　多種多様の経　↗このうえ多事業化すれば管理不能化
に属し，の下，　に向う，営陣を抱える　　多角事業化にはできる限り抵抗する

主として政治的・文化的な多様性を管理面で一元化するとの問題＝基本的管理問題

多国籍経営体における矛盾する諸要求（総本部国と自国，業績とティームワーク，集権と分権，経営体全体と各事業単位）　流動性の間にあるバランスをとる。

多数の公式的な構造と方針 ＜ 数多の 相互理解／相互信頼／共有経験 ＜ 経営陣全員の厳しい自己規律　より大きく不可欠 ←

```
          ┌ 開発途上国の少ない外貨資源→負担をかけそうな事業 ┐ 進出を慎む
          │ 存続のため手厚い保護が必要→大衆消費者に   〃  ┘
          │                          市場・知識
          │ 途上国自身が資本拠出→その国の 管 理 組 織 に接近させる→ 経営代行
          │          の場合                              契約を結ぶ
          │      〃     〃   できない場合 ┌ その国の人々の資本参加を許可
          │                               └ 多国籍経営体による資金提供に自制
          │         ex. 旧来の関係を維持できない       投下 ≠
          │                   ‖
          └ 多国籍化の成功が途上国にもたらす諸問題を，事前に考慮
```

```
              ┌ 高度に規律ある，本社指向的な，
              │     しかしながら対等な       もの同士→柔軟な連合体として組織
 経営陣全員   │ 管理職 ┐に成ら┌経営体の全体の十全なる市民┐
 の厳しい    ┤ 専門職 ┘ せる └各自の地域社会の 重 要 成員┘ というような構造
 自 己 規 律  │                           指 導 的
              │ 効果的な取締役会，役員秘書室，良心職能の組織化，全般的管理，
              └                                              目標管理など
   個人的接触 を生 みだし と精力的に努力， 学び且つ とする積極的意思をもつトップ
   意思の疎通   維持しよう                教えよう
```

### ⑥´事業活動分担的な超国籍的経営体連合の管理 (pp.375〜6) (cf., pp.76〜9, 82〜4. Ⅰ：p.46)

```
    ┌ トップ ┌× 司令部門   統制 ┌× 法的権限による  指揮 ┌× 軍隊のような
    │       └○ 統合 〃         └○ マーケティング〃      └○ オーケストラ
    ↓
         従来よりも強力な連合体全体の最高経営体→ 世界全体の経営
                                                世界各地のパートナーと関係
    ┌ 事業活動の  =必要で作られた関係→ ┌× 階層的関係
    └ 国際分担制                       └○ 連合体的関係
          (ex. 経済発展段階別も)
```
                                          (cf., pp.75〜6. Ⅰ：p.45)

### ⑦´各種の提携にもとづく利益共同体化による世界経済への融合化の管理 (pp.376, 281)

```
                      貿 易 と い う 商 品 関 係 に も 根 ざ さ ぬ    別の  多 様 な  急速
    世界経済の原動力 =                                                提携関係に 移行
                      多国籍経営体による所有という権力関係〃              ‖    続く
        ┌ 株式参加，業務提携，国際共同研究開発，共同販売，共同出資による子会
        │ 社の設立や特別プロジェクトの実施，クロスライセンス，情報交換協定等
        │
        ┤ 提携の目的・戦略・方針・関係・人材の面で，明確さを示すように努力
        │
        └ 提携をいつ，どのように終了させるべきか，について事前に合意しておく必要。
```

### ⑧事業活動構造化の手段の管理 (pp.376〜7) (cf., pp.271〜282. 本書 pp.34〜6)

```
                                                    短所・欠点・
    各組織形態の成功条件や必要条件 = 十分に配慮，弱点・問題点 = 表面化させない−注意
                                                                適用原則・ 生かせ
  職組 ┌適用：小規模経営体=トップ以外の領域，その他の規模 = 長 強所・利点 を る領域
  能織 │
  別形 │職能別管理 ┌基幹活動分野の知識関連の職務←質量充実
    態 └向 上 策  └明日に備えて今日獲得すべき職能←関心を払う
```

```
ティー型  ┌ 適所：各規模の経営体におけるトップの職務，大量生産的な職務，知識労働の職務
         └ チーム業績向上策＝互いの職務に相互理解を，共通の課題に共通理解を，実現

         ┌ 適用：中規模経営体で事業遂行的・改善的組織，業績が測定できる経営革新的
連邦分権  │ 分権統合 成果                                              知識労働組織
         │ 制で向上策 トップに留保すべき決定権＝技術・市場・製品の特化，単位事業の創設と
擬似連邦分権│           廃棄，基本的な価値観・信条・原則の設定，基幹的資源の調達・配分
         │                                                        （金と人）
         │         集権的な管理手段，経営体全体に共通した測定尺度，を用いる。
         └ 適用：連邦分権制ができない中規模を越えた経営体で事業遂行的・改善的組織

システム型 ┌ 適用：経営体相互関係・集団，多国籍経営体，超国籍経営体連合      組織内
         └ 有効化策＝組織目標を明確化，意思疎通の責任と割当任務以外の責任を全員に
                                                                付 与
事業形態構造化へ活用 ┌ 自力開発：存続と繁栄をはかるのに適した生態場所のない不適正規模
事業活動構造化手段  │         長期的効果で規模拡大←自力開発を事前に十分検討←┐
                 │ 合併・買収：自力的成長では解決できない不適正規模経営体→その理由を解明
                 │         両者の合体を検討←他の理由で不適正規模に苦しんでいる経営体を探す←┘
                 └ 分離・売却：主導的地位＝強固で安定した基盤から，限界的な多数の分野に拡張して
                             縮小で適正化←不適正規模化した経営体
```

**⑦事業活動の変化過程の管理** (pp.378〜9) (cf., pp.84〜9. Ⅰ：pp.46〜7)

事業形態の変化過程の管理で示したことを，事業活動の変化過程（革新・成長）に
　　　　　　(本書pp.61〜2，ⓥ)　　　　　あてはめ直せばよい。

事業活動の，革新戦略を設定し，革新進行過程を統制し，革新を組織化する。
　　　　　　成長　　　　　　　成長　　　　　　　　　成長


## 事業経営組織の構造化の管理 （上巻 pp.379〜381）

```
 •理念的な組織構造という概念的モデルについて考えて，組織を設計するアプローチ
              └──必要─→組織の構造原則を入念に定義・叙述
                   その事業の目的や使命，目標や戦略，優先順位や基幹的諸活動
┌→組織の設計＝概念的に確証されるもの（同時に）実験的に確証されるもの
│            ex. 政府との研究開発契約を通じ何も製造せず　　　　≠製造事業
│                                       新製品・工程を開発する部門＝革新組織
│            ex. 多角化して主導的地位をもつ各製品事業の全般管理者≠現実の管理者
│                                                          ＝最高経営者陣
│ •組織の現実に関する仮定を明確に立て，それを組織の現実によって検証するアプローチ
│                                                      組織＝経営体の
└──組織の目標＝組織内の人々のエネルギーを解放し動員し貢献させる←　目的達成手段
    ┌ それまで一種の窒息状態の優秀者＝重要な職務を効果的に遂行させる
    │ 凡庸な人々＝視野を高めさせ→彼等に対する要求を増大させ→良き実行者にさせる
    └ 成績不振の人々＝誰であるかを一目瞭然にさせ→有能な人々で替えさせる
```

**事業活動遂行の管理** （上巻 pp.381～3）

(pp.381～2) (cf., pp.317. 本書 pp.19～26)

事業構想　基　事業全体としての　　事業目標・事業活動の　事業資源　職務　　その遂行者・責
　　　　　づ　統一された　　　→　の設定・事前評価・の選択・割当　　任・達成期限・
事業戦略　き　事業活動遂行計画　　　　　　　　　　　　　　　　　　　　成果測定尺度

新規事業単位・資本投下　　　　　　　　　　　提案が目標に　　　　　喚起
　　　　　　　　　　　その基礎になった予想，　即しているか　　　　させる
新製品・新規活動に　　　事業全体の成果への影響，　が分かる　　　　事業構想・
　　　　　　　　　明　　必要な資源とその出所，　すべての製品・　　事業戦略に即し
ついてのまとまった提案←示　これらの代替として放棄　すべての活動・　た事業成果・
　　　　　　　　　　　　　　　　　　　　　される物　すべての主要事　貢献意欲
　　　　　　　　　　　　　　　　　　　　　　　　　　業単位を
　　　　　　　　　　　　　　　　　　　　　　　　　　3年毎，再検討

知識研究・研究開発＝事業構想・事業戦略に直結した事業諸活動の内の最初のもの
　　　　　｜　　技術・経営・組織・マー　　(p.382, Par. 2～p.383, Par. 1)
　　　　　｜　　　ケティング・金融・訓練　(cf., 本書 pp.29～31)
　　　　　付属の研究所：世界のどこかで開発された新知識　知らせる　グループ内の各企業
　　　　　　　　　　　　　　　　　　　　　　　　　　　応用させる

研の　　改善＝一定の目標をもって　組織的に　既存品とは全く異なる　・新製品の研究開
究再　　　　　　　　　期限　　　　取り組む　　　　　　　　　　　　発活動→同時
開編　　　　　　　　　　　　　　　　　　　　　　　　　　　　　　　に三種の新製
発　　　飛躍，管理された進化＝既存製品から　全く新しく　製品を開発　品を生み出す
活（　　　　　　　　　　　　　　　　　　　異　質　の
動日　　　　　　　　　　　　　　　　（ex.テープレコーダー→ウォークマン）　・同一の諸機能横
　本　　革新（純粋の）　　　　　　　　　　　　　　　　　　　　　　　　断的なティー
　）　　　　（cf., pp.109～115）　　　　　　他の諸事業活動にも適用　　　　　ム

　　　　　　　　　　　　　上の要件とニーズ　に応える　あらゆる
新しい製造システム⇐製造システムの強み　　　　　意思決定
　　　　　　　　　　　　　　　　能力　を活用

(p.383, Par. 2) (cf., pp.282～6. 本書 pp.36～7, 39)

情　　㊀奨励制度を根本的に変更←企業の知識労働者に経歴上の機会を与える
報　　　　　　　　　　　　　　参考　　　大手法律事務所　専門家兼管理者への途，
中　　　　　　　　　　　　　　　　　米国の　　　　　　＝
心　　　　　　　　　　　　　　　　　　　コンサルタント会社　外部転出への途を開放
組
織　　㊁タスク・フォースを知識労働者に多用させる←
の　　　　　　｜　　　専門家としての誇りと意識を，評価し強化させるため
管　　　　　　必　　　経営体の全体像や共通ヴィジョンを，把握させるため
理　　　　　　要
問　　㊂タスク・フォースや経営体の管理者構成の問題を解決
題　　㊃情報中心組織化→中間管理者層の大幅減少→最高経営者候補の供給・準備・テスト
　　　　　　　　　　　　　　　　　　　　　　　　　　　　　　　　　が必要化
　　　　　　　　　　　　　　　　　西ドイツの大企業の子会社
　　　　　　　　　　　　　　　　　　→自律的経営者を予備軍にする。
　　　　　　　　　　　　　　　ex.　一流の大オーケストラの指揮者獲得
　　　　　　　　　　　　　　　　　　←小規模経営体の高業績者を引抜く

多角化圧力の健全な受容のためには，最高の成果を生んでいる同種の他の専業経営体と同程度の業績を上げられるような単位事業を選別しなければならない。また，経営体全体において幅も統一性もある事業戦略を設定し，その核たる共通の市場あるいは知識に基づいて，各単位事業を自律的に，事業全体を統合的に管理しなければならない。もし多角化事業基軸の枠内に収まらなく不適格になるか，好業績でも管理能力の範囲を越え部分的にしか適格であるにすぎなくなる場合は，廃棄か，マーケティング指向の売却か，分離し別の事業形態構造化を図る必要がある。また自力開発か買収・合併では，両方に必要な能力をもった上で，経営体の体質に適合した方の手段を選び，それに即した接近法を用いて事業戦略を設定していく必要がある。合弁事業では，目標と係争時の処理法を明確化させ自律的発展をさせる。

　小規模経営体では，トップの内外の厳しい関係や状況のため，トップの卓越した分野を中心に，しかも内部基幹要員や外部者と接触できるよう職務編成すべきである。協働・成果・目標が理解しやすい中規模経営体でも採用すべきは，単一の知識か市場に専業化した場合はタスク・フォース型とトップ・ティーム型，基本的経済特徴を共有した複数の自律的単位事業群の場合は本社トップと本社や単位事業の経営担当者のティーム，独自市場をもち相互依存的な多数単位事業群の場合は各単位事業のトップ，全社トップと各単位事業トップの連合，全社のトップ・ティーム，である。大規模経営体では，大き過ぎと内向きのため，職能別ではなく連邦制・ティーム型，役員秘書室に補佐されたトップ・ティーム，トップの外界感知機関化，柔軟性と一種の無秩序の組織を導入すべきである。多〔超〕国籍経営体では，矛盾する諸要求（総本部国と各国，先進国と開発途上国，経営体全体と各単位事業，業績とティームワーク，集権と分権）間に流動的で均衡のある組織と管理をなすべきである。

　革新の⒤戦略では，計画的廃棄，高目標，粗野なアイディアの変換，機会・リスク・努力の検討，別建て・別個処理予算，⒤⒤組織化では，アイディア湧出を可能にする人間関係の構築，革新専門の組織単位の創設，⒤⒤⒤進行統制では，機会・リスク・努力の評価，期待・実際の比較，を実施する。成長の⒤戦略では，全体的な準備と訓練，成長期到来の探知，最低と最高・最適目標設定，製品・知識・市場・組織・財務・人材戦略策定，⒤⒤組織化では，成長用の基幹活動の分析，トップの不得意活動分野の委譲，継続学習，⒤⒤⒤進行統制では，事業戦略の実現努力，成長行動をとれぬ場合の引退，決意の持続，経営者の目標管理，を実施する。

　事業形態と事業活動の間で構造やその手段や革新・成長について相互関係を管理する。また，理念的なアプローチならびに現実的なアプローチによる組織形態の構築と組み合わせをもとにして，組織内の人々のエネルギーを解放・動員・貢献させるように活動実践をなす。

　事業活動遂行の管理では，事業の構想や戦略に基づき，一方で改善・飛躍・革新的製品を同時開発させ，他方で職務まで割当て，全体として情報を中心にした管理体制を構築する。

9　**統治管理と社会管理**（上巻　pp.392～400, 95～156, 295～302）**と経済管理**
　　　　　　　　　　　　　　　　　　　　　　　　　（上巻　pp.384～392, 157～208, 288～294）

　経営者は，組織的多元社会での**権力正当化**のため，ⅰ**経営体と政府の適切な統治関係**についての**政策や法律の作成とその関連分析**をいかにすべきか，ⅱ**社会的利害対立を克服し経営体と社会の調整・統合**をどう実現するのか。組織的人間社会での権力正当化のため，ⅲ**人間の強味をいかに生産的に**させるようにすべきか，ⅳ**職場社会や労働組合との関係は如何に**すればよいか。ⅴ**私有財産・経済社会に即し如何なる主要株主を取締役会にいかに取り込む**べきか，また，**株式投資決定方法**はどうすべきか。ⅵ経営体や経営者の**権限・権力に服する各種の人々が認める真の絶対物・価値を何に求め**経営したらよいか。ⅶ**社会から不適切な取締役を押し付けられたり乗っ取り屋の手にかかったりするのを避ける**には，何をすべきか。

　経営者は，ⅰ**社会的衝撃**，ⅱ**社会問題**を管理するために，㊀**人間生存環境の保護**，㊁**世界共通のものと各国各民族に特有なもの**，被傭者社会における㊂**職場社会**㊃**年金基金の株式投資や長期被傭の保証の問題**，知識社会における㊄**知識労働者の育成や中年知識労働者問題の事業化**と㊅**非知識労働者組織たる労働組合の存亡危機と組合政策の適正化**㊆**知識労働者を社会の根無し草・局外者にさせない様なサードセクターとの関係化**，組織的・政治的多元社会における㊇**第一義的社会職能を遂行しながらの偏執的少数派利害者集団との関係づくり**と㊈**政治や政府との関係で政治理念の構築・軍備・政府事業・経営体政府間関係・国際的超国家的政治問題**，㊉**知識社会や組織社会における知識労働者と経営者の統合**，その他（**社会構成員倫理**，**社会指導集団の専門職倫理**，**各種経営体間適正化の政治倫理**，**学校と雇傭機関の教育責任**，**知識一般化の教育責任**等），ⅲ**新社会構築**のために，㊀**自由市場経済とNPO・市民社会の両立**，㊁**起業家社会**，㊂**社会の連帯・一体化**等，に如何に対応すればよいのか。

　経営者は，一方で，**マクロ経済学を管理し経済学の潜在力を引き出して実績**をあげさせ，他方で，**マクロ経済の現実に即して経営活動**を進める必要があるのではなかろうか。

　経営者は**資金管理**と**費用管理**を適切にする必要がある。ⅰ数ケ月間の**恐慌状態を外部からの援助なしに経営体を生存し続けさせていく資金管理とその財務資料作成**，ⅱ**昨日から脱却する意思決定とその資金管理**，**明日を築いていく意思決定とその資金管理**，**資金の運用面と調達面の管理**，ⅲ事業活動全体の**総費用の管理**，**各費用類型に応じた費用分析と費用管理**，ⅳ**生産性の低下傾向を逆転させる諸管理**，ⅴ**事業当期費用のみならず将来形成費用たる事業継続費用をも償う管理**，ⅵ**上述諸項目の各事業成果領域・部分別の管理**，をいかにすべきか。

　**非事業的経済管理**も進められれば経営体全体を経済面から管理したことになるのか。

**統治管理**（上巻 pp.392〜5）(cf., pp.312〜3, 295〜300, 95〜107, 486〜7. Ⅰ：pp.57〜66. 本書 pp.8, 42〜3, 127）

### ⅰ 社会職能的統治権限の正当化のための管理 （pp.392〜3）(cf., pp.295, 95〜6. 本書 p.42)

```
                       経営者がすべき
           経営体の特定の社会的職能 ─┬─→ 効果的に遂行
                      自律の必要性を強く主張
                              ↓
      政府  経営体に対して一定の諸基準を設定する必要性も容認 → 社会を健全に維持
         ex. 政府規制と独占禁止態勢＝成功を認める，手直しも必要と主張
         ex. 政府政策の立案と違反嫌疑の分析と判決支援をする各制度を確立させるよう努力
      判決支援 ┌ 専門家の構成＝訴追側からの指名者，弁護側からの指名者，公益代表者
            └ 審議の内容＝重大な社会的影響，生産性・資本形成・雇用・競争力・技術的先
                     導性に対する国際経済的な影響，国家安保に対する国防上の影響
```

### ⅱ 自律的生存権の正当化のための管理 （p.393）(cf., pp.295, 96〜7. Ⅰ：p.59. 本書 p.42)

```
                              経営や経営者の自   自由で機能
    組織的多元社会で諸利害の対立が克服されないと →律的生存権を侵害→ する社会に
                ‖                            問題発生
          経営体・経営自身の問題だと悟るべし

     経営者 ↓
     経営者集団 社会的な共通の善をまず検討→それに相応しい 特定社会職能
            （各利害者集団の力が強い場合は特に注意）   職能遂行方法 を選択
```

### ⅲ 職能遂行権限の正当化のための管理 (pp.393〜4）(cf., pp.295〜6, 97〜8. Ⅰ：p.59. 本書 pp.31, 43)

```
          社会から正しいと認められ
    経営体が 正当な職能遂行権限をもつようになる ← 組織社会の社会的根本信念を体現
                                                  ‖
           組織道徳律 ┌ 組織＝人間が貢献して何事かを達成するための手段 ┐
                  └ 組織の目的＝人間の強みを生産的にすること    ┘
                   ┌ 成果・業績中心的態度を 自分自身でも
                   │            組織全体にも 持たせるようにしむける
           経営者 ─┤              ┌ 職務 のなかに 責任
                   │              │ 労働仲間       達成意欲 を伴わせる
                   │ 人間指導の各種の実践┤ 経営者の協働者を経営者の資源にする    ように実行
                   │              │（労働者のこと）
                   └              └ 適材適所主義を組織の各所で貫徹する
```

### ⅳ 人的統治権限の正当化のための管理 （p.394）(cf., pp.296, 103〜5. Ⅰ：p.63. 本書 p.43)

```
                       分裂           ┌ 社会的・立法的・行政的権限 ┐
    経営体の第一義的社会職能 ←──→ 人的統治権限 │ 労働上・経済上の権限，等々 │
                                      └                    ┘
    労働組合員の利益の実  そのままでは   当該経営体の 組合員 の正当な統治権限者
    現をめざす労働組合  なりえない          従業員
                                            強いる↓
                 ┌ 職場社会の存在・重要性を 容認
                 │                    支援   職場社会の成員の分裂忠誠を克服
                 │ 労働組合 ( 全国的・地 ) の              ↓
                 │      ( 域別・産別 )       経営管理組織 を維持・発展させる
           経営者 ┤ 職場社会への参加を容認 ←  労働組合   ために
                 │ 労使で統治問題を協議し     必要
                 │             苦情処理
                 │ 職場社会
                 └ 労働組合 的な視点をも併せ持つ
```

ⓥ **経済権力の正当化のための管理** (p.394)(cf., pp.296, 98～102. Ⅰ：p.62. 本書 p.43)

社会上・政治上の権力の正当な基礎と社会が納得した根本原理＝財産権＝正当な経済権力の源泉　導く→経営体の運営
　　　　　　　権力過程に組み入れさせなければならない←経営体の所有者

経営者 ┬ 取締役会 ──編成し直す→ 効果的で機能的な統治機関
　　　　│　　↑専門的外部取締役に任命
　　　　└ 被傭者投資家の利益代表者 ── 長期視点で経営監査させる＝経営体存続目標の内容・成果を検討

(cf., Ⅰ：p.64. 本書 p.44)

ⓥⅰ **経営権力の正当化＝経営的権威の昂揚のための管理** (p.395)(cf., pp.299～300, 106～7)

経営体の各種関係者の諸利害を調整→彼等を共通の善に結集＝社会的資源としての永続的経営体を具現
(最高経営者の課題④とその組織と関連)
経営者＝力に服する人々が認める真の絶対物価値にもとづいて経営→社会が正当と認定→権威をもつ

経営体・経営者の社会的責任の諸問題にも積極的に取組む

ⓥⅱ **全般管理的統治権限の正当化のための管理** (p.395)(cf., pp.296～9, 105～6. Ⅰ：p.64. 本書 p.44)

社会が不適切な取締役を押付ける／組織の乗っ取り屋の手にかかる のを回避←取締役会の無機能化の原因を十分理解／自分自身を統治する方法を見出す努力

経営者 ┬ 経営体の目標設定
　　　　│ 目標達成努力　について｛自己評価／投資家教育／他者審査｝を協働実施 ╳不十分｛専門能力もつ→自信あり／誠実である→信頼取得｝
　　　　└ 目標達成度評価

**社会管理** (上巻 pp.396～400)(cf., pp.313, 300～302, 108～156, 488～9. Ⅰ：pp.67～90. 本書 pp.8, 45, 127)

経営者 ┬ その内包している職場社会／内包されている一般・地域社会 に与えた衝撃を管理(倫理も含む) ⓘⓘⓘその他
　　　　├ 内外の社会の各特徴の良い点は導入／に自生した諸問題は管理(倫理も含む) ⓘⓘⓘその他　建設→自由で機能する健全な社会 構築→健全な経営体
　　　　└ 新しい社会の構築に貢献ⓘⓘⓘ

ⓘ **社会的衝撃の一般的な管理** (p.396)(cf., pp.300～2, 108～111. Ⅰ：pp.67～70)

革新影響監視制の導入・運営←技術的・経済的／社会的・管理的 各革新／複合革新 の社会への影響
わが経営体がしていることを自問　╳ 正しいか　○ 社会や顧客が代価を支払うか

衝撃を解決 ┬ 衝撃の原因たる活動を中止する
　　　　　├ 事業機会に転換させる ← 衝撃を除去すること $\frac{その}{まま}$ 収益をあげうること，にさせる
　　　　　├ 正しい規制の立法化を図る ← 経営体・公衆 にも ┬ 最小の費用で最大の利益をもたらす方法で問題解決
　　　　　│
　　　　　└ 責任経営者は取組む ← 関係なく ┬ 衝撃の解決が経営体の 能力/権限 の限界を越えているか否か
　　　　　　　　　　　　　　　　　　　　　└ 規制が行なわれなくて済むと期待できるか否か

- ⅱ **社会問題の一般的な管理** (pp.396〜7) (cf., pp.300〜2, 108, 111〜8. Ⅰ：pp.68〜9)

　社会問題 ← 惹き起こされた ── 社会自身の機能不全

　社　会：なんら問題視せず，取り組みの試みにも抵抗している場合
　　✕　でも
　経営者：社会問題に理解を示し，解決に向けて努力
　　　但し，社会問題の解決が経営体の 能力の限界/権限の限界 を越えそうな場合 → 単独経営体としての引責への要求には抵抗
　　　　　　　　　　　　　　　　　　　　　　　　　　　　　　　　　　　　　　　↓
　　　　　　　　　　　　　　　　　　　　　　　　社会の一員として集団責任をとるべし

　社会問題を解決 ┬ 社会問題を鎮静化させる
　　　　　　　　├ 事業機会に変換させる ← 社会的・経済的/技術的・管理的 革新にもとづく 事業革新 ← 社会問題の原因たる社会的・経済的技術的・管理的な変化や複合的な変化
　　　　　　　　└ 特定の経営体の経営者は，多元的組織社会の他の指導的構成員と共に
　　　　　　　　　　社会の一員として，社会問題に常に検討して提案し討議し続ける

- ⅰ/ⅱ **社会的衝撃・社会問題の個別的・具体的な管理** (pp.397〜9) (cf., pp.300〜2, 118〜133, 142〜156)
　　　　　　　　　　　　　　　　　　　　　　　　　　　　　　　　　　　　　　(cf., Ⅰ：pp.72〜7, 82〜3)
　㊀人間生存環境の保護＝社会発展による社会的衝撃・社会問題
　　　　環境破壊の 行　為/産出物 を ┬ 事業遂行費用に含めさせる工夫をする（課徴金） ┐ 破壊
　　　　　　　　　　　　　　　　　　└ 隔離するための 国内法/国際法 を立法化する（輸出/輸入 禁止）┘→行為抑制
　　　　開発途上国の環境保護のために援助 ┬ 資金拠出/技術提供 → 環境修復

　㊁経　営　者　と　く　に　世界共通の文明　　　　　　　　　　を調和させる経営を，
　　　多〔超〕国籍経営体や政府の経営者：各　国/各民族 特有の 文化/主権　　世界の各種の人々や経営体の中で実現

　㊂職場社会の管理問題＝社会的衝撃の傾向→経営者は手を引き，職場社会の自治に委ねる
　㊃それ以外の被傭者問題＝社会問題，経営体の発展による社会的衝撃
　　　　┬ 年金投資家の非経営体制派的態度の問題 →解決→ 年金投資家の利益代表者を 取締役会に参加
　　　　└ 長期被傭保証問題 →解決→ 労使協議/立法化 による制度確立＝財政面・管理面で責任がとられ自由移動が認められた制度

㊄ 知識労働者の責任問題→責任労働者や革新者への育成
　　　中年知識労働者の健康問題や転職問題→事業化（ex. 健康雑誌・転職雑誌の出版）
　㊅ 労働組合の存亡危機の問題＝知識労働者の増大による社会問題
　　　　└→経営体内で対抗者として機能〔経営参加〕させる。
　㊆ 社会的移動性が高いため根無し草の社会になる恐れ＝知識社会の社会問題　　　　人間性
　　　　└→サード・セクターを支援，知識労働者の参加を呼掛ける→自由・奉仕・社会性
　　　偏執的
　㊇ 　　　少数派の問題＝社会問題→懐柔・鎮静化，距離を保持，税制・選挙制を改革
　　　対決的
　㊈ 政府との関係＝社会的衝撃・社会問題
　　　　└→政治理念の再構築→脱社会的に利害集団間を統合。軍備問題→軍縮化，国防
　　　　　・軍備の役割を再点検。政府事業→相応しい種類を厳選させ，有効に機能化。
　　　　　経営体政府間関係→自律的で業績に責任をもち新陳代謝がある開放的な経営
　　　　　体〔環境〕を構築。政府を脱官僚主義化・脱肥大化させる。多・超国籍経営
　　　　　体を世界的な政治的共同体づくりに貢献させる。
　　　　　　　　　　　　　　　　　　　　　　　　　　　　　的衝撃　両方の経験を
　㊉ 知識労働者と経営者の統合＝知識経済・組織社会の社会　　　　→
　　　　　　　　　　　　　　　　　　　　　　　　　　　　　問　題　若手に積ませる

ⓘ その他：**経営的社会倫理の管理**（pp.399〜400）(cf., pp.300〜2, 136〜142, 134. Ⅰ：pp.80〜1)
ⓘⓘ
　㊀ 知識労働者に所属の経営体全体に対して貢献する倫理を，設定・具現化・遵守させる
　㊁ 関係当事者の各個人や各経営体の利益を最大にし　　　行動を，各関係者にとらせる規範
　　　真の関係も調和的・建設的・互恵的なものにする　　　　　　　　を設定・遵守させる
　㊂ 社会に対し故意に危害を加えないよう，言動に注意
　　　└→社会的衝撃・問題を十分に理解し解決を図る，経営者報酬への不公平感の誤解
　　　　　を解き制度改正する，反社会的な税体系を甘受せず改正する，個人の自由や経営
　　　　　体の活性化に反する諸制度を改正する，利潤でなく経営体継続費用を基に経営。

ⓘ その他：**経営的政治倫理の管理**（p.400）(cf., pp.300〜2, 138〜9. Ⅰ：p.81, (二))
ⓘⓘ
　社会の共通の善について検討し提案し，その実現を図れるように事業経営を進めていく
　￣￣￣￣￣￣￣￣￣￣￣￣￣￣￣￣￣￣￣￣　　￣￣￣￣￣￣￣￣￣￣￣￣￣￣￣￣￣￣￣
　　　　　　　　政治的責任　　　　　　　　　　└→社会から支持→業績が維持・向上

ⓘ その他：**経営的教育責任の管理**（p.400）(cf., pp.300〜2, 135. Ⅰ：p.75)
ⓘⓘ
　　　　　　　　　　　　　　　　　　　効果も考慮　┌非学校が教育的活動も担当
　　　生涯教育で効果をあげさせるよう努力←学校と雇傭機関が各種に┤協力　知識発達による
　　　　　　　　　　　　　　　　　　　　　　　　　　　　　　　　└競争　社　会　的　衝　撃
　　┌学習の意欲と継続学習の規律を植えつける→内容にかかわる知識を供与
　　│　　　　　　　　　　　　　　　　　　　方法　　　〃
　　│　　　　　　　　　　　　　　　　　　　　　　　　　　　　一　般　の　人　々
　　│専門知識労働者も含めて経営者は，担当の専門知識を　他の専門の人々にも理解させ
　　└知識労働者と経営者の統合←経営体内で若年時から両方を経験させる　　　　るよう努力
　(cf., Ⅰ：pp.87〜90)
ⅲ **新社会構築の管理**　　　　　　　　　　　　　　　　　　　NPO／NGOの人間的活動支援┐
　㊀ ポスト資本主義社会の確立・知識社会の構築 ← 知識労働者と組織経営者の相互経験　　│
　㊁ 自由市場経済社会の構築 ← 市民・民主社会の普及　　　　　　　（若年時から）　　　│
　㊂ 起業家社会の構築 ← 各種の革新的制度の普及　（長期享受させない）　　　　　　　　│
　㊃ 自由で機能し連帯・一体化する社会の構築 ← セイフティ・ネットつき生活付与と ──┘

**マクロ経済理論の構築に対する経済学者・経営者・従業員の責任 ── マクロ経済学の管理**
(上巻 p.384)　　　　　　　　　　　　　　　　　　　　　　　　　　　　　　　　　　（その一）──

| に対する（責任対象）<br>の（責任主体） | 経 済 学 者 | 経 済 学 | 経営者・従業員 |
|---|---|---|---|
| 経 済 学 者 | 従来の経済学では扱えなかった経営者の課題にも取り組む。 | 経営者の仮説・意見・目標・誤謬を事実として分析・検証する。 | |
| 経 営 者<br>従 業 員 | 経済学者が経営者も必要としているのを認識し対処する。経済学者に問題提起能力，各種代替案提示を期待 | 経済学を管理し実績をあげさせる。自分の立てた仮説を経済学〔者〕に検証してもらう。 | 自分自身の知識と経験と希望を合わせた観点にもとづいて一つの代替案を選択する。 |

　　　　　　　　　　　　　　　　(cf., pp.157～179, 474～482. Ⅰ：pp.91～100. 本書 pp.124～5)

**マクロ経済仮説を経営体験にもとづいて設定 ── マクロ経済学の管理**（その二）── (pp.384～5)

　革新時代の成長経済に　　　経営体の現在の事業機会と将来の事業機会との分析，
　　関する仮説を設定　　←　　事業の現在構想と将来構想の策定，それらの諸結果，の体験

　世界経済と国民経済の複雑な　　世界に共通な需要・選好・経済的価値観・情報に常に接
　　関係に関する仮説を設定　←　し乍ら各国の通貨やその対外価値に振り回された体験，
　　　　　　　　　　　　　　　多国籍経営体・超国籍経営体連合の経験

　それ自身の価値や動態や意思決定力を備えた自　　マーケティング的な事業分析，
　　律体としての市場経済に関する仮説を設定　←　その諸結果，の体験

　知識経済に　　　知識分析的な事業分析，その諸結果，
　　関する仮　←　事業遂行的・事業革新的な知識労働者組織の構築，その諸結果，
　　説を設定　　　採用・教育訓練・配置・人間指導の方針設定，その諸結果，　の体験

　情報経済に関する仮説を設定←市場情報を入れた製造業，販売情報を入れた商業，の体験
　実物経済とシンボル経済の関係に関する仮説を設定←資本移動や為替レイトの体験
　経済構造と消費者利益の関係に関する仮説を設定←長期的経営計画，その諸結果，の体験

**対マクロ経済関係の管理** (pp.385～6)(cf., p.288～p.289, ℓ.2. Ⅰ：pp.93～4. 本書 p.46)

　マクロ経済の構造変化→この現実を管理活動の基礎にする

　　　第一次産品と第二次産品の間の価格乖離→国の経済政策の変更→それに応じた　事業形態
　　　　　　　　　　　　　　　　　　　　　（日本は消費・輸入重視）　　　　　　　事業活動

　　　肉体労働者の減少　　　　　　　　　　　肉体労働者の再訓練と再就職
　　　工業生産の増大　という雇傭と生産の乖離→低賃金よりも資本コストの削減の方が
　　　　　　　　　　　　　　　　　　　　　　　貿易要因になる

　　　実 物 経 済　　　　　為替レイトが　　　　輸出企業：売上収益・運転　　　の為替リスクを回避
　　　シンボル経済 の分離→相対的コストに →　　　　　　　資金・海外投資
　　　　　　　　　　　　　　　　　　　　　　　　純国内向け企業：競争企業の国の通貨にヘッヂ

多・超国籍化→経営者：マクロ経済変化は機会→資金・人材・生産の超国籍システム化経営

敵対的貿易を放置しない→主要な製品50〜60％相当金額を輸入しない国や産業は
　　　　　　　　　　　　貿易制限的法律を適用されるのを覚悟すべし

## 流動性・固定性・費用特性・生産性・収益性の管理　(上巻 pp.386〜392)
(cf., pp.313〜6, 288〜294, 179〜196, 484〜5. Ⅰ：pp.97〜108. 本書 pp.9, 46, 48, 126)

### ⅰ 流動性の管理　(p.386) (cf., p.179, Par.2. Ⅰ：p.97 本書 p.75)

数ケ月間の恐慌状態を外部からの援助なしに
生存し続けていくために必要な最低限度の

経常的な事業活動過程を資金　　　運転資金を明確に自覚→資金予算を設定
収支・流動性の面から管理　　＝　損益計算書と同程度に　　↑利益計画とともに
　　　　　　　　　　　　　　　　貸借対照表を重視する　　資産管理も十分実践

### ⅱ 固定性の管理　(pp.386〜7) (cf., p.179, ℓ↑2〜p.181. Ⅰ：p.97 本書 p.75)

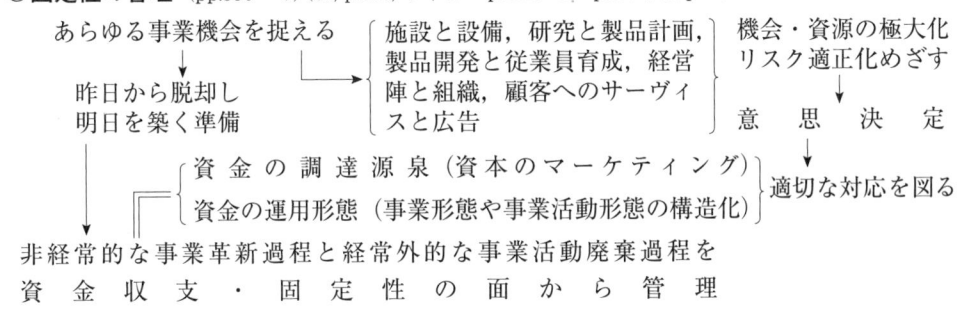

あらゆる事業機会を捉える　　施設と設備，研究と製品計画，　　機会・資源の極大化
　　　　　　　　　　　　　　製品開発と従業員育成，経営　　　　リスク適正化めざす
昨日から脱却し　　　　　　　陣と組織，顧客へのサーヴィ
明日を築く準備　　　　　　　スと広告　　　　　　　　　　　　意　思　決　定

　　　　　　　　資金の調達源泉（資本のマーケティング）
　　　　　　　　資金の運用形態（事業形態や事業活動形態の構造化）　適切な対応を図る

非経常的な事業革新過程と経常外的な事業活動廃棄過程を
資　金　収　支・固　定　性　の　面　か　ら　管　理

### ⅲ 費用特性の管理　(pp.387〜9) (cf., pp.182〜196. Ⅰ：pp.102〜4, 107.　　　成果管理
　　　　　　　　　　　　　　　　　　　　　　　　　本書 pp.46〜48, 95〜6)　　　　＝
窮極的な費用管理→機会を極大化→機会と成果に対して資源と努力を集中化

他　の　費　用　管　理　←　　　　費用実績を向上させるための条件

コスト・　　費用管理を行なうに足　　　　㊀費用の実際の発生状況を中心にして
センター　　るだけの値打ちを本当　　に対し←　管理しなければならない。
　　　　　　にもっている費用

　　　　　　　　運搬管理・資材管理・
　　適切な管理　資金管理　　　　　　　を実践

事業全体の総費用を削減→費用間の適切　　㊃費用管理を効果的にするには，
　　な相互関係化を図る→パート・コスト法　事業全体を眺めなければならない。

　　　　　　　　　　　　　　　　　　　　㊄分析の対象とするべき費用の体系は
各費用類型に応じた　　　　　　　　　←　　経済価値を生むための経済活動全体
　費用分析・費用管理を実践　　　　　　　　にわたっている。（他の諸経営体）

　　　　　　　　　　　　　　　　　　　　㊁異なった種類の費用は，異なった形
　　　　　　　最小の努力と費用の投入で　　　で処理しなければならない。
　　　　　　　　最大の成果を生む方法
　　　　　　　追加的投入単位に対する増
　　生産的費用　分獲得単位が急激に減少
　　　　　　　し始める点を境目にして，それまでは成果管理を進める

支援的費用 ┤ 全廃による損失額が当該費用
監視的費用 │  の必要最小限以下である場
         │  合→全廃
         │ 全廃が無理な場合→最小限に
         └  必要な努力と費用を明示 ← ㈢費用削減で本当に効果的な
                                    唯一の方法は，そうした費
浪　　費　無為に過ごさせ成果を生ませ    用を発生させるような活動
　　　　　ない処を探し，全廃にする     を全廃させること

将来形成費用（生産費用で示された以外のものとして，取替費用，各種の危険や不
確実性に対する準備金，労働・年金準備費用，将来の現金需要，資本の現
在コストと実際平均利子額との差異，循環的リスクに対する準備金，取替
費用のインフレ調整，買収・合併・合弁準備費用として内部留保される資
金か　優良経営体へ再投資を期待される配当金など）にも十分に配慮して，
経営体継続費用を管理し，真の費用として取扱わなければならない。
　　　　　　　　　≠　　　　　　　　　　　‖
経営者は，連邦証券取引委員会や会計士の行動を待っていられない。

Ⅳ **生産性の管理** →最近の生産性の低下傾向を逆転させる ┤→自分の経営体を存続させる
　　　　　　　　　　　　　　　　　　　　　　　　　　　└→社会に多大の貢献ができる
　㈠ 資金生産性の向上管理　　(pp.389〜390)　(cf., pp.196〜202.　Ⅰ：pp.104〜5. 本書 pp.76, 126)
　　＝
　　資金回転率（資金利益率を向上させるよりも容易）
　　　　　　　　　　　　　　　　　┌ 資本をある程度酷使＝遊休時間を削減
　　　　　　固定資産＝生産的資本→ ┤
　　　　　　　　　　　　　　　　　└ 資本を機能させる＝製品の組合せを改善・革新
　　　　　　　　　　　　　　　　　　　　　　　　　　　　工程の組合せ
　　　　　　流動資産＝支援的資本→ 一定の流動資産で販売量・収益性を高める
　　　　　　　　　　　　　　　　　減量
　㈡ 自然資源生産性の向上管理＝期待値に結果をフィードバックして改善・革新する
　㈢ 時間生産性の向上管理＝使用時間を記録，非生産的活動 を 発見 自由裁量時間を統合。
　　　　　　　　　　　　　　　　　　　　 ＝浪費時間　　　削除
　㈣ 知識労働生産性の管理→知識の生産性，知識労働者の時間生産性と労働生産性
　　　　適材適所主義の人事，目標の自主設定とそれによる自己統制，継続学習，上司や経
　　　　営者による支援体制の整備，被傭保証にもとづいた革新や合理化，過剰人員や陳腐
　　　　化知識労働者に対する再教育や再配置，等について常に調査，対策を案出し実施
　㈤ 組織生産性の向上管理＝諸活動間を調整← 経営体の目標・成果を達成し 組織構造構築
　　　　　　　　　　　　　　　　　　　　　　構成員に成就感を充足させる
　㈥ ホワイト・カラーの生産性の向上管理                                        ┐
　　　　部門間・経営体間・時系列での産出量と労働者総数〔総労働時間数〕の比率， │使
　　　　新製品〔サーヴィス〕の開発終了から市場導入までの時間数，              │用
　　　　経営体間比較の新製品〔サーヴィス〕数，産出量とスタッフ〔管理者〕の比率 │した
　　　　　　　　　　　　　　　　　　　　　　　　　　　　　　　　　　　　　　　 │管理
　㈦ 全生産工程の生産性の向上管理＝全生産工程費用に焦点をあてる
　㈧ 事務処理的・保守的・補助的な作業生産性管理＝作業研究，新規事業化，外部委託

ⓥ **製品・サーヴィスの価格の管理**

市場が快く支払える　価格（←その製品の事業経営に関連する経済連鎖の原価の管理）の設定→これに合わせた
競争に耐えられる　　　　　　　　　　　　　　　　　　　　　　　　　　　　　　　　　　　製品設計

ⓥⅰ **収益性の管理** (pp.390〜1)(cf., pp.202〜6. Ⅰ：p.105. 本書 pp.77, 126)

経営体の将来のリスクの補填，事業を継続して各種資源の富生産能力の維持，未払金
も含め予め把握できる将来の現金需要に対する準備，のための資金・費用

$$\text{必要最小収益率} = \frac{\text{必要最小限の将来形成費用}}{\text{投下総資本ないし使用総資産}} \text{ ：各期（長・中・短期）毎に算出}$$

事業構想・事業戦略・経営計画にもとづいて必要とされ決定される資本・資産

$$\text{実際の業績} = \frac{\text{投下総資本利益}}{\text{使用総資産利益}} = \begin{cases} \text{（加算法）} \\ \text{諸利子＋減価償却費＋配当金＋税金＋内部留保} \\ \text{当期収入－当期費用}\begin{pmatrix}\text{在庫評価損益}\\\text{工場売却益}\end{pmatrix}\text{を含まず} \\ \text{（控除法）} \end{cases}$$

(cf., 本書 p.71) 投資家への
経営教育が
必　要
↑

$$\text{実際〔目標〕収益率} = \frac{\text{投下総資本利益・使用総資産利益}}{\text{投下総資本ないし使用総資産}}$$

経営者 ｛
各期の必要最小収益率のそれぞれを比較する
各期の $\frac{\text{投下総資本収益率}}{\text{使用総資産収益率}}$ の目標値や実績値と各期の必要最小収益率を比較する
各期の $\frac{\text{投下総資本収益率}}{\text{使用総資産収益率}}$ の目標値と実績値を比較する
｝

事業経済成績
を評価
経営経済計画
を設定
これらを公表
すべし

一般大衆・連邦証券取引委員会・アナリスト・とりわけ株主が
経営体の公表する計算書や年次報告書に
期待するべきもの，要求してもよいもの

ⓥⅱ **事業成果領域別の費用特性・生産性・収益性の向上管理** (pp.391〜2)(cf., pp.206〜7. Ⅰ：pp.20, 104. 本書 p.7)

経営者は諸成果領域・部分の内のどれか一つに対する 資源／努力 を再配分することを推進する場合，
　　　　経営体全体の成果への影響を知るための指標を用いる。

寄与係数＝当該成果領域・部分の売上高増減百万ドルあたりの純収益寄与分の割合
純収益寄与分＝（当該成果領域・部分の総収益）－（当該領域・部分の純費用負担分）
当該成果領域・部分の純費用負担分＝（経営体の純費用）×（経営体の取引総件数中の当該領域・部分の割合）
経営体の純費用＝（総費用）－（購入原材料費）－（固定費）

寄与係数のマイナス値が大きい成果領域・部分→廃止を真剣に検討

寄与係数がマイナスで ｛ その純収益寄与分＜固定費配賦分（当該領域・部分の純費用負担分の割合で配賦）
それに替わりうる一層有利な領域・部分が見出せない場合 ｝
→存続させざるをえない

資本投資の実績利益と期待利益を比較・測定→事業全体の利益や収益性に与えた実際の影
響を，投資意思決定の時点で予想した影響と，比較・測定→投資の 進行状態／活動成果 に注意

権力正当化のため経営者は，社会職能とその遂行方法の選択で，ⓘ一般に経営体が横暴に陥った場合に政府が統治権限行使すべきことに関する法令等の制定とそれへの遵守に貢献し，ⓘⓘ明確にさせた社会共通の善との共存・統合を実現し，また，ⓘⓘⓘ成果・業績中心的態度を自身で体得し他者に垂範し浸透させ，各種の人間指導を実践し，ⓘⓥ経営者自身も労組指導者も相互に制御し合い責任をとりあって従業員を統治し，また，ⓥ経済権力の源泉たる株主（現代の主要株主は年金基金株式投資機関）の代表も含めた取締役会を機能化させ，自分の戦略・計画や業績等を他者統治され，さらに専門能力をもち自信があり誠実に努め信頼がえられてはいても，ⓥⓘ特定の関係者の利害を越え各種利害関係者間を調整するのを共通の価値にして彼らに認めさせ其れに結集させ永続的経営体の構築に自己を規律し統治し，それらと同時にⓥⓘⓘ組成全般的管理を取締役会・理事会と共に長期視点的に協働統治すべきである。

経営者はⓘ社会的衝撃・ⓘⓘ社会問題の緩和解決のため，㈠人間生存環境を破壊する活動の事業遂行費化や隔離化を立法化し，途上国に資金・技術面で援助し，㈡多・超国籍化社会で世界共通の文明や概念と各国各民族特有の文化や主権を調和させ現地化を図り，被傭者社会で，㈢職場社会を自治に任せ，㈣年金受給と長期被傭保証の財産権化のため労働移動自由権を認めつつその財政と管理に自己責任をもたせ，知識社会で，㈤人々を責任者・革新者にし，健康・転職問題を事業化し，㈥労働組合の将来と役割を検討し，㈦知識労働者をサードセクターに参加させ社会的人間的結合をさせ，新多元社会で，㈧偏執的対決の少数派に距離をおき鎮静化させ非優遇的に税率変更し脅迫や贈賄による操作を選挙や政治の改革で排除し，㈨脱社会的な利害者間統合，軍縮化と国防再検討，政府事業の限定化・期限つき機能化，経営体自律化，政府の非官僚制化・痩身化，世界政治共同体化を図り，㈩知識労働者と経営者の経験を若手から積ませ統合化させ，さらに，知識社会で知識労働者に所属経営体全体への貢献の倫理を遵守させ，多元的組織社会で双務的義務とそれに伴う平等を相互依存関係の要因にし互恵と適正行動を齎らす倫理を体現し，専門職集団の倫理「社会に危害を故意に加えぬこと」を経営体内外で遵守し，社会共通の善も追求し多元社会の政治責任を果たし，適切な生涯教育に責任をとり，また㈪新社会（㈠市場経済社会基盤の確立のための市民・民主社会，㈡革新的諸制度の普及した起業家社会，㈢一体化連帯化した社会）を構築し確立させる。

経営者は，ⓘ事業機会分析，事業構想策定，ⓘⓘ世界経済・各国通貨価値・多超国籍経営体，ⓘⓘⓘマーケティング的知識分析的事業分析・知識労働者組織・人事管理，ⓘⓥ資本移動・為替レイトと，長期経営計画，の経験から設定する新規マクロ経済学の基本・適用領域・関心事項・政策，の仮説を経済学者に検証してもらう。マクロ経済の現実に即して経営活動をする必要があり，ⓘ第一次産品と工業製品の価格乖離に応じた経済政策と事業戦略，ⓘⓘ生産と雇傭の量乖離による資本・生産・労務管理，ⓘⓘⓘ実物・シンボル経済の分離による為替変動防衛，ⓘⓥ世界経済化に応じた多超国籍経営体〔連合〕化，ⓥ敵対的貿易に対処した法制化，に努力する。

経営者は資金管理で，ⓘ不可測の恐慌状態の数ヶ月を外部の援助なしに生き残るための最低の運転資金額を解明して今日の事業用の資産管理をし，ⓘⓘ不意の機会の訪れを十分に捉え陳腐化した昨日から脱せるような特に固定資産の売却処分とその収入を管理し，施設と設備，研究と製品計画，製品開発と従業員育成，経営陣と組織，顧客へのサーヴィスと広告，などの資本支出・管理固定費のための明日の資金について，経営体の体質や事業戦略に即応した機会および資源活用の極大化とリスクの適正化をめざして意思決定した資金の運用形態（事業の形態と活動の構造化に向けた資金）と調達源泉（資金のマーケティング）を対応させて管理し，ⓘⓘⓘ費用管理では事業遂行費用だけでなく経営体継続費用・将来形成費用も対象にする。総費用の削減や業績の向上に大きく影響する費用項目を考慮し，運搬管理・資材管理・資金管理を合理化し，資源間の適切な相互関係化による活動全体の総費用の削減のためパート・コスト法を使用し，個別の費用項目の合理化に向け成果との関連で分類された費用類型に応じた費用分析と費用管理を実施し（例：生産的費用は最小投入で最大成果をめざし，支援的費用と監視的費用は全廃か最小化させ，浪費は全廃），ⓘⓥ生産性向上の管理ではあらゆる資源の総合生産性を対象にし，資金の生産性・回転率の向上のための遊休時間の削減と製品・工程の組合せの改善・革新と販売増大を図り，自然資源の生産性向上も，人事管理や組織管理による知識労働・組織・生産工程の生産性向上も行ない，ⓥ市場の受容し競争に耐えうる価格を出発点に経営し，ⓥⓘ収益性管理では，事業戦略や経営計画に基づいて，投下されるべき総資本・総資産，それに応じたヨリ長期の将来形成費用・経営体継続費用を，投下総資本寿命期間，好不況の平均化，リスクや不確実性を覚悟した確率などにも配慮しながら，決定して得られる必要最小収益率，を基に管理し，ⓥⓘⓘ以上を各事業成果領域にも適用して管理する。

非事業的経済管理については，年金問題や環境問題や寄付問題が現在のところ管理対象として意識されているが，今後の課題が多く存在しているように思われる。

## 10 管理のための時間と態度と業務についての管理 (上巻 pp.318〜333)
(cf., p.452, ℓℓ.5〜13)

　管理時間の管理は，経営全体の生産性にも，経営者のその他の管理面にも大きな影響を与えている。それでは，管理時間の管理をいかに進めたらよいのであろうか。**テイラーの作業時間の管理でとられた考え方**は，管理時間の管理にも**同じように適用できるか**。

　管理職能を遂行するには，いくつかの**管理態度**が実践されなければならないが，**これまでの説明の中にも**，それぞれに必要な態度が**示されていた**。その関連はどのように表されることになるのであろうか。**成果・業績中心的態度**が必要とされた各種の説明（すなわち，高業績と実践の関係，業績測定尺度，職能遂行機関，事業成果領域，成果管理，基幹活動と貢献活動，経営的仕事の課題分析，方向づけという組織形態の一般的条件，全般管理的な統治権限）。**革新的態度**が必要とされた各種の説明（すなわち，革新推進機関としての経営体，革新的組織，起業家的な精神と管理，事業形態と事業活動の構造の革新，事業や経営の革新と取締役会，社会的衝撃の新規事業化，社会問題の新規事業化，成長マクロ経済と事業経済，革新費用，革新のための継続学習，革新的な知識労働者組織）。**貢献的・引責的態度**が必要とされた各種の説明（すなわち，職能遂行機関，経済権力，高次と狭義の社会的責任，貢献種類別の組織分析，各職務責任という組織軸，責任労働者組織，決定分析による費用の組織化，経済権力の正当化された組織，経営総責任組織化）。**時相統合化的態度**が必要とされた各種の説明（すなわち，今日の要求と明日の要求を均衡させ現在と将来の成功を可能にさせるように課題に取り組むこと，将来性も含む現在の事業状況，現在と将来の事業機会，事業形態と事業活動の構造の成長，現在維持的と将来形成的な資金，事業遂行費用と経営体継続費用，一つの総合的組織，革新と改善を均衡化させる協働的指導の組織化，後述の現在と将来の人材育成）。**情況統合化的態度**が必要とされた各種の説明（すなわち，経営とその理念・目的・過程などというコンフィギュレイション概念，全体的統一体としての組織，同一時点で同一の全体的な経営行為による経営三課題の達成，事業状況と事業機会の調整・統合化による事業構想，二重的統治による人的統治権限，社会的責任の有限性と無限性，世界・地域・国家・ミクロの諸経済の複雑な関係における事業経済，総合的生産性）。

　経営者の特定の職能・活動・階層・地位を問わず**いかなる経営者も共通して遂行する仕事**に**テイラーの科学的管理の体系的分析を適用する**と，どのようになるのであろうか。管理職能遂行に必要な管理業務を，経営者一般に共通な仕事の**五つの構成業務**として示すとすると，それぞれの**内容**ならびに，それに**必要な能力や特性**は，どのようなものになるのか。

人間にとって最も消滅しやすい資源＝時間　　　　　　　　（上巻　pp.318～9）（Ⅰ：p.104, 四の⑪）
**経営者自身の時間**＝最も〔非〕生産的な時間

非生産的 ｛
　経営体の第一義的職能の遂行に直接的には寄与しない事柄に費消
　細切れにされている
　　└→その都度の復習とやり直しが必要→ムダな時間

　　×

時間確保が必要 ｛
　効果的にするため相当量をまとめる必要
　意思疎通のために大きな時間が必要
　　└　その対象たる
　　　　知識労働者は　　　相討議　｛自分の成果・業績の種類と理由を理解
　　　　時間が必要　←　　当や指　　知識労働成果の活用者の仕事を理解
　　　　　　　　　　　　　量情導　　自分の仕事から経営体全体の成果へ　｝目を
　　　　　　　　　　　　　の報が　　自分の専門分野から経営体の外部へ　　向ける
　　　　　　　　　　　　　　や必　　上長や同僚の知識労働者の会合＝落ち着いて
　　　　　　　　　　　　　　　要　　　　　　　　　　　　　　　　　寛いだ雰囲気
　人事上の決定に必要な時間＝数時間の継続的で中断されない時間帯が数回
　時間不足を促進←時間を要する革新と変化←社会の高い生活水準への要請

効果的経営者への出発点　　　×　自分の仕事・計画設定
‖
**生産的な時間の使い方**　　○　自分の時間「汝の時間を〔先ず〕知れ！」
（上巻　pp.319～321）
　　　　　　　　　　　　　　　　　　　　　　非生産的　　処理可能な
　　　　　　　　　三つのプロセス　→①時間消費　②時間要求　③継続的時間
　　　　　　　　　　　　　　　　　　　の分析　　　の削減　　にまとめる
　　　　　　（本書　p.20「仕事分析」）（識別・分析）（再設計）

　　　　　　　　　　　　記憶　　　　　｢時間という，唯一無二で，｣
　　　　　　　　　　　　‖　←人間の感覚　代替不可能で，必要不可欠　は曖昧
　①時間消費の分析＝時間の記録　　　　｢な資源に対する　　　　　｣
　　（p.320, ℓℓ.3～5）　　　‖
　　　　　　　　　　時間を費やすような事柄が起こる度毎に記録

⑪非生産的時間の要求を削減＝時間の管理（狭義）（上巻 pp.320〜1）

　　　　　継続的な時間記録→毎月定期的に検討
　　　　　〔最小限〕3・4週間にわたる時間の記録，年に二回実施→予定表の再検討

時間を｛成果を達成せず，削除しても問題が生じぬ活動（ex. 儀礼的出席）
浪費す｛他者で十分に処理可能になりうる〔べき〕活動（ex. 年配者出張）
る活動｛経営者自身が他人の時間を浪費させる活動（ex. 全員出席定例会議）
　└─削減させようとしても切り詰め過ぎには至らぬ←自分が必要とされていると過大評価
　　　　　　　　　　　　　　　　　　　　　　　　　するのが人間の常

　　　　｛繰り返し起こる緊急事態←仕事の体系的方法・将来見通し・
　　　　｛　　　　　　　　　　　　　　　　　　　ルーティン化の欠如　　｝
　　　　｛人員の過剰←人々の紛争・不和，仕事上の縄張り争い，相互の協力，｝貧弱な組織や
時間　　｛　　　　　たまにしか意見を聞かれぬ専門家　　　　　　　　　　｝
浪費　　｛会議の過剰←経営者の時間の4分の1を消費（徴候）←責任の拡散｝欠陥のある組織
　　　　｛　　　　　　と情報必要者への不十分な伝達となる組織構造　　　｝
　　　　｛　　　　　　　　　必要な内容・形式の情報が　提供されない　　｝
　　　　｛情報の不十分な機能化←必要な所にすべての情報が　　　　　　　｝
削
減←時に急速に，時に忍耐強く，改善されるべし　←──────────┘

⑫処理可能な継続的時間にまとめる＝時間の統合（上巻 p.321）

経営者の地位が高い→経営体目的に貢献しない時間が多くなる　｝
経営者の規模が大きい→単なる組織統合化や組織維持の時間が〃｝
しかも　←──────それらを整理統合　⇐═自分の自由になる時間が減る←┘
　相当量｛一週間のうち，まとめて一日＝自宅で仕事
　纏める｛週の特定の二日間にまとめる＝会議や打ち合わせ会などの日常業務
　必要有｛週の残りの日々の午前中すべて＝重要事項の一貫した継続的な研究
　　ex.｛毎朝出社前に一定時間で仕事する＝自宅の電話のない書斎で，重要な仕事

経営者の仕事の遂行には特に必要

人間組織：投入諸努力の総和 ＋ $\underline{a}$ ＝エネルギーの発生（上巻 pp.322～3）
　　　　　　　　　　　　　　　　 ∥
**業績中心**　　　　　　　　　エネルギー
　の精神　　　　　　　　　　　の創造
　　　┌─ ×　訓戒・説教・意図
　　　└─ ○　行為の原理・実践 ─
　（業績中心の精神に基づき実践がなされる）
　各個人・集団に，高い業績標準を設定 → 達成する習慣を組織の中につくる
　　　　　　　　　　　　　　　　└─ 長期間に各種各様の任務で成果を生める能力（打率）

　問題ではなく機会に，組織の焦点を合わせる ← ┌ 望まれている最終結果から出発
　　　│　　　　　　　　　　　　　　　　　　　　　└ 予測せざる事実の発生に常に注目
　　　└─ ┌ 収入を生む機会，市場を創造する機会，既存の製品・
　　　　　│ 市場・顧客・販売経路などを変革する機会，知識を変
　　　　　└ 化させて活用する機会，等々

　　　　　　　　┌ 配置転換：引き続き低〔並〕業績の者〔管理者も〕を　　　経営陣の
　業績との 　　 │　　　　　　本人・その部下達・組織全体のために　　 ← 人選ミス
　　　関連で　　│　　　　　　　　　　　　　　　　　　　　　　　　　　　の責任
　　　　　　　　└ 職務再規定：他で実績のあった人が新任務で不成績の場合

経営体全体の成果・業績に対する態度（＝特に効率的な経営体に見られる習慣）
　┌ ・全製品〔サーヴィス〕・全仕事を常によく考察・再検討・分析・反省し直す
　│　　→これらの組み合わせ方（＝部分ではなく全体を見る）で成功に導く
　└ ・流通機構・市場・製品〔サーヴィス〕はそれぞれ一次元にすぎず，
　　　　これらを同時によく見て，これらの兼ね合い・調整を図る

（pp.324～5）（cf., I：p.21）
┌─ ㊀経営体の内部ではなく外部で生じる → 市場や顧客や社会や経済と直接・緊密な接触
│　　㊁問題解決主義ではなく機会探求主義による → ┌ 可能性・リスク比が最有利の分野
│　　　　　　　　　　　　　　　　　　　　　　　　└ 冒すゆとりのあるリスク
│　　㊂昨日を克服して明日を創造することにより獲得 ← 新しいアイディアと製品を得る
│　　　　旧製品を自発的に廃棄し，新しいものに組織内の才幹などを追いつかせる
│　　　　　　　　　　　　　　多大の時間をかけて対象を考え貫き
│　　㊃集中によって得られる＝
│　　　　　　　　　　　　　　決定に執念をもって前進するのみ
└─ ㊄事業は自らの強さを基礎として自らを築き上げて得られる ← どのような方法で，
　　　　人材の強み，部下の強み，われわれ特有の知識と卓越性，業界での地位，
　　　　経済・技術・市場での強さ，を完全に生産的にできるか，との問から出発

変化への抵抗の解決法＝**革新**的組織を創造・構築・維持　（変化が例外・脅威ではなく規範・機会になる組織）（上巻 pp.325〜7）
　　　　　　　　　　　　　　　　　　　　　　　　　　　　　　　　　　　　　　　　（cf., 本書 pp.61〜2）

　　　　　　　　　　　　　経営体全体の職能遂行によって，
　　革新の意味を熟知＝
　　　　　　　　　　　　　従前とは異質の経済・社会・人間行動をもたらすこと

　　　　　消費者や得意先が重要な変化を求めている欲求を念頭において物事に着手

　　　　革新の基盤←解放された諸資源を新しく可能性の豊かな機会に投入
　　　　　　　　　　　陳腐化・死滅化のものを計画的・体系的に廃棄

　　　　　　　　　　　　　×　既存製品系列内の新製品，改善，既存価値をより満たすこと
　　　革新戦略の狙い
　　　　　　　　　　　　　○　新事業，新しい業績達成能力，新価値概念の創出
　　　　　　　　　　　　　　　目標を高く設定←革新努力の成功打率は１／10

　　確率分布のパターンに焦点を合わせて，そのパターンを活用
　　　　　　　　　　　主要な製品・工程・新事業・市場になりそうか
　　　　　　　　　　　成功を享受し報酬を獲得できそうな分野はどこか

　　革新の進行過程：半煮えのアイディアから出発し，長い懐妊期間を覚悟

　　　　　トップの職務＝アイディアに耳を傾け　　　一気に開花→新しい大きい産業・
　　　　　　　　　　　　真面目に受けとめ　　　　　　　　　　　　市場・製品系列
　　　　　　　　　　　　具体的革新の事態に変換　　速度や時期は予測困難

　　学習の雰囲気を経営体全体にみなぎらせておく→継続学習を生みだして維持
　　　　　　　　　　　＝
　　変化は機会　　組織の全成員　　絶え間ない過程

　　経営体の業績・成果の大きな向上に貢献できることは何か，から出発→自分の責任
　　　　　　　　　　　（pp.327〜8）　　　　　　　　　　　　　　　　　　　に焦点

　　　　経営者が，自身の専門分野・狭い技能・所属部門の問題から，
　　　　　　　　　経営者の全体の業績の方へ
　　　　　　　　　　　　　　　　　　　　　　　　注意を向けられる
　　　　　　　　　経営体外部（成果のある所）に

　　　　　直接的な成果　＝　第一義的に重要で明確に規定されるべきもの
　　主
　　要　　価値の創造とその再確認　＝　経営体が自らを拘束し奉仕できるもの
　　三　　　　　　　　　　　　　　　　　　　　　　　　→絶えず再確認が必要
　　領
　　域　　明日のための人材育成　＝　明日の経営体を築く資源
　　　　　　　　　　　　　　　　　　　　　　　　　→継続的に質的向上を図る必要あり

　　→引責的な効果的遂行←貢献に対して自らを拘束←就任の度毎に各職務の要求に自分
　　　　　　　　　　　　　　　　　　　　　　　　　　　　　　　　　を変化させ適応させる
　　　　　　　　　　＝
　　各職務毎｛成果三領域相対的重要度変化に応じ努力変更｝　｛経営者自身の成功
　　における｛仕事の内容や相対的価値を変えるほどに貢献｝→｛経営体の成果向上

当　座　の　便　宜 ⎫
　　　　　　　　　　　　⎬　　二つの時相を調和か均衡化＝現在と将来の統合化　　（上巻 p.329）
基本的で長期的な目標と原則 ⎭

未知（将来）への飛躍を大きくする程，離陸（現在）の基礎を固める必要あり

⎧ 経営体の当面の利益を守るために遠い将来に犠牲となるもの ⎫
⎨ 　　　　　　　　　　　　　　　　　　　　　　　　　　　⎬ を計算
⎩ 明　日　の　た　め　に　今　日　は　犠　牲　に　な　る　も　の ⎭

　　　　　　　　　　　　　　　　最小に止める，早急に補填


**情　況　統　合　化　的　態　度**
　　　　　　　　　＝
部分の総和より大きい真の全体　　　　　　　　　　　　（pp.329〜330）
　　　　　　　　　　　　　　⎫
投入した諸資源の総和より大きなもの ⎬ を生み出せるような生産的実体を創造
　　　　　　　　　　　　　　⎭

　　諸資源とくに人的資源のあらゆる強みを発揮させ効果を上げる ⎫
　　資　源　の　あ　ら　ゆ　る　弱　み　を　中　和　さ　せ　る ⎬
　　事業の経営，労働者と仕事の経営，社会的責任の経営，を均衡・調和 ⎭
　　これらの業績を達成するのに必要な多種多様の活動 ⎫
　　　　　　　　　　　　　　　　　　　　　　　　⎬ を同時に考察
　　経営体全体としての業績や成果 ⎭


　　　変更可能なもの　≠文化（際立って持続的なものだから）
　　　　　　　　　　＝**行動・習慣**（態度も含める）　　（pp.330〜1）

　　　　　　　⎧ ⅰ いかなる結果が必要とされているかを明確化
　　　　　　　⎪ ⅱ この必要なことを既に実施している処を探索
　　　　　　　⎪ 　　∵ この必要性は既知で，誰かが実施している可能性あり
行動・習慣を ⎨ ⅲ 効果的な行動が自分の経営体の文化に根ざすように
変　え　る　方　法 ⎪　　　　　　　現実に確実に実行させるようにする
　　　　　　　⎪ ⎰ トップや経営体が支援できることを問う
　　　　　　　⎪ ⎱ 　　〃　　　　邪魔になることを明らかにする
　　　　　　　⎩ ⅳ 評価と報酬の仕方を変更

(上巻 pp.331～3)

| | ⅰ 目標設定 | ⅱ 組織化 | ⅲ 動機づけと意思疎通 | ⅳ 業績測定 | ⅴ 人材育成 |
|---|---|---|---|---|---|
| 管理業務 | 主要目標・副次目標・手段的行為を決定し、目標の意味を伝達 | 職務分析に基づき組織構造化を図り、各職務に適した人を配置 | あらゆる活動と意思疎通により動機づけを行う | 業績基準を設定 実際の業績を測定・分析・評価・解釈、評価所見の伝達 | 経営者は、自分も含めて人材を現在用と将来向けに育成 (cf. 本書 p.83 ℓℓ.↑6～1) |
| 内容 | 目標にする内容<br>到達目標地点<br>目標到達方法<br>業績を達成すべき者に目標の意味を伝達 | 必要な活動・意思決定・他との関係を分析<br>仕事を分類<br>管理可能な活動単位に分割<br>管理可能な職務に分割<br>一つの組織構造に纏め人を選抜 | 人々を一つのチームにまとめ上げる<br>自分の働いている実践、人々との関係、人事決定（給与、配置、昇進）、下・横・上との意思疎通を通じて<br>ティーム化する | 経営体全体と各人の業績にとって重要な要因である | 経営者育成の出発点は業績評価<br>優れた業績をあげられるのは何か<br>強みを最大に発揮させる上での限界は何か<br>に焦点をあてて評価 |
| 特性 →必要な能力 | バランスが大切<br>事業の成果と原則の実現<br>事業の必要性 当面と将来<br>望まれる目的と利用可能な手段<br>→分析能力<br>→総合能力 | 希少な資源を最も経済的に使うため<br>人間を公正に扱う<br>→分析能力<br>誠実さ | 公正を原則とされる<br>→総合能力<br>→誠実さ | 経営体全体の業績や各人の仕事の業績に焦点を合わせられる必要がある<br>測定値は自己統制のために用いられる<br>→分析能力<br>誠実さ← | 業績評価は当人と上司の共同作業<br>‖ ‖<br>自己評価 積極指導<br>人間を公正に扱う<br>分析能力←<br>→誠実さ |

ⅰ～ⅳ：仕事のプロセス

ⅴ：仕事を担当する人々の問題 = { 次の種類の仕事に昇進させるための育成<br>次の時期・時代の後継者の育成
（全プロセスを担当）

これまで作業者の時間や経営計画の時間が問題にされることはあっても，経営者の時間の問題は殆ど経営学の考察対象にされることはなかった。そのために，経営者は各方面からの多様な要求に応じマスマス時間不足に陥ったり，大切な意思決定の為の中断さるべきでない時間を分割したりしてしまっている。しかし，経営効果をあげている経営者は自らの時間管理に優れている。活動計画・時間計画から始めるのではなく，先ずⓘ時間の消費状況を記録する。ⓘⓘ非生産的な活動すなわち浪費時間をできるだけ削減するためには，出すぎたことや組織・管理上の欠陥による浪費時間をつきとめる。ⓘⓘⓘ重要事項を十分に考えるのに使われる時間をまとまったものにするため，特定の曜日や出社前の時間帯を空けて集中活用する。

　経営者は，ⓘ投入した諸努力の総和よりも大きいエネルギーが創造され勤労意欲が発生するためには成果・業績中心の態度が実践され各人の強みが他の人々の業績向上を支援できるような組織を必要としている。ⓘⓘ現在および将来の革新時代には革新の精神を制度化し革新の習慣を醸成して各分野で革新的態度を組織化する必要がある。ⓘⓘⓘ経営体の業績・成果を向上させるためには全体への貢献に焦点をあて，外部での直接的成果，価値の創造と再確認，明日の人材育成に責任をとるような人間を必要としている。ⓘⓥ将来への飛躍をめざして現在から出発し，短期的目標などと長期的目標などとを調和・均衡させて経営体を継続させるのには，二つの時相を統合化することが必要とされている。ⓥ諸部分の総和よりも大きい真の全体，つまり投入した諸資源の総和よりも大きいものを生み出すように，諸要素の相互作用に注目し統合化する必要がある。また，態度変更のため，成果や必要事の存否を明確化させ，トップ行動を具体化し，相応の評価制・報償制にする。

　経営者の特定な職能・活動・階層・地位を問わず如何なる経営者も共通して遂行する仕事を，いくつかの構成業務に経営者は体系的に分析し，各業務に必要な能力や特性が向上されるよう明示することになる。ⓘ主要目標・副次目的・手段的行為を決定し，目標の意味を伝達するという業務。これらに必要な各種の均衡化のためには，分析能力と総合能力が必要である。ⓘⓘ活動・意思決定・関係・仕事・職務の分析をし，組織構造化を図って，各職務に適切な人々を配置するという業務。組織の構造化のためには分析能力が必要であり，また人事のためには誠実さが必要である。ⓘⓘⓘあらゆる管理活動と意思疎通によって動機づけをして一つのティームにまでまとめあげるという業務。個人や集団という人間に関する人事公正のためには，分析能力よりも総合能力と誠実さが必要である。ⓘⓥ業績基準を設定し，業績を測定・分析・評価・解釈し，その所見を伝達するという業務。基準・測定のためには分析能力が必要であり，また自己統制用の評価にするために誠実さも必要である。ⓥ自分をも含めて人材を現在用と将来向けに育成するという業務。人間の育成に向けた業績評価による公正な人事のためには，分析能力のみならず特に誠実さが必要である。

|11| **管理のための技能と用具についての管理，および自己管理**（上巻　pp.333～350）
(cf., p.452, $\ell\ell.\uparrow 6\sim 2$)

　管理職能を遂行していくためには，経営者は**適切な管理技能**を獲得し活用していかなければならない。トップも含め経営者によって経営体の全体とその業績や成果に重大な影響を及ぼすような意思決定がまず必要とされているが，意思決定を構成する各部分過程はそれぞれどのようなものか。**意思決定技能**を有効的にするためには，意思決定の**各過程**や**決定すべき事項**や**達成すべき条件**はどうすればよいか。効果的な実施をもたらすためにはいかなる意思決定過程をつくればよいのか。現実に即した決定のためには，情報も含め何が必要になるか。

　つぎに，決定されたものを経営体内の特定分野や組織全体に伝えることが必要である。各管理職能や各管理業務を遂行する上で経営体内の「**われわれ**」の中の一人の送り手から他の人である受け手に**情報が十分に伝わる**ような「**組織の様態**（モード）」ができあがっている時に，**管理的意思疎通**は成功したと言えることになるのだが，そのためには，どうしたらよいのであろうか。情報を効果的に伝達するためには，どうなればよいのか。意思疎通はいかに開始されたらよいのだろうか。意思疎通を可能にさせるものとして目標自主設定と自己統制の管理があげられているが，効果的な意思疎通をもたらすための条件とどうかかわるのであろうか。意思疎通の送り手と受け手とはどのような関係になっているのか。

　さらに，こうした意思決定と意思疎通のためには，**会議**が適切に**運営**され，**報告書**が適切に**作成**されなければならない。会議の開催の頻度や時間，運営の方法，議長の任務は，どのようなものがよいか。報告書の依頼や発表の仕方は，どうすべきか。また**上司管理**とは何か。

　管理職能・管理業務の遂行のために使われる**各種の管理用具・管理尺度**（tools; controls; measurements）と，これらの使用によってもたらされる**管理そのもの**（control）とは，異なっているとされている。それでは，**各種の管理用具・管理尺度が良い管理をもたらすため**には，各管理用具そのものはどのような**条件**を満たせばよいのであろうか。管理用具が作り出すものや当てる焦点や集める情報はどのようなものがよいか。いかなる事象を管理対象にしたらよいのか。管理用具は事象のいかなる特性に即したものにすればよいか。管理用具はどのような行動を導くようなものになっていけばよいのであろうか。

　多くの管理用具のうちで**人事管理的用具**が，**窮極的**なものだとされている。**何故なのか**。人事管理的用具が，経営体の価値観や心情などを具現しており，また，入念な思考と明確な方針と高度に公平公正な基準に従っている必要があるという意味で，窮極的なのであろうか。

　管理職能とその遂行に必要な諸要素に関わる人は**知識・起業家社会**で**自らをどうすべきか**。

(pp.333～8)＝経営体全体，その業績・成果に重大な影響を及ぼすような決定
**管理的意思決定**（補：本書 p.94）
　　　　　　　　→効果的行動をめざし組織からヴィジョン・エネルギー・資源を総動員

① 決定すべき事項を決める過程＝問題を解明する過程

　　　　効果的決定の出発点＝事実ではなく未検証の仮説たる諸見解

　　　　　　　　何についての決定なのかに関する認識の差→見解の相違
　　正しい　　　　　　　　　　　　　　　　　　　　　　　‖
　　決　定←論争←諸見解の提出を奨励←普通は隠れている

　　反　┌ 議論→尤もらしいが間違ったり不完全な事柄に騙されるのを未然防止
　　対　│　　決定案の実施段階で欠陥ありか状況不適応と判明する場合に
　　意　│　　　　　反対意見（＝考え貫かれ検討されたもの）が代案になりうる
　　見　│　反対意見＝討論者の想像力を引き出す最も効果的な刺激剤・挑戦者
　　の　│　⇒ 尤もらしい決定→正しい決定→良い決定　に変える効用
　　必　│
　　要　│
　　性　└

　　対　┌ ㊀ 本当に一般的な事柄＝個々の出来事は単にその一つの徴候
　　処　│　　　↓←一時的な間に合わせの手当てに満足しない
　　す　│　　大きな事柄の徴候と仮定→真の問題を探求
　　べ　│
　　き　│ ㊁ 個々の経営体には独特の事柄 ┐
　　問　│　　現実には一般性をもっている ┘→一般的原則を確立
　　題　│
　　の　│ ㊂ 真に例外的な事柄＝本当に一回限りの事柄 →┌ 原則は作れない
　　分　│　　　　　　　　　　　　　　　　　　　　　　└ 独特なものとして対処
　　類　│
　　分　│ ㊃ まだ知られていない新しい種類の事柄の最初の前触れ
　　け　└

　　効果的　　　　要　求
　　意思決定者──────→見解表明者
　　　　　　　　‖
　　　　　　　見解を現実に対して検証する試みが何かを考え抜くこと
　　　　決定的に重要な問題＝現実妥当性を判断する基準は何か
　　　　議論されている事柄　　　　　　　　　　　　‖←この発見は
　　　　　　　　の特質に最も適した測定尺度　　　　　　リスクを冒かす経営者の判断
　　　　到達されるべき決定　　　　↑
　　　　　　　　経営者が自分で出掛けて行って自分の目でフィードバックを見付ける

⑪ 代替案の限界条件を簡潔に明確に規定する過程＝最も困難な段階

　　　　　┌ 目指さなければならない目　標　　　┌ 効果的で適切な決定を導く
　　決定が │ 達成し　　　〃　　　　最低限の目的 ←必要 │ 非有効化した決定を放棄する
　　　　　└ 満足させ　　〃　　　　条　　件　　　　　└ 考えられる限り最も危険な決定を
　　　　　　　　　　　　　　　　　　　　　　　　　　　　見分ける

ⅲ 決定するべきか否かを意思決定する過程

　　　何もしなければ事態が悪化しそうな時 ｝ ｛ 何もしなくてもうまく行きそうな時
　　　敏速に行動しないと機会がなくなり〃　　　重要でなく着手でも代わり映えしない時
　　　　　　↓　　　　　　　　　　　　　　　　　　　　　　　↓
　　　　大変革←決定　　　中間に多く　の　決定問題あり　　決定せず

　　　行動による便益が，行動に伴う費用やリスクよりも大いに優る時→行動　｝基本方針
　　　行動するかしないか，いずれにせよ→二股かけるな，間（あいだ）をとるな

ⅳ 意思決定過程の中に，効果的な実施方策を予め組み込んでおこうとする過程
　　　決定を然るべき人に任せて
　　　行動の時に明らかにすべきこと←もっとも時間がかかる　（ex.当事者の力量, 仕事基準, 仕事への刺激などの可変性を確認）

　　　　　㊀決定を知るべき者, ㊁取らるべき行動, ㊂行動する者, ㊃目的達成のための行動

ⅴ 正しい妥協点を見出す過程←限界条件ⅱを完全に満足させる正しい解決策を考え抜く

　気　難　｛愉快でなく，人気は得られなく，容易でなく，勇気も必要
　の　し　｛万全な決定はありえず，犠牲も必要，相反する目標・見解・優先順位の均衡
　進　い　｛決定の受容や 強力な反対への懐柔や リスク削減のための妥協 が必要
　ま　過
　な　程
　い　＝
　・　難
　・　し
　決　い
　定　決
　　　定
　　　　　└→誰がではなく何が正しいのかという立場を堅持して　｝出発すべし
　　　　　　　客観的必要条件を本当に満たした決定に近い処から

ⅵ フィードバックの仕組みを決定の中に組み込んでおく過程
　　　　∥
　　　決定のための予測の明確な記録　｝　｛思わぬ障害にぶつかる
　　　フォロー・アップの為の組織的努力 ←　あらゆる種類の意外性に遭遇
　　　フィード・バックの確立　　　　　　｛最も効果的決定でも陳腐化
　　　　└｛組織だった情報や報告書や数値も必要
　　　　　｛直接に現実に触れた自分自身のフィード・バック←出かけていって自分の目で確かめる

(pp.338〜343)　　｛×「私」から「君」に向かうもの
**管理的意思疎通**
(補：本書 p.94)　　｛○「われわれ」の中の一人から他の人に向かうもの→組織の様態その物

　　　その基礎＝　当人は何をしたいかの問いを踏まえた目標設定，当人は何ができたか
　　　　　　　　　の問いに基づいた業績評価，当人の能力育成方向は何かの問いにおけ
　　　　　　　　　る人材育成

〔意思疎通の四原則〕　　　　　　　　　〔意思疎通の成功条件〕

① 受け手に知覚されてはじめて成立 ──意思疎通は──→ ⅱ 耳を傾ける：
　　　　　　　　　　　　　　受け手から出発　　　　意思疎通の出発点
　　{ × 論理に従って　{ × 一つ一つの細部特性　　　にすぎない
　　{ ○ 経験に基づいて　{ ○ 全 体 の 形 態

　　　知覚能力に規定された知覚範囲内のもの
　　　↑ 制約＝文化的条件や情緒的条件
　　　　学習能力＝自分の情緒を経験に基づき
　伝　　　　　　変えていく能力：人により差　　　　ⅲ 下から上への意思疎通では，はじめから
　達　思考し概念形成する ⇄ 知覚する　　　　　　　　　受け手の価値観・信条・願望について
　　　　　　　　　　　　　　　　　　　　　　　　　　知られていなければならない。
　　　　　　　　　　　　　　　　　　　　　　　送り手も受け手も知覚できるもの
② 期待されてはじめて成立　　　　　　　　　　　　　〃 と 〃 に共通なものに
　　知覚することを期待しているもの ──────→　　　　　　　焦点をあわせる
　　　　期待内容を知る→その期待は利用可能か　　　受け手を動機づけるものに
　　　　　↓　　　　　　　　　　　　　　　　　　　　　　　　焦点をあわせる
　　　　期待以外のことの発生を認めさせるか　　　　　　　　⇓
③ 送り手の要求が受容されてはじめて成立　　　　　目標自主設定と自己統制（cf., 本書 p.31）
　‖　　　　　　　　　　　　　　　　　　　　　　{ の第一の狙い
　　ある種の人に成れ！ある種のことをやれ！　　　{
　　ある種のことを信じろ！　　　　　　　　　　　{ 上司と部下で知覚の仕方が違うのを
　　　　　　　　　動機づけ→強力な意思疎通　　　{ 　　　　　　明らかにする＝気付く
　　　　　　　　　　　　　　　　　　　　　　　　{ 部下が
　　意思疎通の内容 ＝/ 受け手の願望・目的・　　　　　　上司や上司の情況の複雑さを理解
　　　　　　　　　　　　　　　価値観
　　　　　　不受容か　これを変化させる　　　　　ⅳ 上から下への意思疎通
　　　　　　抵　抗　　（転向）ほど強い
　　　　　　　　　　　　意思疎通は稀　　　　　　　部下が申し出た貢献の有効性を判断
④　　　　　　　　　　　　　　　　　　　　　　　　　する権限と責任は，上司にある。
                                                 →部下を説得するか，部下の希望
| | 意思疎通 | 情　　報 |　　　　　　　　　　　　に添えなかった場合も説明
|---|---|---|　　　　　　　　　　　　　　　　→上司も部下も
| 相反関係 | 知覚の対象<br>対人関係を含む | 論理の対象<br>形式的<br>没個性的 |　それぞれ問題を抱えていることを
| | 全体像が知覚される<br>共有経験に依存<br>↓<br>意味内容が多層<br>であるほど<br>伝達内容は豊富<br>化する | 特定の個別データ<br>を伝達<br>経済性原則に副う<br>べし<br>↓<br>必要データが少量<br>なほど情報内容は<br>明確化・良質化 |　知るようになる
| 依存関係 | 記号の意味：送り手と受け手の間に<br>事前の合意（＝意思疎通）が必要<br>‖<br>情報システムの有効性は，<br>いかなる情報を，誰が，何の為に<br>必要とするのかを入念に考える意<br>欲と能力があるか否か，に依存 | 特定のインプットとアウトプット<br>の意味内容を，関係者間で組織的<br>に意思疎通できるか否か，に依存 |

　　　　　　　　　　　　　　　　　　　いかに　　{ うまく書く
　　　　　　　　　　　　　　　　　　　伝えるか→{ 簡単明瞭に話す
　　　　　　　　　　　　　　　　　　　　　　　　{ 相手の言葉を使う

　　　　　　　　　　　　　　　　　　ⅰ 情報の爆発的増加 ──→ 効果的
　　　　　　　　　　　　　　　　　　　‖　　　　　要求　　意思疎通
　　　　　　　　　　　　　　　　　　　情報過程が　　　　　‖
　　　　　　　　　　　　　　　　　　　人間と人間を分離　　人間と人間
　　　　　　　　　　　　　　　　　　　　　　　　　　　　　の 関 係
　　　　　　　　　　　　　　　　　　　　　　　　　　　　　の 再 建

会議が会社幹部の持ち時間の1/4以上→会議が多すぎる＝不必要な会議が含まれている
理由 ┤ 仕事から逃げられる，組織編成が不良，仕事関連の規定が不明確，(cf. 本書 p.17)
　　 └ 会議の準備と運営が不十分　　　　　　　　　　　　　　　　　（pp.343〜4）

　　議　題　の　分　類　─────→　会　議　運　営　法
├ ㊀ 必要な知識・資料等を提供する場合　　報告時間の制限，その後数分間の質疑応
│　　　　　　　　　　　　　　　　　　　　　答のみで，討議はしない
├ ㊁ 何らかの助言・意見を必要とする場合　発表者は十分に準備し数分間で完全説明
│　　　　　　　　　　　　　　　　　　　　必要な意見がでたところで打ち切る
└ ㊂ 種々相違する意見が対立する場合　　　次回までに対策を考える人を指名し依頼

　　議　長　の　任　務　の　明　確　化 ─────→ 短　時　間　の　会　議
　　　　　　　　║　　　　　　　　　　　　（雑音〔ex. 電話の取り次ぎ〕を排した55分間）
　　討議を展開し，その決定をし，その実行の責任と期限を定めること
├ ㊀ 事前の準備を十分に担当者にさせる→問題点を全員に会議前に分からせる
├ ㊁ 自ら意見を述べない─ただし会議の運営や指導に関しては除く（発言は可）
├ ㊂ (10〜15分の意見交換後) 出された意見をまとめ→問題点が正確に把握されている
│　　　　　　　　　　　　　　　　　　　　　　　　　　　　　　　　　のかを確認
└ ㊃ 会議の最後に，その内容をもう一度，集約

報　部下に課題を与える＝柔軟性を持たせる←職務規定は不明確にしておく（cf. 本書
告　　　　　　║　　　　　　　　　　　　　　　　　　↑　　　　　　pp.21, 22〜3）
書　　　考え貫くために与えられるもの　　　　職務規定主義は無能への道
　　　　　　　↓
├ 課題によって課せられている責任は何か，
│　　　　　　　　　　　　　　　　明確にして報告せよ，という命令
├ 課題は何を包含するものであるか，
├ 課題を与えるときは，復誦を求める＝意思伝達の確認のため，重要問題は文書で
│　　　　　　　　　　　　　　　　　　　　　　　　　　　　　復誦させる
└ 課題への回答に対する評価＝課されたものとは異なったものに問題点を
　　　　　　　　　　　　　　見出した回答のほうを，高く評価

報告書依頼と同類の調査が既に経営体の内外でなされていないかを照会 ← 報告書は
　　　　　　　　　　　　　　　　　　　　　　　　　　　　　　　　一般に過多

　　　　　　　　┌ (1) 未知の新しい結果を生じうるか
　（pp.344〜5）│　　　　　　　　　関連
報告書作成段階で│ (2) 新しい参考資料 ──→ 該当の決済事項
考慮すべきこと　│　　　　　　　　　あるか
　　　　　　　　│　　　　　　　関係
　　　　　　　　│ (3) 報告内容 ──→ 現実に起こりつつある事実
　　　　　　　　│　　　　　　　あるか
　　　　　　　　└ (4) 何のために必要か

**上司管理**が必要 ←── 経営者の充実職務＝他との関係という組織軸には（上巻 pp.345～6）
　　　　　　　　　　　　　　　　　　　上との関係も含まれている（cf., 本書 pp.17, 25）
　　管理者・経営者の定義＝自分の仕事にかかわりをもつすべての仕事ぶりに
　上司に可能な限り効果的に働かせ　　　（特に上司）　責任をもつ人
　　　　　　　　　　　　　　　＝部下の義務・利益
　　 〃 　物事をなしとげさせること

①自分や自分の部下がすることで，上司の為（ため）迷惑になることは何か，を年に一度は
　　　　　　　　　　　　　　　　　　　　　　　　　　　上司に聞く
②あるがままの上司（＝個性のある人間）が仕事ができるようにする ≠ 上司を改善
　　　　　　　　　　　　　　　　　　　　　　　　　　　　　　　　再教育
　　　　その人に特有な癖・長所・欠点 ──── に合わせて選択
　　　　　　　上司への報告の仕方，報告書の形態・表示法，報告時期，管理職間の意見
　　　　　　　　　　　　　　　　　　　　　　　　　　　対立の報告の仕方
　　　　　強みを効果的にし
③上司の　　　　　　　　　　 ──→ 上司との信頼関係を築く
　　　　　弱みを無意味にさせる
　　　　　　　⎰ 自分への期待内容　　　 ⎱
④上司に，　 ⎨ 自分・部下の尽力箇所 　⎬ を理解させる
　　　　　　　⎱ 自分の優先劣後のもの　 ⎰

　　　　　　　　　　　　　　　⎰ 上司を不意打ちに合わせない →恥をかかせない
上司管理でなすべきではないこと ⎨
　　　　　　　　　　　　　　　⎱ 上司を低く評価しない →（根にもたせ，部下 低評価をさせる）結果


向上したコントロールズが　　管理職能の遂行のための各種の**管理用具・管理尺度**
　　　　　　　　　　　　　　（ex. 機械回転速度自動制御，予算制度，コムピュータ
経営陣に（pp.346～350）　　　　苦情発生率，リアルタイム管理，測定値と管理情報等）
　　　　　　　　　　　　　　＝測定，情報，手段，事実，過去と現在，分析
より良いコントロールを　　　**管理そのもの**　　　　×
　　　　　　　　　　　　　　＝方向づけ，目的，期待，　将来，　規範
もたらすための条件（コントロールズが多ければ良いコントロールになるわけではない）

①管理用具・管理尺度の特性に応じた条件　　　　　　　　　　　　（偏見も）
　　　≠客観的・中立的　　　社会的状況（複雑な知覚の世界）の測定行為＝主観的
　㋑　　　　　　　　　　　　　　　　　　　　　　　↓
　　＝ヴィジョンを創り出すもの　測定対象だけでなく観測者自身にも変化を生じさせる
　　　　　　　　　　　　↓　　　　　　↓　　　　　　↓
　　　測定の　⎰ × いかに ⎱　注目・抽出され　知覚の仕方を
　　　基本問題 ⎱ ○ なにを ⎰　新しい価値が注入　変えさせる
　㋺成果に焦点を合わせ，企業家的・外部情報を集められるもの
　　　　現在の大規模経営体に必要＝外に向かって開かれた総合器官　× 従来の研究の中心
　㋩測定可能な事象のみならず測定不能な事象についても必要
　　　　　　　　　　　　　∥
　　　　　　　　　　　今は測定できず，結果が10年後に現れるもの
　　　　　　　このバランスをとること＝管理の中心問題・真の意思決定分野

ⅱ管理可能とされるための条件

┌ ㊀経済的＝必要な労力や数が，少ないほど，良い
│ ㊁対象を重要で有意味な事象に限定
│ 　　　業績や成果に対して重要な影響を与える事象→優先度の高い基幹的な目標，
│ 　　　　　　　　　　　　　　　　　　　　　　　基幹的な活動，良心の領域
│ ㊂対象の事象の性質に適合し，その本当の構造を表現したもの：
│ 　　　　　　　　　　　　　　　　　　　　　　　　　　　　　成果の全体
│ 　　　自然界的な正規分布（釣鐘型のガウス曲線）≠一方の極の事象と ─────── の関係
│ 　　　　　　　　　　　　　　　　　　　　　　　（少数・多数派）　事象の意味
│ ㊃事象の精度に適合→定性的表現＞概算値幅＞概算数値＞微細数値
│ 　　　　　　　　　　　　　　　　　　　　　　　　　　　　　　　　必ず　リアル
│ ㊄時宜をえたもの＝成果・業績に大影響を与える状況が発生しそうな各時点 ≠ ─── タイム
│ 　　　　　　　　　　　　　　　　　　　　　　　　　　　　　　　　しも
│ ㊅単純であること　☒複雑→管理の仕組みや方法論に目が向けられ過ぎてしまう
└ ㊆管理現場の人々に近く，その必要性に合致←自己統制の手段

　　　　　　　　　　　　経営体の価値観や信条などを
　　　　　　　管理用具　具現した，入念な思考・明確　統合化　　　　　　　用具
ⅲ窮極的な ─────── ＝ な方針・高度公平公正な基準 ───→ 他のあらゆる管理
　　　　　　　管理尺度　に従った人事管理用具・尺度　活性化　　　　　　　尺度
（上巻pp.349〜350）　　　　　　　　（補：本書p.95）　　‖
　　　　　　　　　　　　人間組織の非可視的で定性的な管理手段

　　　　　　　　賞罰や価値やタブーのシステム ──→ 行動の基盤と行為の起因


　　　┌ ㊀なされるべき仕事（≠職務規定の内容）を分析
適　　│ ㊁職務遂行能力の強みについて有資格の複数候補者を検討
切　　│ 　　　　　　　　　　　　　　　　　　　　　　　‖
な　　│ ㊂一緒に働いたことのある数名の人々の印象や評価を参考
人事の│ ㊃職場風土も考慮→専門家集団内の管理職人事やスタッフ・ライン間の管理職異動
手順　│ ㊄新職務で為すべきことを理解しているか否か─就任後3・4カ月で確認 ──┐
　　　└ ㊆当該職務の廃止←前任者と同様に有能な新任者も成績不良　㊅異動失敗→再異動


（補：本書pp.94〜5）　　　　　　　　　　　　　　　　　　　　　　起業家社会
　　　　　　　　⎛管理者・経営者・起業家・知識労働者（専門家）自身が⎞　　↓
　　自己管理＝⎜自らの継続学習や再学習，自己啓発，自らのキャリアに⎟理論・技能・知識が
　（directing　⎝自ら責任をますます負わなければならなくなっている　⎠　　↓変化
　　oneself）　　　　　　　　　　　　　　　　　　　　　　　　　　　成人後も学習が必要
　　┌─⎛・各人は自らの意思に従って様々な道を選択し起業家的に開拓しなければならぬ⎞←┘
　　　 ⎝・各人は新しく変化していく困難な学習に対して挑戦し続けていかねばならない　⎠
　　（cf., '85年著 *Innovation and Entrepreneurship*, "Epilogue V," pp.263-4, 邦訳442〜4頁。）

**管理的意思決定**とそのための**情報** （pp.333～5補。本書 pp.88～9補。）（*Change*, chs.10, 12.）

　　　　　　　　　　　コンピュータやデータ・ベイスの発達
　　　　　　　　　　　　　　　↓
意思決定のために　：　原石＝データ　──→　情報　　　　　　　　　　知　　組
　　　　　　　　　　　　　　　　　　　　　　　　　　　　　　　　　識　　織
　具体的成果に向けて　　　　　　情報責任を引き受け　　　入手　　　　労　経　
　意思決定プロセスを構築　←──　課題のために意味ある情報を　検証　　働　営　も
　　　　　　　　　　　　　　　　　　　　　　　　　　　　システム化　者　者　も
　　　　　　　　　　　　　　　　　　　　　　　　　　　　　　　　　も　も

　　　　外部環境情報，異常発見と対処必要性表示のための基礎情報，自らの経営体の卓越
　　　　性に関する情報，予期せざる成功や失敗の情報，資源情報，ベンチマーキング情報，
　　　　経営活動と関連付けられた会計データ　（本書 p.48.）

**最高経営者の情報責任**を果たすための**意思疎通法**　（p.343補。本書 p.90補。）（*Next*, pp.46-7. 邦訳106～8頁。）

　　CEO (Chief Executive Officer)（最高執行責任者）の情報：　他　の　協　働　者　　関係の意
　　　　　　　　　　　　　　　　　　　　　　　　　　　　　　CIO（〃 Information 〃）・思疎通法
　　　　　　　　　　　　　　　　　　　　　　　　　　　　　　情報知識労働者・専門家
　　　　　　　　　　　　コンピュータ
　　道具を使う者　　　　道　＝　具　　必　要　　　道具を作る者
　　　　　　　　その使い方を決めるのは　　ということを受容
　　　　　　　　道具活用者の職務である
　　　　　　　　　　　　　情報責任をはたすことを学ぶ
　　　職務をはたすために自分はどのような情報が必要か，誰からか，いかなる形か，何時か。
　　　どのような情報を与えなければならないか，誰にか，いかなる形か。

**自己管理**　（p.346補充。本書 p.93補。）

　　起業家社会　→　必要な理論・技能・知識が非常に変化　必　各人は自分の意思を選択・開拓　挑
　　　　　　　　　　　　　　　　　　　　　　　　　　　要　　変化する困難な学習に継続　　戦
　　管理者・経営者・起業家　　　　　　継続学習・再　学　習　　自己責任
　　　　　　　　　　　　　　自身が　自らの　　　　　　　　　に
　　知識労働者・専門家　　　　　　　　自己啓発・キャリア　　　自己管理（directing oneself）
　　　　　　　　　　　　　　　　　　　　　　　　　　　　　　　　　（*Innovation*, pp.263-4. 邦訳442～4頁。新訳下190～2頁。）

　　　　　（p.346補充。本書 p.93補。）（*Challenges*, ch. 6.）
**知識労働者の自己管理** ＝ 知識社会に向けた人間・個人の一つの革命　←──　組織寿命30年，
　　（managing oneself）　　　　　　　　　　　　　　　　　　　　　　　　労働寿命50年，移動自由

　① 自分とその強味は何か，仕事をいかにするか
　　　＝なすことを決定，その期待を明記　→　9ヶ月か1年後に結果と比較
　　　　　┌ⓘ成果を生みだすべき自分の強味，その邪魔になっていて改めるべき悪癖，摩擦を
　　　　　│　減らし成果を上げられるようになる対人関係化，無知の元凶＝知的傲慢さ　を改め
　　　　　│　強味を伸ばすのに必要な技能・知識，引き受け実行してはならない不能なこと，
　　　判　│　並・通常な能力への向上努力（∵時間の無駄，強味に集中すべし）
　　　→　┤ⓘⓘ自分にとって間違った仕事の仕方（＝自分は，読み手か聞き手か，単独仕事向きか
　　　明　│　集団仕事向きか，緊張・不安な環境向きか安定環境向きか，意思決定者か補佐者
　　　　　│　か，について取り違えてしまって，自分には合っていないような学び方）
　　　　　└ⓘⓘⓘ共存しうる・自分の価値観・所属経営体の価値観＝特に優先して判明・遵守すべし

　② 自らの得るべきところ＝機会・職場・仕事を知る　→　┌普通の人が卓越した仕事をこなせる様
　　　　　　　　　　　　　　　　　　　　　　　　　　　│　　　　　　　　　　　　　　になる。
　　　　　　　　　　　　　　　　　　　　　　　　　　　└得るべきでないものは謝絶。
　　　　　　　　　　　自らの所を確保し所属する用意をする

③ ⎰ ⅰ 自らの貢献は何でなければならないかを自ら考える
　　　何に貢献すべきか ＼＼ ⎰ 何に貢献したいと思うか
　　　　　　　　　　　　　　　（→ 気まま → 成果あがらぬ）
　　　情況が求めるもの ／／ ⎱ 何に貢献せよと言われたか
　　　　　　　　　　　　この問いから出発→責任をもつ→自由となる
　　　ⅱ 1年半～2年の間に情況が自分に求めるような為さねばならぬ有意義な貢献を
　　　　　可能ではあるが難しい目標として　　　世の中を変えるもの，目に見えるもの，
　　　　　　　　設定する　　　　　　　　　　　できるだけ数字で表せるもの
　解明
　　→ とるべき具体的な行動：行なうべきこと，始めるべきこと，始め方，目標，期限
　　　　　　　　　　　　　＝
　　　　　　　　　　　行動の段階への起点

④ ⎰ ⅰ 協働者 ＝ 上司・部下・同僚・チーム構成員のそれぞれの強味・仕事法・価値観も知る
　　　　（上司管理）
　　　　　　　　　　　　仕事の論理 ＋ 共に働く人達の仕事ぶり ⫽ 仕事が依存
　　　　自分の強味・仕事法・価値観・貢献を知らせ 頼るべき人々
　　　　（＝自己マーケティング）　　　　　　　　　　　　　　　を充分に考え
　　　ⅱ　　　　　　　　　　　　　　　　　　　　　　　　　　　に理解されるように
　　　　自　分　に　頼　っ　て　い　る　人　々　　　　　　　　（cf., Change, p.72.
　　　　　　　　　　　　　　　　　　　　　　　　　　　　　　　邦訳 84〜5頁。） 意思疎通
　　　　信頼に基づく ← 互いの義務を信じ合える ← 相互関係に責任 ← 相互に理解 ←
　　　　経営体の構築

⑤ 第2の人生を早目たとえば50歳くらいから準備開始 ← 人々は長寿化，仕事／人生には挫折も有。
　＝
　　ⅰ 所属経営体か職業の変更　　ⅱ 非営利経営体等で　　　　　　　ⅲ 非営利
　　　　　　　　　　　　　　　　　　非常勤の仕事に　　　　　　　　　社会的 起業家
　　　　　　　　　　　　　　　　　　同時並行的に従事
　　　　　　　　　　　　　　　　　　　＝
　　　　　　　　　　　　　　→ 貢献と自己実現の場
　　　　　　　　　　　　　　　　　　あらかじ
　　　燃え尽き症候群対策を 予 め織り込んだ自己管理 ＝ 自分自身の 非競争的な生活 を構築
　　　　　　　　　　　　　　　　　　　　　　　　　　　　　　　　コミュニティ
　　　（万が一 仕事に燃え尽きた時）　（ex. コミュニティでのヴォランティア活動，
　　　　　　　　地元のオーケストラへの参加，小さな行政での活躍など，外部への関心事の育成）

**最高経営者の自己管理** (p.346 補充。本書 p.93 補充。) (*Change*, ch.5 "Six Rules for Presidents." 邦訳 69〜75頁。)
ⅰ 何が行なわれなければならないか，を先ず問う
ⅱ 集中せよ，二兎を追う勿れ←唯一つを選ぶリスクの大きな選択をしない限り何もできない
ⅲ リスクの無いような当然のことなど存在しない，と知るべし
ⅳ 細かいことに手出しをするな → 高度に実行力のある
　　　　　　　　　　　　　　　　少数の有能な人材 から成るチームが必要
ⅴ 経営には友人を入れてはならない ← 友人（← 仕事が孤独的になり勝なので欲しい）には
　　　　　　　　　　　　　　　　　　　　問題発生時において辞任を迫れない
ⅵ 就任後はキャンペーンを止めよ

**多種多様な雇用形態**の人々をすべて責任をもって管理する**人事管理** (p.350 補。本書 p.65 補。) (cf. 本書 p.31
　　　　　　　　　　　　　　　　　　　　　　　　　　　　　　　　　　　　　　　　　　信頼の組織。)
　　　　　　　パ　ー　ト　　か，　臨　　時　　　か，
労働者が 正社員か，アウトソーシング先・供給先・配達用の派遣社員か，に関係なく

いずれもの生産性と業績が経営体を左右するという，すべての人々を
責任をもって世話する様な人事管理（提携先と連携した人事管理も），も推進する人事部
　　　　　　　　　　　　　　　　　　　　　　　　　(*Next*, pp.122-3, 129. 邦訳 177〜8, 183頁。)
雇用形態が多様化されてきても，人々の生産的な組織化を進めていく必要あり。
　　　　　　　　　　　　　　　　　　　　　　　　　(*Next*, pp.281, 293-4. 邦訳 47, 60〜2頁。)

経営体全体やその業績・成果に対し重大な影響を及ぼすような管理的意思決定技能は，有効的にする必要がある。ⅰ諸見解における問題認識の差異を明らかにし，決定すべき事項を解明する。ⅱ決定が達成すべき最低限の目標（限界条件）を簡潔に明確に規定する。ⅲ決定か非決定にふさわしい状況について現状判断する。リスクと費用に優る便益がえられるような決定をする。ⅳ意思決定過程の中に効果的な実施方策（決定通知対象者，決定即応の行動，随伴的行動，行動者の決定）を予め組み込む。ⅴ限界条件を満たす均衡的な勇気ある妥協点を見出す。ⅵ現実と直接に触れた自分自身のフィードバック機構を決定過程に組み込む。

　各管理業務を遂行する上でも経営体内の「われわれ」の中の一人の送り手から他の人である受け手に情報が十分に伝わるように組織の様態を構築する技能が必要である。ⅰ個別データの没個性的・形式的な伝達たる情報過程を効果的にするため，情報の意味や応用について人々の同意を得させる。ⅱ耳を傾けて意思疎通を始める。ⅲ部下が自主的に設定して動機づけられうる目標に関連して，上司と部下の双方が知覚（その制約，能力，範囲，全体，期待，要求）の差異を理解し，さらに部下が上司のおかれた複雑な状況を理解する。ⅳ部下の申し出た目標の有用性を判断する権限と責任をもった上司が，結論を部下に説明し伝える。

　意思決定と意思疎通のためには会議の運営と報告書の作成が適切でなければならない。会議の開催が多く長くなり過ぎないように注意する。討議問題の種類に応じて運営法を変える（資料・知識提供は質疑応答のみ，助言依頼は完全な説明と或る分量の意見拝受，意見対立の場合は特定人への対策依頼）。議長の任務を厳守する（発表者に十分準備させ，参加者に理解させ，自分の意見陳述を慎み，各意見を要約し，最後に理解を確認する）。また，報告書作成を合理化するように注意する。課題の責任・内容・報告義務を部下に文書で出させ，課題の意義を検討し，既発表のもの以上の知見が出せるよう十分考えさせる。さらに，上司の成果を効果的にさせるため，すなわち，上司管理において，部下は，上司への貢献や迷惑の中身（なかみ）を尋ね，上司のあるがままの個性を生かし，自分（その部下達も含む）を上司に理解させる。

　管理職能の遂行のために使われる各種の管理用具・管理尺度（tools; measurements; controls）が良い管理（control）をもたらすよう，経営者は各管理用具に次のような条件を持たせる。ⅰ測定対象や測定者に対しヴィジョンを創出し，成果に焦点をあわせ，起業家用の外部対象領域の情報を蒐集するという用具・尺度の特性に応じた条件。ⅱ設計と使用面で経済的であり，事業構想・事業戦略・事業成果に即させ，有意味な事象だけを対象にし，社会的・経営的事象に特有な性質や構造に即し，各事象の必要精度に適合し，適時，単純に，正しい行動を導く形で管理可能とする条件。ⅲ多くの管理用具のうち人事管理的用具に，経営体の価値観や信条などを具現させ，入念な思考と明確な方針と公平公正な基準に従わせる。

　経営管理に関わる管理者・経営者・知識労働者は継続学習や職歴等で自らを管理する。

## 12  政府行政経営体と非営利（非企業）非政府経営体に固有・特に必要な事業・統治・社会・経済・目的・組織・管理の面（上巻　pp.401～417）

　21世紀の主要な経営体は企業と政府行政経営体と非営利非政府経営体であるとされている。これまで展開されてきた経営論は，**営利経営体の企業から導かれたのを一般化した**ものが多いので，**政府行政経営体や非企業非政府経営体にも適応できるのではないか**。それでは，**政府行政経営体や非営利経営体に特有な経営実践や経営理論の方を考察すれば，どうなるか**。

　経営体一般の全体的な目的を維持・発展か解散，また，その事業目的を顧客創造としたが，**政府行政経営体の目的は何か**。その経済面を支えてきた信念は，まだ通用するか。政府行政経営体を機能させるのに**特有な統治**は，いかなるものか。**社会的な制度として，多種の経営体と同様に社会的責任を果たさなければならないが，伝統的な救済サーヴィスと社会的なサーヴィスをどのようなものにすべきか**。以上を統合化するものとして，**国家の在り方と能力発揮法**は，いかなるものか。**政府行政経営体に特有な組織や管理とは**，どういうものか。

　治癒されるべき患者，学習する子供等を対象にした**非営利経営体の事業目的は，何か**。

　非営利経営体に特有な事業面，**例えばマーケティングではいかなる特徴があるのか**。**事業構想の設定が特に非営利経営体に必要なのは何故か**。**革新はどのように進められるべきか**。

　非営利経営体の**統治権限を正当化**させるためには，理事会はどうすれば機能化するか。

　各経営体とくに営利経営体では局外者，社会では根無し草になりやすい人々，特に知識労働者に，人間的な絆，社会的貢献の機会を与えてくれるものは，各種の非営利経営体の活動ではないだろうか。**非営利経営体の社会的制度面は，未来の市民社会をなぜ築けるのか**。

　企業は顧客への販売，行政府は税金の徴収によって，資金を獲得するのに対して，非営利経営体の方は**募金に頼らざるをえないが，これは非営利経営体の経済面にいかなる特徴を与えているのであろうか**。事業・統治・社会の各面に関わった経済とはどのようなものか。

　大義のために働こうとする人々が多いので，**いかなる内容の職務や他者との関係を非営利経営体の事業組織で築くべきか**。理事会は企業の取締役会と違うので，**最高執行経営者との関係，内部での組織関係をいかなる統治的組織にすべきか**。各種多数の利害者・集団を抱えているので，その関係や地域との関係を**社会的組織**でどうすべきか。**経済的組織**で，マーケティング部門・調査部門，事業の計画や**資源，貢献者，投資先などとの関係をどうすべきか**。

　非営利経営体の管理職能の遂行に特に必要な**管理態度**はなにか。必要な**管理業務，目標設定・組織化・業績評価・人材育成**はどう進めるべきか。内部対立しやすいので**意思決定技能**をいかにしたらよいか。**訓練・業務遂行マニュアルには何があるか**。**他の管理面**はどうか。

**政府・行政経営体**について**ドラッカー**の捉える**略史** (p.401 補充。本書 p.97 補充。)

```
                                         超国家建設の試み (16世紀中葉のスペイン後, 仏国2回,
   仏国の 法律家  の                        独逸2回, 露国, 日本)
        政治家    ┌─ からの圧力への反応
            (1576年)
     ジャン・ボダン『国家論』
        政治機関としての国民国家・政府
          ┌── 1880年・ビスマルク： 社会主義の潮流  ┐ 対
                 代               階級闘争の危険 ┘ 策
```

```
      ┌ 社会的機関としての国民国家・政府  〔内容〕           〔失 敗〕         〔例 外〕
      │   福祉国家として：健康保険・労災保険・老齢年金      経済的領域に比べ      日 本
巨    │   （支給者）      ＋ 英国の失業保険    取       成功でも不合格      大  と
大    │   （実行者・経営者） 社会問題・社会的課題への 組   すべて失敗       き  し
国  経 │   乳母国家として：（病院経営・診療が最初） み     （→外部委託）     な  な
家  済 │ "経済の主人" ＝ 経済は政府がコントロールできる                    官  か
 ↓  的 │  ＝通貨を安定させ税を低位に抑え節約と貯蓄を       景気後退の回数・    僚  っ
完  機 │  奨励 → 経済成長・安定のための「気候」を維持     深さ・長さは      機  た
全  関 │                                 一向に減らず      構  ＝
失  も │ "租税国家"：国民からの歳入には制限なしの新状況                   は  日
敗    │  → 税と歳出の利用で社会の所得再分配をめざす    所得再分配できず    産  本
      │                                ばらまき国家化     業  政
      │──軍事技術革新 ← 軍拡競争 ← 1890年代のドイツ                   ・  府
      │           平時の巨大海軍による抑止力を建設    大戦争は回避で      農  は
      │                                 きたが, 軍事的     業  経
      │ 冷戦国家 ＝ 恒久的な戦時の社会と経済の構築＝国防  前提は大変化       界  済
      │ 経済的には自滅的 ＝ 高度科学者・技術者を国防に割愛。             と  の
      │ 経済的発展には悪影響 ＝ 世界経済競争力維持できず。 1970年代中葉迄に    協  主
      └ 軍事的にも最早機能せず ＝ 軍備管理さえ保障されえず。全先進国, さらに → 日本には  力  人
                                 途上国も急速追随     誘惑大  に
                                                     も
                          ┌ グロー  ：通貨と情報に国境なし。環境問題, テ     社
  ↓     各々異なる方向に向かう3ベクトル │ バリズム  ロ防止, 軍備管理, 人権問題が 課題。    会
  ╳                      │ 地域主義：知識経済に大経済単位が必要。域内で      の
         各ベクトル間は不安定・予測不能  │     は自由貿易, 域外には保護主義。     主
                          └ 部族主義：人々はルーツ, コミュニティを求める。     人
                                 文化・政治で独立, 地域参加で経済統合。    に
                                                     も
  必 ┌ 国民国家ではなく単なる国家になる。政治的な単位ではなく行政的な単位となる。┐ な
  要 └ こうした中にあっても, 国家・政府の仕事は続けられていかなければならない。 ┘ ろ
                                                     う
        ──────→ 政府の職務遂行能力の回復 ＝ 政府の再建・再生  (Post, "Part Two.")
```

**政府・行政経営体**に特有な**目的**

```
                           当該種類内の各目的と, その目的を成し遂げる方法
 業績と成果に対して支払を受ける
            のではなく ①  画 一 的 で あ る 必 要 は な い
                  ②③
 努力と計画に対して支払を受ける ─  画 一 性 が 不 可 欠
                  ③政府諸活動
 各活動関連経営体から独立した  （司法・    各活動の管理運営の自主性はありえない＝政府
 体系的な分析・監査・陳腐化経 国防・    の直接管理下に置かれ, 政府の直接運営が必要
 営体廃止のための機関が必要   政策立案）  ただし, 目標・優先順位・成果測定：規律が必要
             提供でない
                ═══ 公共財
                ─── 統 治 （目的）  (cf. 本書 p.101.)   (Management, chs.12-14.)
 ┌ ①：自然独占体：一定地域内で排他的権利もつ → 成果と業績に対して支払を受けられず ┐
 └ ②：ex. 大学：高等教育の使命・機能・事業内容・優先順位が大学毎に異なる → 競争あり ┘
```

```
            ↓         経済領域でも    外部委託・外部調達・解体分離→政府は政策形成者に徹底
    政府は乳母国家の  社会   〃        ☒ 現状：個人は投票と納税以外に  影響せず
            社会                                            社会に  行動しない
                                     → 市民性のない国家 ＝ 空疎：
        ☒        ┌市民性の徴(しるし)                    責任あるコミットメントも  満足
                 │   ＝     を回復                                             誇りも無い
    社　　        │市民の責任
    会　セクター  │
                 │コミュニティの徴    ☒ 現状：家族 ＝ 自由・情愛・愛着・敬愛の絆 だけでは
                 │     ＝                                                       不充分
                 └市　民　の　誇　り  → コミュニティは必需：都市・知識労働者に。

                                    ┌職場コミュニティ：日本┐ 社会・国が
            社会的サーヴィス分野で    │キリスト教の教会：米国│ 異なれば，
             社会セクター・コミュニティ経営体は  │その他の経営体：欧州 │ 構造も違う
                        大成果を獲得

            社会に必要な社会的サーヴィスの場，国家に必要なリーダーシップの育成の場になりつつ
                                                                            ある。

社会優先の考え方＝「経済よりも社会」の重要性・必要性       (Next, pp.221-3. 邦訳 264～6頁。)

    アメリカ以外の ：政治にとって：経済 ≠ 唯一の関心事，≠ 最大の関心事
    先　進　諸　国                  ＝ 制約条件にすぎない
                理念と，特に社会への理念の影響こそ，最も重要
    日本が凡ゆる先進国のうちで（仏国を除いて）最も顕著：社会優先
     ┌社会的な絆と社会的な力の強さ＝例外的な程に際立っている
     └社会的な混乱を避けつつ，他の国々が経験したことのないような難関を何度も 切開い
                                                                            てきた
```

## 政府・行政経営体に特有な経済的制度面 *(Change, ch.25.)*

```
        1950年代の中葉以降40年間の先進諸国（西独と日本を除く）の国内政策
                                              〔その後，前提を支える事実は無し〕
                     ┌消費は自動的に                資本形成＝可処分所得内の％
                     │  資本形成と投資    ＝乗数効果☒ 米：4，英：8～9 → 5 急落
二    ┌赤字国家     │  を生み出す                 日本：1980年代中葉の消費刺
組    │に対する     │                                 激策の前後：25 → 16
の    │ 3つの       │貯蓄は経済の健全性            日本：過剰貯蓄 → 企業は低
信    │ケインズ ←経済的 にとって危険である ＝過剰貯蓄☒   利子で資金調達 → 繁栄
念    │主義的      前提 │                           欧米：15％利子 → 費用面不利
に    │信　念       │政府の赤字は                 赤字財政でも景気循環は
支    │            └  経済を刺激する                 20世紀前半や19世紀と同様
配    │
さ    └→ 赤字を垂れ流し続ける政府：国内資金調達が不可能化 → 極端に気紛れで直ぐに
れ     →  脅え慌てて動くような短期外国資金に依存 ＝ 国家主権が国際金融市場に従属
て
い    ┌福祉国家    ┌政府は平等化推進のため         社会的支出が伸長する（可
た    │に対する    │  所得再分配を行えるし行うべし ☒ 処分所得内の％：米15,英23,
      │ 2つの      │                                独27％）程，所得不平等拡大
      │ケインズ ←社会的                    ソーシャ    貧困克服のための経済支援
      │主義的   前提 │貧者に必要なものは金＝ル・ワー ☒ →被給者に恒常的な依存心
      │信　念      └                      カーの信条    と精神の退廃→荒涼かつ
      │                                                         悲惨な生活
```

**政府・行政経営体に特有な事業的制度面** (〃) (cf., p.149. Ⅰ: pp.82,84.「政府事業に対する経営者の責任」)

　　事業構想・事業定義が必要 ← 事業目的＝統治 (Vision, p.447. 邦訳308頁。Post, pp.xiv, 45. 邦訳ⅷ頁。57頁。)

　　　ex. 明治維新政府の目的 ＝ 日本の独立と文化・伝統の堅持 → 富国強兵のスローガンに要約

　　　　(Management, ch.13.)　→　殖産興業，陸海軍の近代化，義務教育，
　　　　　　　　　　　　　　　　　行政一元化，強力な専門職による司法制度　の5目標に優先順位

　　　ex. これ（1993年）からの数10年間の新しい課題 (→ 政府によるヨリ多くの関与が必要)：

　　計画的・組織的廃棄と革新　┌・決して機能せず最初に廃棄される：軍事・経済援助の廃止・自制，
　　　　　(Management, ch.14.)　│　景気後退のような「短期」の経済変動の防止克服は政府では無理
　　継続的改善とベンチ　　　　│・不況＝長期の構造変化 に対処しインフラ整備→均衡予算で準備
　　　　　　　　マーキング　　│・冷戦国家の失敗 →テロ用武器の普及拡散に無力 →グローバルな
　　　　(Change, ch.24.)　　　│・乳母国家の失敗 → 社会サーヴィスからの撤退　　　　軍備管理
　　　　　　　　　　　　　　　│　→ 非政府非営利経営（大成果を獲得している）への支援
　　　　　　　　　　　　　　　│・環境問題 ← 地域での行動が必要だが，そのための
　　　　　　　　　　　　　　　└　　　　　　機構・法律づくりには 各国の政府・政治家が必要 (Post, chs. 8, 7.)


**政府・行政経営体に特有な統治的制度面** (cf., Ⅰ: pp.58, 59, 81)

　　政党の目的 ≠ 主義を実現すること　　　　　　　　　　　　　　　充分に機能する正当な政府
　　　(アメリカ) ＝ 統治力のある強力な政府のための政体が必要と訴え→　　　　　の創出
　　　　　　→ 真に全国的な規模での成功が必要
　　　　　　　　→ 選挙において利害や主義の違いを共通の信条に昇華させる必要　(Vision, pp.7-8.
　　　　　　　　　　　　　　　　　　　　　　　　　　　　　　　　　　　　　　　邦訳17頁。)

　┌アメリカの政治＝政治的問題をできる限り経済的問題として明らかにし → イデオロギー上
　│　の基本原則　　政治的同盟を経済的同盟として構築すること　　　　　　の問題発生防止
　│　　　　　　　　　　　　　経済資源は，人間の活動によって，しかもかなりの程度
　│　　　　　　　　　　　　　　　　　　　政治的行動によって，殆ど際限なく拡大できる
　│（外交・宗教・教育・市民権 等）
　│非経済的な問題がもたらす分裂を，　　　　→ これを超えると連邦最高裁に委ねる
　│　　　　政党政治から切り離し，超党派で処理　　　　(Vision, ch.6. 邦訳 第2章。)
　└共通の利益に向けて政治を生産的なものにするための原則 → 捨てられぬことが望ましい

　　経営監査が必要 ← 企業の経営監査 (拙著Ⅰ: p.62) の公共版　　(Post, pp.148-9. 邦訳275～6頁。)
　　＝
　　　各歳出項目が真に公益に資するか
　　　公 共 政 策 に 適 合 す る か　について評価・判定する機関が必要 ┌立法府
　　　　　　　　　　　　　　　　　　　　　　　　　　　　　　　　　└行政府 から独立


**政府・行政経営体に特有な社会的制度面** (cf., Ⅰ: pp.68～9, 82～5, 89)

　　政府・行政経営体も含めサーヴィス経営体でも，社会的責任が，企業と同様に，必要
　　　「最近の出来事をみると，サーヴィス経営体は，大学であろうと政府機関であろうと，学校
　　　や病院であろうと，それらを取り巻く環境や社会との関係において，企業と同じ問題に直面
　　　していることがわかる。今日の最悪の汚染者は，結局のところ，政府，とくに下水設備が
　　　不充分な地方自治体である。」(Management, p.136. 邦訳上巻222頁。)

　　政府に方向転換させ，　　　　　＝社会セクターに属す非営利経営体という
　　　　政府が再び成果を上げる重要な一歩　　独立のコミュニティ経営体の育成　(Post, ch.9.)

　　　　　　　　┌伝統的な慈善 ＝ 救済サーヴィス → 貧困・障害・被害のある者・保護者なしの者
　　社 会 的　│
　　な ニ ー ズ│社 会 的　┌コミュニティ　　　　　　┌高齢者が急速増加，しかも独り暮し
　　　　　　　└サーヴィス│と人間との　←今後ます│保健と医療が必要化・複雑化
　　　　　　　　　　　　　└変革をめざす　ます必要└成人への継続教育がますます必要化

**政府・行政経営体に特有な統合的制度面**：民主主義国家の政府の健全性と政策実現能力の回復法
- 第一歩：予算編成法をケインズ的赤字国家の登場前に戻す ＝ 歳入から予算編成を始めさせる
  - 歳入の範囲内で，資金を何に投入でき，投入すべきかを決定させ
  - 範囲を超える支出に対しては拒否をさせる
- 次の歩：政策の優先順位の決定 → 既存の政党に大きな混乱 → 政治の枠組みもまた転換期

国内外の支援策の在るべき姿
- 依存を高める福祉制度や途上国開発援助の多くを，中止するか，少なくとも大幅削減
- 自立や能力や責任を生み出すように福祉の方向づけを変えること
  - 大転換期 → 社会と経済が極めて危険な状況 → 安全ネット ≠ 恒久の長椅子
    - （民主主義下の物質的豊かさ → 思いやりの欠如） ＝ 民主主義の完全敗北／依拠理念の否定
  - 豊かな者／民主主義国家 の利益 ＝ 貧者が 自分の能力に自信を持ち，自らを発展さす能力を高めること
  - 豊かな者に必要な事 ＝ 貧しい者に能力・健全さ・自尊心を生み出す支援
  - 貧困から脱出して能力を身につけること：可能 ← 成功物語あり
    - ex. 1960年代のNGO ＝ ロックフェラー財団とフォード財団の「緑の革命」＝ 新しい農産物品種と農耕技術をインドに。救世軍。米国の失業保険＝受給は漸減し2年後なし→ショック時に支給，求職 動機化。
- 能力の弱い ≠ 金銭的な支援を受ける権利がある
- 不運な人々 ＝ 能力や誇りや自立を取り戻す権利がある→福祉が目的とし対価を払うべき成果

市場経済体制化 （以上，*Change*, ch.25.）(cf., Ⅰ：p.88)

新古典派経済学・新保守主義
- 19世紀の先駆者と同じ面：いかなる経済体制にも優る体制 ＝ 市場経済
- 19世紀の先駆者より先まで議論 (cf., Ⅰ：p.88)：市場経済だけの力で，機能する社会と 真に安定した民主主義的政治体制 を構築 ✕

〔対抗すべき新しい考え方〕
政府支出削減，予算均衡，国営企業民営化，経済規制撤廃・緩和，輸入自由化と競争促進，資本移動規制撤廃・緩和に向かう→経済成長が始まった。
市場経済の機能化には，法・金融・教育の諸制度の適正化が必要で，法治国家・人権の確立が最低限不可欠。

財政政策の目的 （*Post*, p.150. 邦訳 278 頁。） 　　　　　　　　　　　　　　　　大事
- 適切な経済の「気候」を創設：政策 ＝ 経済の天候を殆ど無視 ← 税率の高低よりも税の使途の方が
  - 知識と人材，企業の生産設備，インフラ への投資の奨励：独日韓 香港 シンガポール 台湾
- 立法府や行政府から独立して公共政策の適否を評価し判定する為の新しい公的機関 ＝ 経営監査

**政府・行政経営体に特有な目的** ＝ 人々に，要請し（command），遵守（compliance）を求める ＝ 統治
　　　　　　　(*Vision*, p.447. 邦訳 308 頁。) (cf., *Change*, p.256. 邦訳 285 頁。) (cf., 本書 p.98)

**政府・行政経営体に特有な組織** （*Change*, ch.24.）
- 政府が 当初設計され現在使用されている組織構造や原則や規則 を超えて成長 → 継続的改善とベンチマーキングが必要 → 政策や行政で官僚機構・公務員労組・議会等が反対しても 改革が必要
- 精神的にも財政的にも破綻した巨大国家に代わるべきもの ≠ 小さな政府，＝ 成果をあげる政府
  → 政府の政策・機関・活動の見直しが必要 → 政府は何ができるか の情報・理論 を与える

**政府・行政経営体に特有な管理** （*Change*, ch.24, esp.,p.296. 邦訳 332 頁。）
- 政府活動の見直しの目的 ≠ 歳出の削減，＝ 政府活動の成果・質・サーヴィスの大幅向上
- → もたらしてくれる最重要なもの ＝ 基本的アプローチの変化：政策立案で活動の評価の仕方；
  - （従来）目的に基づいた評価 → 成果いかんの評価（今後は必要）
- → 活動リストの作成が必要：強化すべき活動，重点を変え仮説を試みる活動，廃棄すべき活動（ただし，悲惨な状況から脱出する前に 数年の猶予期間を与えるべき場合：福祉事業）。

## 経営体一般の経営面と非営利経営体に特有な経営面 （上巻 pp.401～2）

非営利経営体の経営 ｛ 経営体一般の経営面＝営利経営体も含め各種の経営体に共通＝前回まで。[11]
　　　　　　　　　　非営利経営体に特有な経営面＝経営実践も経営理論もまだ不十分→今回。

非営利経営体の発展＝際立った特徴／特定の枢要なニーズ。ヴォランティアの活用＝経営の活動／専門の仕事の担当。[12]

## 非営利経営体に特有な事業目的 （pp.402～3）

人間・社会＝変革機関→人間・社会の変革　×　経営体一般の事業目的＝顧客・市場・用途の創造

## 非営利経営体に特有な事業的制度面 （pp.403～5）

　　　　　　　　　　　　　　　　　　　　　　（ex. 病院＝医師の治療への支援）
事業構想　マーケティング ｛ 非営利経営体に特有な面＝一つのコンセプトの販売
　　　　　　　　　　　　　経営体一般の面＝顧客の欲求の創造（ex. 美術館：美的価値）

　　　　改善とともに革新を推進→企画部門と実働部門の協力→全重要箇所に注意／企画段階から売込む

非営利経営体に決算なし／徳義・大義に奉仕と思込み ｝ 特に個／必要　　人＝革新に自分を賭けられ／組織内で信望のある人

## 非営利経営体に特有な統治的制度面 （pp.405～6）

理事会の機能 ｛ ㊀事業構想の構築を支援，㊁事業構想に基づき事業活動の遂行を指導，
　　　　　　　　㊂有能で適切な経営陣を選別し指導，㊃経営成果を評価，㊄危機の火消し。
　機能化 ｛ ㊅資金源開拓を指導し必要資金を獲得≠企業の取締役の機能

最高執行責任者の活躍＝理事に相応しい人達を推挙しティーム化し，指針を提示。

## 非営利経営体に特有な社会的制度面 （pp.406～7）

非営利経営体での諸活動　人間的な絆，社会的貢献の機会を提供　各種経営体で局外者／社会では根無し草になり易い人々

　古典的な／未来の市民社会の形成　一人一人がリーダーで責任を負い能動的に行動＝参加型経営→参加者＝より大きな人間へ。／経営体＝ヴィジョンと能力と成果を向上

## 非営利経営体に特有な経済的制度面 （pp.407～9）

常に資金不足の状態←資金を寄付者から募る
　　　　　　　　　　　受益者でもないのに，その大義に共鳴し参加したいと思う人々
寄付者を顧客として扱う戦略＝「あなたが必要としているものは これ！です」と説く

非営利経営体の事業面に対応した経済＝事業構想・事業戦略・事業計画に即した資金を獲得し活用　が無いと→資金集めに専従させられることになる／→本来の使命全うすることができる

非営利経営体の統治 ┌ 理事会は，自らも寄付し，資金源を開拓＝資金集め（積極的リーダーシップ）
　面に対応した経済＝┤ 寄付者から信託された金の守護者→目的に適う成果を生ます
　　　　　　　　　　└ 投資先を適切に経営監査する←運営資金や年金基金の投資分

非営利経営体の社会＝寄付者を　　＝自己実現，理念・信念・理想像へのニーズ充足。
　面に対応した経済　貢献者にする　　市民としての責任をとり隣人を思いやる人間へ。

## 非営利経営体に特有な組織 （上巻 pp.409〜412）

事業組織
┌ 組織社会＝各種多数の経営体の存在→価値ある職務を提供できる非営利経営体になる　　　　　┐
│ 働く人々＝┌ 生計ではなく大義のために働きたがる→働き甲斐があり情熱を維持できる職務を提供 │充実した職務群で組織を構築
│　　　　　└ ヴォランティアは無給ではあるが組織の一員として扱われたがる→適切な職務内容を設定 ┘
│ 他の仲間もまた同じ大義を奉じていると信じている→各々の関与や互いの関係の明確化，自分を理解させる責任，同僚を教育する責任，を重視
│ 権限委譲の内容，責務遂行の中間報告や完遂の目標と期限，委譲の後始末を共通に認識
└ 悪い組織の兆候での注意点＝社会的潤滑油・良い礼儀作法がなくなる，反対意見ではなく不和や口論が激しくなる

統治的組織
┌ CEOと理事会をダブルス・ティーム化＝強い方が弱い方の方法・強み・個性に合わせる
│ 理事会のメンバーと経営体のスタッフは自由に接触，ただし，CEOにはこれを通知。
└ 理事会の内部＝全体としてティーム機能化←中心理事と一般理事の間の双方向に関係

社会的組織
┌ 各種利害関係者との関係＝「何かお聞きしておかねばならぬ事があるか」と聞く→双方向の関係
└ 地域社会・一般住民との関係＝地域で使命の下に生活。地域ヴォランティアを大事にすると共に，地域住民の疑問を報告させ易くする。

経済的組織
┌ 経営陣・マーケティング部門・調査と研究部門などの関係＝適切化
│ 理事会＝事業の構想・戦略・計画に即した資金源を開拓；計画と資金の適合チェック，寄付目的に適う成果を産出
└ 寄付者を貢献者に変える→地域や人々と適切に関係化。投資先経営監査の機関と関係。

## 非営利経営体に特有な管理 （pp.413〜7）

管理態度＝人間行動，環境，ヴィジョン，健康，希望を重視，他に時相統合，情況統合。
　　　　　特に，人間の能力と資質に現れる成果

管理業務＝多種多様な利害者集団を統合して長期的目標を設定。自分に最適で最善を尽くせるよう組織化。上司はチャンスを複数回与えて勇気づける。ヴィジョン・基準・価値・責任・人間能力の創出度で業績評価。能力と特性を自己開発。

管理技能＝反対・不同意の表明を奨励，関係者を落ち着かせ共通点から話しを開始，合意可能点を探求，一致点を重視して，意思決定。

管理用具＝訓練，業務遂行マニュアル←外部と接する多種多数のヴォランティアの組織。
事業管理＝各人に期待を知らせ，活動計画や任務分担などの責任をもたせる。
統治管理＝指名で選んだCEOを統治責任者に。理事会全体・各委員会・理事・主要職員を業績評価。
社会管理＝参加的・双方向・機能的・自律的な関係化。
経済管理＝市場区分毎に心情と理性に訴え，成果状況も報告し→長期支えさす。適切な経営監査。

企業は財やサーヴィスを供給し，政府は要請し遵守させて統制するのに対し，病院は治癒する患者が，学校は学習する子供が，ボーイ［ガール］スカウトは自尊心をもった大人に成長する男女が それぞれ対象であるので，非営利経営体の事業目的は人間・社会の変革である。

　非営利経営体に特有な事業面において，一つのコンセプト（例えば病院では医師の治療に対する支援内容）を提供するためのマーケティングを実践している。非営利経営体にも政府行政体にも企業の決算のようなものが無いので，現行事業を絶対視しやすいため，事業構想の構築と，これに基づいた実働部門を巻き込んだ革新的個人による革新の遂行が必要である。

　政府や非営利経営体の統治権限の正当化には，理事に相応しい人々が最高執行責任者によって選ばれ方向づけられた理事会や，共通の信条を構築するように選挙人に選ばれ権限委譲された政府執行部が，企業の取締役会と同様の機能（経営監査も含む）のみならず固有の機能（すなわち，理想的な人間や社会の実現・構築，国家秩序・基盤の構築・維持）も遂行する上で，リーダーシップを正しく発揮できるように強力であることが，要請されている。

　各知識労働者がヴォランティアとして非営利経営体の諸活動に参加して，リーダーであり責任を負い行動するものになることを通じ，人間的な絆や社会的貢献の機会を獲得し，コミュニティ意識も身につける。この社会面で非営利経営体は市民社会を築き，政府は支援する。

　非営利経営体は，受益者でないにも拘らずその大義に共鳴し参加したいと思う気持ちを人々にもたせるのは難しく，政府は，経済を刺激し福祉を推進しがちであるので，常に資金不足の状態にありがちである。事業の構想・戦略・計画を全うできるようにすることは事業面に対応した経済の問題である。また，税金や寄付の目的に適（かな）う成果を生むように確認したり，歳出項目，また年金基金投資［候補］先を経営監査したりすることは，統治面に対応した経済問題である。また，国民を自立者・責任者にし，また寄付者を貢献者にして，自己実現させ理念・信念・理想を実現させることは，社会面に対応した経済問題である。

　非企業非政府の事業組織で，働き甲斐があり情熱を維持できる職務，上や横との関係，権限の委譲者と受容者の各種の共通認識を可能にする。統治的組織で，理事長に合わせた CEO と理事会とのダブルス・ティーム関係，理事相互の双方向関係，理事会員と各委員会の関係化をつくりあげる。社会的組織で，各種利害者や地域一般社会との関係を築く。経済組織で，サーヴィス構築におけるマーケティングや調査部門の組み込み，理事会・地域・監査機関と適正化する。政府行政体に必要なのは，継続学習とベンチマーキングで機能する組織である。

　非営利経営体で特に必要なのは，成果業績中心的・時相統合的・情況統合的な態度，長期目標を中心にした利害者統合，各人を生かす配置，チャンスを追求させる動機づけ，事業目的に即した業績評価，外に関心をもち使命に貢献し自己開発する管理作業，反対や不同意を表明させ共通点を探らせ対立点を小さくさせる意思決定法，多種多様のヴォランティアを訓練し業務遂行させるマニュアル，上述の制度面に即した事業・統治・社会・経済管理である。政府行政体に必要なのは，諸活動の質・サーヴィス・成果を大幅向上させる管理である。

|13| **ドラッカー経営理論に関する我が国における研究書・解説書**（上巻 pp.418〜448）

　すでに**わが国**で刊行された**ドラッカー研究書**の内容（特に批判点）はどのようなものであろうか。それらと，**われわれのこれまでの理解や解釈**を比較すると，どうなるのであろうか。

　故**藻利重隆名誉教授**は，ドラッカーの真意に即す解釈をされ，各主張や論点が用語上や論理的に適切かを学問的に検討されたが，利潤原理，統治面を含む企業構造，正当的統治者の構成と機能，外部取締役，経営者の企業者的職能遂行のための用具，社会的責任はどうか。

　**岡本康雄名誉教授**は，ドラッカーの深い思想性に基づき広い視野に支えられた的確な問題提起を論理的に再構成して，それを自らの問題意識と関連させる可能性を探られたが，先進国と途上国の関係，知識間や価値との関係，競争環境，利潤，三重制度についてはどうか。

　**三戸　公　名誉教授**は，ドラッカー研究の取り組み方を批判的立場から次第に傾倒的態度に変えられて，他の大思想家などの世界とともにドラッカーの世界も心の中で統合的に形成されたが，自由と責任，社会的信念，統治，未来費用，管理，社会的責任についてはどうか。

　**小林　宏　所長**は，大思想家ドラッカーの精神とものの考え方の基底を解明し，しかもわが国の社会との関わりについても考察し，さらにドラッカーの世界観を直観的に再現されたが，ナチズム批判による教訓と対策，デカルト批判による世界観は，どういうものか。

　**田代義範名誉教授**は，権力の問題や地位と機能の問題と管理思想に関わる諸問題の今日的意義を考察されたが，多数派の権利と私有財産の権利，職場社会，統治についてはどうか。

　**麻生　幸　教授**は，経済の豊かさと環境破壊や不信を生み出す現代企業の行動を批判する武器を得ようとされたが，アプローチ法，規範論─分析論─実践論の立場，顧客創造目的，利潤と利潤性の社会性の面，社会的地位と機能を与える組織，三重制度についてはどうか。

　故**寺澤正雄名誉教授**は，学者としての後半生にドラッカーに出逢われて以来，ドラッカー経営学の基盤と特質を解明し，その経営管理を一つのシステムと捉え，その構造の主要なものをドラッカーイズムとして抽出されたが，そのドラッカーイズムとシステムとは何か。

　故**野田信夫名誉教授**は，経営を経営者の主体性で捉える点にドラッカーとの共通点を見出し，ドラッカーの提示した隅々まで血の通った生き身の実体論をわが国の経営学徒も重要な参考にすべきだとされたが，利潤概念，自己統制概念，企業存続条件はどう理解すべきか。

　わが国におけるドラッカー関連書は，2000年前後からは，主に実際界の方々やそこから転身の教授（故**望月　護　氏**，**枝川公一氏**，**小林　薫　名誉教授**，故**片山又一郎教授**，**上田惇生名誉教授**など）によって出版されるようになっているが，その**内容**はいかなるものか。

(上巻　pp.420～3) 藻利重隆『ドラッカー経営学説の研究』森山書店, 初版―昭和34年, 第3増補版―昭和46年。

| 比較項目 | ドラッカー教授の主張 | 故藻利教授の解釈・批判 | 河野大機の解釈・検討 |
|---|---|---|---|
| 企業と社会 | 決定的代表的自主的制度自由産業社会 | 社会の組織方法と関係アメリカ資本主義発展型 | 自律的方針・行動だが, 社会環境・体制とも相即 |
| 企業の原理＝顧客創造主義 | 営利主義否定→顧客創造　利潤極大化〃→適正利潤　個人営利動機否定→客観 | 個人的営利に限定＝狭量長期的持続的営利企業控え目・極大拒否でない制度的企業の内面的要請 | 費用補償＝経済目的　顧客創造＝事業目的　必要最小限超過は悪影響客観的必要→構想・決定　区別 |
| 企業の構造＝三機能・性格二構造 | 企業制度の統治的・社会的・経済的機能・性格　正当的統治者としての経営者になる | 両者区分が不明確→統治を経済・社会に分属　職場社会の自治機関と経済的構造の経営者が連合し機能→正当経営者 | 統治は権限権力の七問題として独自領域を形成　権限権力の正当化をめざして統合的管理を進める経営者は正当的存在 |
| 具体的な企業管理の諸問題 | 取締役会無機能化に対処→外部取締役会の活用　成果分析・費用分析・市場分析・知識分析　対人的（＝経営者・一般労働者・専門職員）管理のうちに統合する原理＝経営者的視覚の形成　経営体存続目標の中に社会的責任を含めている | 外部取締役会は本質的無機能化→審査は出来ず　最大利潤の為の機会極大化に必要な「企業の現状理解」の四方法と紹介　経営者的視覚の形成の問題は一般労働者に関するもの→責任労働者育成＝狭義労務管理の中心　時代的に見て社会的責任までは取り上げていない | 外部者による業績審査は困難でも努力→正当性　事業構想化のドラッカー的決定プロセスチャートを解釈→図上に位置付け　ドラッカー教授の主張と故藻利教授の解釈・批判から多大の教示を受ける　社会の各特徴を生かし問題点は社会的責任で解決 |

(pp.224～7) 岡本康雄『ドラッカー経営学――その構造と批判――』東洋経済新報社, 昭和47年。

| 比較項目 | ドラッカー教授の主張 | 岡本教授の解釈・批判 | 河野大機の解釈・検討 |
|---|---|---|---|
| 産業社会論の変貌 | 技術―組織原理が社会構造に与える等質的変革　人間の創造物, 知識―組織は産業社会の主要因 | 多元的産業過程で先進・途上国関係を研究せよ　各知識の優先度, 知識・価値関係は研究不十分 | 生産過程・事業過程の多超国籍化の要素で研究済　顧客受容か社会に横暴でない知識の選択で研究 |
| 企業観や企業的経済行動観 |  | 競争環境の分析が欠落 | 市場先導を重視したから |
|  |  | 大規模企業中心の理論 | 各規模の優劣条件を提示 |
|  | future costs は絶対必要 | 未来費用の獲得は不確実 | 内部留保や事業構想による外部資金の誘引努力も |
|  | 未来費用は事業・労働・年金・社会の継続費用 | 資本主義で可能か。外部経済・不経済に対する負担は企業費用たるか。 | 事業と経営体（自・他社, 社会での）継続費用。経営者意思→税金・寄付も |
|  | 利潤に関する伝統的理論を批判している | 更に発展させるために, マリスの均斉成長率極大化論, サイヤート／マーチの企業理論と組織行動論との統合化論を検討 | サイヤート／マーチの枠組みに準じさせ, それと対蹠的なドラッカーの諸項目を体系的に示す－15 |

| 比較項目 | ドラッカー教授の主張 | 三戸教授の解釈・批判 | 河野大機の解釈・検討 |
|---|---|---|---|
| 企業目標論と企業機能論 | 顧客創造が経営の目的<br>経営体存続目標は七つ<br>三重の機能・制度として企業を認識している | 単一目標論から複数目標論に移行しつつあり乍両者の間を揺れている。然し正に，卓見であった。 | 経営体全体の目的と各制度面の目的を区別し，それらの諸目標を体系化<br>四重制度として捉え直す |
| | 工場共同体論<br>企業の社会的機能・制度 | 殆ど影を潜めてしまった。企業の社会的側面を四つのレベルで取り上げて論評（社会的信条，利害者の社会的要求，企業構成員の人格，その目標志向的行動） | '93年著pp.157〜8で復活。正当的統治論を第四章で七項目にまとめ取上げ，社会的責任論を第五章で一般論，各論二〇項目（各社会的特徴に応じた諸問題）を取上げた |

（pp.428〜431）三戸 公『ドラッカー── 自由・社会・管理 ──』未来社，昭和46年。

| 比較項目 | ドラッカー教授の主張 | 三戸教授の解釈・批判 | 河野大機の解釈・検討 |
|---|---|---|---|
| 規範論・自由論 | 自由を圧殺する全体主義の社会と戦い，自由な社会を指向し構築しようとしている | 不完全で脆弱な人間，責任ある選択，自由の定義，本来的意味，歴史的意味，自由貫徹の条件 | 全体主義と個人主義の超克による社会と人間と経営体の相即的発展＝研究課題（p.431, Par.↑1） |
| 現状把握理論・社会論 | 社会成員たる諸個人の目的と理想，社会信念に立脚した権力こそ，正統なる権力なのである | 現代の経営者の権力が社会の基本的信念に立脚していない→公害を起こし人間を損なうと批判 | 経営者は，組織社会での信念を具現し，地球環境保護という価値を実現せよ＝ドラッカーの言 |
| | 企業は統治的機能も持つ | 経営学が政治学と協力関係をうちたてる枠組み | 経営体の統治の制度面に関して解釈し意義づける |
| | 損失回避の原則<br>future costs | 未来費用の確保に限界無→他企業より有利な条件の悪どい獲得法，弱者いじめ，悪徳経営，が必要 | これらは権限正当化や社会的責任と相容れない。経営構想・経営計画と必要資金計画との対応化 |
| 政策論・経営管理論 | 経営者職務 | 経営者職務と企業機能を関連づけ（管理者管理と統治面，仕事・従業員管理と社会面） | 次回⑭にヨリ複雑化させて記述 |
| | 社会的責任 | 自己信条を社会的・政治的環境・条件の中で達成・実現するかの問題 | 社会的制度，社会的組織，社会的管理を取上げる |
| | 各人による目標設定と自己統制による管理 | 人間の責任ある選択と企業の十分な機能の面から考察 | 多くの教示を受ける |
| | 組織構造<br>人的資源 | 組織構造の分析と形成<br>人的資源と人事管理 | 責任の具体的中身を示すことも必要 |
| | 管理者の高潔なる品性 | 組織社会の徳目とされた | 組織道徳律とも関連づけ |

（pp.432〜5）小林 宏『ドラッカーの世界── ドラッカー経営学の考え方──』講談社，昭和41年。

| 比較項目 | ドラッカー教授の主張 | 小林宏氏の解釈・批判 | 河野大機の解釈・検討 |
|---|---|---|---|
| | | '29大恐慌，ニューディール→ビッグ・ビジネス | |

| | | | |
|---|---|---|---|
| ドラッカー経営論の注意点 | ナチズム批判 アメリカの最悪の政治的盲点＝君主や国家に対する忠誠の非合理的，情緒的，自然的基盤の存在を理解しようとしない | の威信回復と制度的安定に理論と方向付を供与＝米国の経営学 ≠ 高度成長期に導入の日本の経営学＝危機感を欠落 | 多大の教示を受ける |
| | | 欧州人的性格とナチ体験→個性的な発想と理論＝現代産業社会を再びナチズム的全体主義社会にしないもの ≠ 日本は後進的でファシズムも甘い | 多大の教示を受ける |
| ナチズム批判による五つの重要な教訓と対策 考え方の変更が必要↓ | ナチズムの構成要素はドイツ以外の産→ドイツの国民性と関係なし→産業社会に普遍的な危険の産物⇒その芽を何処でも何時でも摘みとるため，全体論を警戒 絶対的理性や完全合理性を強調→自由を抑圧，理念的になって超合理性を隠蔽→この矛盾から逃れるため全体主義的・革命的になる→人間は，経済的充足化で非合理性に傾斜，供給不足で絶望し全体主義に益々依存⇒新しい型の人間（≠経済人・個人）が必要 | | 全体主義と個人主義の超克による社会と経営体と人間の相即的発展がドラッカーの研究課題 |
| | 束縛・全体主義と征服・軍事主義を基礎→似而非なる機能的産業社会を発展させる試み→経済的に恵まれぬ人々に非経済領域で平等な機会を付与⇒人々に正しい地位・機能・目的を供与＝指導者任務が必要 | | 経営体の統治的・社会的な制度面の問題を取上げる |
| | ナチの組織原理は大量生産システムと結合→労働者の疎外現象は合理主義の精華と強調し徹底化⇒そのマイナス面を克服しプラス面を生かさせる必要 | | 大量生産原理のプラス面は組織分野で取上げる |
| | 経済人的人間観が終わる，株主が時間とエネルギーの節約のため権利と義務を放棄→専門経営者は株主から拘束されず責任をとらなくなり，権力の正当性を感じられなくなる→ナチは経営者の状況とニヒリズムとデカダンスを見抜き不意打ちをくらわせた→ドイツの経営者は自己崩壊し，ナチに屈服した⇒経営者の権限を正当なものにし多元社会にする必要 | | 経営体の統治的・社会的な制度面の問題をそれぞれ独自領域のものとして取上げる |
| 新しい世界観 | デカルト批判→全体ではなく体系を，因果ではなく目的・形態・類型・過程を重視する世界観が必要である | 目標管理，Z・D運動，長期計画，事業多角化と専業化，経営体と職場自治 | 相互作用化・統合化がドラッカーの研究方法 |

(pp.436〜9) 田代義範『産業社会の構図 —— ドラッカーの管理思想 ——』有斐閣，昭和61年。

| 比較項目 | ドラッカー教授の主張 | **田代教授**の解釈・批判 | 河野大機の解釈・検討 |
|---|---|---|---|
| 産業社会論 | 自由維持←政治での多数決，社会・経済での財権→均衡で衆愚政治と金権政治への堕落防止 | ブルジョア＝エリート，大衆＝無知蒙昧という短絡的シェーマに帰着する危険 | 財産の少ない人が多数に安住→多数派支配・衆愚政治，になりやすいという傾向を示しただけ |
| 管理の | 産業社会で重視される実物経済では大量生産 | 従業員の地位と機能の喪失は一貫して論述 | 責任労働者や組織道徳律（強み）実現の必要性 |

| | | | |
|---|---|---|---|
| 基礎としての社会と企業の理論 | 労働組合の参加した職場社会と経営者との二重的な人的統治,労働者の二重忠誠 | 経済的・統治的制度の企業で,社会的地位や機能,機会均等,社会的威光の回復を,社会的機能を果たす工場共同体＝社会的制度の中で,獲得させる | 職場社会のみで遂行すべき社会的領域,経営体の経済的領域（弱から強までの関係）で職場社会と経営者が共同・妥協・支援する諸活動,二者区分 |
| | 経営権力は正当でなければならない | 統治の正当性の根拠＝経済的機能,社会的信念,共同体 | 各種の権限権力正当化の問題を取上げる |

（pp.440～2）麻生 幸『ドラッカー経営学 —— 企業と管理の正当性 ——』文眞堂,平成4年。

| 比較項目 | ドラッカー教授の主張 | 麻生教授の解釈・批判 | 河野大機の解釈・検討 |
|---|---|---|---|
| 研究方法 | 顧客創造に関わる規範論・分析論と,目的達成のための合理的意思決定を求めた戦略の実践論 | アンソフの戦略論と比較して,実践論は殆ど共通だが,利潤追求的な規範論・分析論で異なる | 規範論—分析論—実践論の視点から学説研究・実践研究し,各レベルとレベル間で比較検討する筈 |
| 企業目的か事業目的 | 顧客創造 | 社会と企業から規定されたものを,社会の具体化たる顧客を介し,統合 | 事業戦略からも説明→企業ではなく事業の目的 |
| 利潤の社会性 | 利潤,利潤性 | 共に私的と社会的,特に利潤は私的と見る＝強い | 利潤と一部の費用の合計＝経営継続費用は両面 |
| 地位機能付与 | 人々に社会の地位と機能を与え責任決定をさせる | 機能的で自由な企業組織・管理組織に再編させる | 職場社会活動の労使間の組織・管理研究も必要 |
| 三重制度論 | 企業は経済的・統治的・社会的制度である | 企業の経済的制度・機能優先を中心に理論展開 | 三重制度の相互関連・統一性も研究→深化せよ |

（pp.443～6）寺澤正雄『テイラー フォード ドラッカー』森山書店,昭和53年。

| 比較項目 | ドラッカー教授の主張 | 故寺澤教授の解釈・批判 | 河野大機の解釈・検討 |
|---|---|---|---|
| イノヴェイション<br><br>ドラッカーイズム | 経営体は革新を推進する機関となっている<br>現代・将来の社会の特徴の一つに革新がある | ドラッカー経営学の特質をなすものは,経営管理または一般経営管理の革新論である<br>経営管理の具体的方法たるドラッカー・システムの構成内容をまとめる→それらを構成要素に集約→ドラッカーイズムとして原理化 | 労働者革新には,組織道徳律の体現,知識労働者への転換,年金基金投資先の経営参加,永続的経営体維持への積極性なども含めるべき。経営〔者〕革新の対応したドラッカー・システムの構成内容の提示の仕方が不十分→上巻p.491<br>経営体の事業・統治・社会・経済面を指導する経営体の維持・発展 |

（pp.447～8）野田信夫『ドラッカーの経営原則 —— 企業発展の要件 ——』たいせい,平成3年。

| 比較項目 | ドラッカー教授の主張 | 故野田教授の解釈・批判 | 河野大機の解釈・検討 |
|---|---|---|---|
| 経営者と企業 | 『現代の経営』は経営者中心である | これを補うために,企業存続条件として,利益要件・幸福要件・責任要件を提示すべきである | 追加すべき点：利益←将来指向的な資源使用の結果,幸福←社会的責任と権限正当化の一部,責任労働者責任←権限正当化も |

望月 護『ドラッカーの箴言 —— 日本は，よみがえる ——』(祥伝社，2000年)
**くよくよするな**：1．ノウハウやアイデアを提供して稼ぐ社会＝サービス社会 への2020年までの転換期←日本は社会的条件が適合。2．変えてはならないものと絶えず変えなければならないものを同時に行う社会生態学。**日本企業の底力**：1．達成能力は抜群。2．お客をよく研究。3．新事業の誕生と構造不況の粉砕も可能。**儲かる仕事を作る**：1．新製品と新規企業に挑戦する意欲。2．お客の変化の利用や業界の常識への疑問や余剰物の再生。3．お客に買ってもらえる仕組み。**生き残る企業の条件**：1．競争・革新。2．企業の本当の目的＝顧客創造→事業存続←コスト回収。3．ナレッジが世界を変えた→15歳以上人口の進学率は大事。**サラリーマンの『明日の現実』**：ドラッカー提言＝日本の企業は終身雇用制度をできるだけ守ったうえで，儲かる仕事を多く創出し，儲からない事業から儲かる事業へ従業員を移すことが必要。**変身する日本の未来地図**：1．新事業による会社価値の向上。2．独立自尊の人，起業家，さまざまな専門知識をもった膨大なミドル層，の活用可能性。

枝川公一『巨人ドラッカーの真髄 —— 変貌する世界の明日を読む ——』(太陽企画出版，2000年)
**変革される組織**：1．組織＝個人の知識が最大限に発揮される場→情報本位の水平組織；人の健康と幸せをクリエートする組織。2．トップの仕事＝全体の焦点を合わせて革新。3．人事に必要＝良心に耳を傾ける心構えと，将来を見据えイメージを描く構想力。**人，いかに生きるべきか**：1．人は，仕事を好きになりたいと思い，満足できる仕事をしたがっている←仕事観についての長い間の誤解を解く←知識労働と知識労働者の登場。2．自分の価値観に合致する仕事を見つけなければならない〔∵仕事に没入→世の中に貢献していると実感〕。3．仕事＝自分の強みを自覚し十分に発揮する場〔←否の原因の検討←成否の確認←期待内容を定期的に表示〕。**構築される現実**：1．知識＝ほんとうの資本←人材を世界に求める必要。2．『ない』情報の重要性が『ある』情報を圧倒する＝従来の常識の外に新しい常識が次々に形成→集めた情報を活きた情報に仕立て上げるためのシステム作りとその運営をする人材の育成が急務。3．企業は顧客に導かれて変貌←業種や業態の枠を取り払って顧客にヨリ広くヨリ深く与えるように←生活を革新しヨリ良い暮らしができるための知恵の供与も消費者は要求。4．社会セクター→コミュニティの復活＝仕事の場との間を不断に往復して『全人』化。

小林 薫『ドラッカーとの対話 —— 未来を読みきる力 ——』(徳間書店，2001年)
**ドラッカーの魅力と先見力**：1．①非連続的な大変動期を見透す大きな総合力と省察力，②情報化・複雑化の時代における本質に対する洞察力と未来に対する鋭い先見力，③非人間的なものの跋扈状態に対する人間の見直し・人間主体経営学）。2．本質の追求と思想の持続的進展への情熱，産業文明論的な地脈と経営管理研究的な地脈の同質同根性，さまざまの理論と課題の混乱と対立を統合し国際的にも通用する経営学原理の確立。3．卓越した先見力の秘密：(1)その源泉（①マクロ(経済)とミクロ(経営)の両方への関心，②該博な歴史知識と歴史的教訓の把握，③グローバルな思考，④マルチ人間の特徴，⑤統合化〔経営学の統合，未来展望，組織論の新統合化〕，⑥流行のなかに不易を見抜くこと），個人的資質面（①旺盛な記憶力，②徹底的思考，③根源への探求，④発想パターン〔外と内への両関心の均衡，直感型と感覚型の均衡〕），その要諦（①情報への俊敏な感覚と情報の意味の把握，②歴史の教訓や諸要素の新結合による革新・創造，③アナロジー・寓話・例えからの学習による既存への新しい意味の付与，④集中的徹底的な検証，⑤人口動態分析にもとづく未来展望）。**親しく聴く**：1．日本：視覚的な芸術，禅の伝統的学習＝継続学習。2．いろいろな人の考えを自家薬籠中のものにするのがドラッカーは得意など。**21世紀を見透す**：第2次大戦後の1250程の事例の系統的考究から提示した革新の7源泉。**キーワードと名言**：物事は，人が思ったり言ったりすることの2倍かかる。アクション(行動)によるフォローアップ(追査)が必要。必要は発明の母ではないが助産婦である←市場性や他分野の視点も伴う。**日本と世界を見る眼**：1．日本にとって，技術や経営教育のモデルは米国，政治や社会構造のモデルは大陸ヨーロッパなど。2．高齢者や専門家が貢献して働ける職務構成づくり。40歳以降は人生経験

の豊かさが必要な専門自由職(教師・弁護士・牧師・コンサルタント等)に就くべし。**ドラッカー式英語の面白さ**。**ドラッカーの人間像**：①暖かいお人柄，②厳しい自己鍛錬，③ユニークで本質を衝く切り口，④温厚と峻厳，ソフトとハード，冷徹な論理とあふれる情感，傍観者としてのクールな眼と参加者としてのホットなほとばしり，それらが絶えず内面で作用し相互にせめぎ合う→絶えず決定論を排して未来の可能性を見つめる。

---

**片山又一郎『ドラッカーに学ぶマーケティング入門』**（ダイヤモンド社，2004年）
以下において，Ⓐドラッカーの考え方，Ⓑレーヴィットの考え，Ⓒコトラーの考え，Ⓓ例。
**企業の存亡を決定**：1．Ⓐ事業目的は顧客創造＝高度成長期のもの⤫経済成長・市場拡大の鈍化により，Ⓑでは顧客の創造と維持，Ⓒでは後者のほうを重視するようになっている。2．Ⓐノンカストマーの情報こそが重要→Ⓒ「リード（潜在顧客に関する情報）の作成，リードの絞込み，顧客への転換に相当するスキルが必要。**マーケティング→革新**：1．事業環境の変化へ対応←変化が機会となるように積極的に戦略的評価。2．イノベーションと市場ニーズの合致＝「技術先行型製品といえども……鍵は，ひとえに顧客が握っている」**マーケティングは企業と顧客をつなぐ**：1．Ⓐ顧客と市場を知る：顧客に聞き，顧客を見，顧客の行動を理解→顧客とはだれであり，何を行い，いかに買い，いかに使い，何を期待し，何に価値を見いだしているかを知る。**マーケティングは仕事の意義を高める**：1．企業全体に関わる問題＝すべての部門，職能が顧客満足を目指して活動。2．Ⓐ仕事のマーケティング＝Ⓑ従業員が自分のメリットのために働くことが企業の成果につながるようなシステムの構築。3．Ⓐ企業目的は存続←企業は社会やステークホルダーに対し責任あり←Ⓑ正(プラス)のキャッシュ・フロー←Ⓒ顧客の生涯を通じての利益とコストの流れ。4．創造性よりも実行する勇気を。

---

**上田惇生『ドラッカー入門 ── 万人のための帝王学を求めて ──』**（ダイヤモンド社，2006年）
**ドラッカーの問題意識**：1．組織の運営の仕方たるマネジメント→物や心・人の豊かさを決める⇒組織には能力も正統性もある。2．マネジメントが一般教養となり良き習慣となる←学ばなければならない。**時代認識**：1．第2ミレニアム＝集権化を求めた(1000年期)⤫第3ミレニアムが多元化を求めている。**社会生態学者**：1．デカルト＝万物の普遍学を求め理性を確信・過信⤫ドラッカー＝人間は儚く実存は全体を全体として捉えるべき有機体。2．ポストモダンの方法論：(i)全体を命あるものとして緻密に探索，(ii)既に発生し分かったことを使用，(iii)基本・原則を万能ではなく補助線で使用，(iv)欠如・ギャップからニーズを探求，(v)陳腐化の主導権を自ら把握，(vi)理想・成功に向けた仕掛けの構築，(vii)以上の限界をわきまえて論理と分析も使用）等。**万人のための帝王学**：1．ドラッカーの妙味＝自分で考え自分で答えを見つける後押し。2．日本：企業がアウトサイド・インサイダーとしてのコンサルタントの力を借り，経営学者がコンサルティングによって企業経営への洞察を深めていくという仕組みの欠如＝初来日時に感じた懸念。**セルフマネジメントの方法論**：5つ程度の習慣的な姿勢と基礎的な方法の獲得。**ドラッカーが恋した日本**：1．外国からの輸入物を自分のものとする日本特有の知覚力。2．世界のモデルになりうる社会としての絆または人と人の絆を重視する日本文化（同時に日本では，開放的で出入り自由な組織の構築も必要）。

---

**以上以外**（内容ご紹介は，紙幅の関係上，割愛）：①望月 護『ドラッカーと福沢諭吉(はな) ── 二人の巨人が示した「日本経済・変革の時」──』祥伝社，2001年，②久恒啓一『図で読み解く！ドラッカー理論』かんき出版，2004年，③小林 薫『ドラッカーが語る リーダーの心得』青春出版，2004年，④酒井網一郎『ドラッカーさんが教えてくれた経営のウソとホント』日本経済新聞社，2004年，⑤一条真也『孔子とドラッカー』三五館，2006年，⑤中野 明『ポケット解説 ピーター・ドラッカーの……がわかる本シリーズ』『「マネジメント論」が』『「事業戦略論」が』『「自己表現論」が』『ドラッカーが描く未来社会』（2006年，秀和システム），など。

藻利教授は企業をアメリカ資本主義と関係したものとしたが，我々には自律性もあると思われる。教授は顧客創造主義が企業の存続と繁栄のために内面的に要請された長期的持続的営利原則で極大志向を排除しないとしたが，事業目的と経済目的を区別し，必要な将来形成費用を最小限で最適化すべきと思われる。教授は経済的・社会的な二重構造とすべきとしたが，権限・権力問題が第三の一領域をなすと思われる。教授は外部取締役は無理とされたが，権力の正当化のために必要だと思われる。また，社会的責任は今は取り上げるべきである。

　岡本教授は産業国化の多元性の研究不足を批判したが，多・超国籍化で研究された。知識に関して教授は批判したが，顧客に受容され社会に横暴でない知識が考察された。教授は競争の考察が必要だとしたが，先導性（リーダーシップ）の方が重要であろう。教授は未来費用の獲得不確実性を心配したが，必要な不足分は外部調達される筈である。サイヤート等と後で詳しく比較する。

　三戸教授が重視された全体主義告発や自由や責任を，われわれは研究課題との関連で取り上げる。教授は社会的根本信念の不実現を問題にしたが，組織社会的根本信念の実現，地球環境保護や社会の連帯・一体化という価値実現をドラッカーは取り上げた。教授は未来費用の弊害可能性を問題にしたが，経営構想や計画と資金計画を対応させた点，また，権限正当化と社会的引責を図って弊害回避されている点も踏まえ意義があるとわれわれには思われる。

　小林所長は，全体論を警戒し，産業人を必要とし，人々に地位と機能を与え，大量生産制を活用し，正当な経営者権限を築き，また体系・形態・過程の価値観を重視しようとした。

　田代教授は，ドラッカーが財産の少ない人々は多数に安住しやすい傾向を示しただけなのに，短絡的差別と批判された。教授は実物経済下で従業員の地位と機能が一貫して喪失するとしたが，責任労働者や組織道徳律の必要性は提唱されていた。教授は企業への組合の抱え込みと職場社会での地位や機能の獲得を批判したが，職場社会の諸活動に注意すべきである。

　麻生教授は対象にしなかったドラッカーの後期著作についても，制度論的方法を見出し，規範論―分析論―実践論の視点から学説研究・実践研究をなすと思われる。教授は，事業目的としての顧客創造，経営体継続費用の社会性，各制度面の重要性にも注目すべきである。

　寺澤教授はドラッカーイズムに経営革新と人間（経営者・労働者・人間知識）革新を求めたが，組織道徳律の体現，知識労働者・責任労働者への変身，その倫理・教育責任，年金投資先の取締役会への参加，永続的経営体維持への積極的な態度なども含めるべきである。経営［者］革新は後に示す。経営体全体や革新と改善から，経営体の維持発展が理念となる。

　野田教授は経営者中心の『現代の経営』を補う企業存続条件が，資源の節約等への社会的褒賞としての利益要件，従業員への幸福要件，社会的影響増大への責任要件をあげているが，将来志向的な資源活用と社会的責任や権限正当化や責任労働者化も含めるべきであろう。

　望月氏は，ノウハウやアイデアを提供して稼ぐ社会＝サービス社会 への2020年までの転換期に，日本が社会的条件を備え，企業が競争・革新を行い，再生できる と鼓舞した。

　枝川氏は，組織が情報本位で水平的になりトップと人事とマーケティングなどを適切にし，個人が仕事を通して社会に貢献しつつ社会セクターにも参加し全人化すべしとした。

　小林教授は，ドラッカーの魅力と人間的特性と先見力の根拠を解明し，日本のモデルは技術や経営教育が米国，政治や社会構造が大陸ヨーロッパなどとの発言を紹介した。

　片山教授は，顧客の創造と維持という事業目的の規定法の端緒をドラッカーが開き，マーケティングを，革新，企業と顧客をつなぐもの，仕事の意義を高めるもの，と捉えた。

　上田教授は，物や人心の豊かさを決める点で経営には能力と正統性の保持，第3ミレニアムの多元化の担当，ポストモダン方法論の活用，日本には社会的・人的な絆 を期待した。

## 14 ドラッカー経営理論の経営学的意義（その1）
──経営体全体，その事業の面── （上巻 pp.449～473）

　顧客の創造は経営体の目的であると，ドラッカーは述べており，多くの人々も理解しているが，それは正しいであろうか。それは**経営体存続目標論**や**三重的経営制度論**との関連を十分に**検討**してえられた理解なのか。また，各経営制度面に対応した**事業管理・統治管理・社会管理・経済管理**はドラッカーの管理論の中でどのように位置づけられ**システム統合化**されるのか。管理職能の遂行に必要とされた五つの要素，**時間・態度・業務・技能・用具**はどのような**価値・意義**をもっているのか。これらを考慮して**経営組織**はいかに作られているのか。
　ドラッカーが，各事業単位そのものよりもむしろ**諸単位事業の複合体**ないし**全体としての事業**をまず事業として捉えていた，と解釈したが，他の論者の立場と比べてどこに特徴を見出すことができるか。**事業過程**は**各成果領域**やその部分に分けられ，それぞれに**経済性・先導性・将来性・成果性**という特性をもっているとされたが，これと**アンソフの事業活動概念**（資本利益率・売上げ伸び率・製品市場範囲・成長ベクトル・競争上の利点・シナジー）や**ホファー／シェンデルの戦略構成要素概念**（製品市場セグメント関連・地域や技術や流通経路関連・資源展開ないし独自能力・競争優位性・シナジー，ポートフォリオ・マトリックス）と**比較**すると，どうなるか。**事業構想化**に必要な**各種の分析**（事業成果領域・費用・マーケティング・知識・問題点・環境変化の各分析）と構想（事業の**現在**と**将来**の構想）はそれぞれいかなる**価値・意義**をもっているのだろうか。また，事業構想にもとづいて**事業戦略**を設定する場合の**原則**は，どのようなものか。ドラッカーの**事業構造の複雑度**と**規模**に関する理論は，諸単位事業の複合たる**事業形態**と諸部分的事業活動の複合たる**事業活動構造**を**革新**と**成長**の面から相互に関連させたものと解釈できるが，それはどのようなものであろうか。**事業活動構造・事業規模の種類の変化**を捨像してそれらの種類ごとの考察がなされていると解釈すると，どのようなものになるのだろうか。**種を異にする事業規模への変化**やその過程，および**各種の事業規模における発展**の意味，までも対象にした**考察**が，なされていると，解釈すると，どのようなものになるのであろうか。
　**従来の組織分析論**が機械観的・職能集合的・網羅的であったのに対して，ドラッカーのものはどのような**特性**をもっているか。また，個別の経営体の**全体の組織**をドラッカーはいかに捉えているのであろうか。それらはどのような性格づけがなされているか。
　ドラッカーの事業管理論は経営者に対してどのような面で貢献していることになっているのだろうか。従来の**事業**やその**組織**や**管理**職能に関する**研究**にいかなる意義を与えるか。

## 経営目的論・経営目標〔成果〕体系論・経営総責任組織化論・総合的統合的管理論の意義

### 経営目的・三重的経営制度・経営体存続8目標・3経営政策課題・13経営政策分野の関係
（上巻 pp.449～451）（cf., pp.7～12, 19, 304～5. Ⅰ：pp.13～4. 本書 p.4）

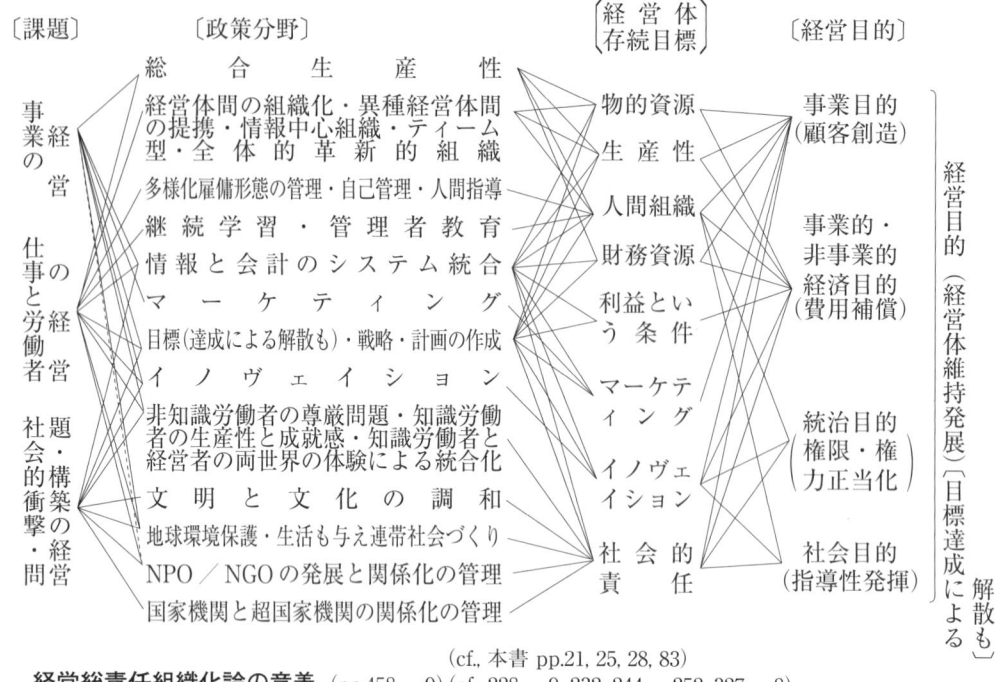

〔課題〕　〔政策分野〕　〔経営体存続目標〕　〔経営目的〕

事業の経営の課題　仕事と労働者の経営　社会的衝撃・構築の経営問題

- 総合生産性
- 経営体間の組織化・異種経営体間の提携・情報中心組織・チーム型・全体的革新的組織
- 多様化雇傭形態の管理・自己管理・人間指導
- 継続学習・管理者教育
- 情報と会計のシステム統合
- マーケティング
- 目標（達成による解散も）・戦略・計画の作成
- イノヴェイション
- 非知識労働者の尊厳問題・知識労働者の生産性と成就感・知識労働者と経営者の両世界の体験による統合化
- 文明と文化の調和
- 地球環境保護・生活も与え連帯社会づくり
- NPO／NGOの発展と関係化の管理
- 国家機関と超国家機関の関係化の管理

経営体存続目標：物的資源／生産性／人間組織／財務資源／利益という条件／マーケティング／イノヴェイション／社会的責任

経営目的：
- 事業目的（顧客創造）
- 事業的・非事業的経済目的（費用補償）
- 統治目的 権限・権力正当化
- 社会目的（指導性発揮）

経営目的（経営体維持発展）〔目標達成による解散も〕

(cf., 本書 pp.21, 25, 28, 83)

### 経営総責任組織化論の意義 （pp.458～9）（cf., 228～9, 232, 244～252, 327～8）

経営体＝正当で自律的な社会的機関。社会＝自由で尊厳あり。

- 事業経営への責任（社会職能的責任）＝経営者と労働者に課す（双方に）
  - 各自の職務と職務間関係への責任
  - 構成員相互関係への責任
  - 経営体全体の成果　…見逃されやすかった

- 非事業経営への責任＝経営者と労働者に課す
  - 社会的責任
    - 経営者の社会への責任＝人間生存環境・各国社会・民族社会・広域社会・地域社会・職場社会・被傭者社会・知識社会・市民民主社会・市場経済社会・起業家社会・連帯社会・労働組合・サードセクター・少数派利害者集団・政府や政治との関係，組織社会構成員的な社会的・政治的倫理，社会指導者集団的な倫理，知識社会的な教育的責任，等々
    - 労働者の社会への責任
      - 一般労働者の社会的責任＝自己社会すなわち職場社会・労働組合への責任等
      - 知識労働者の社会的責任＝職場社会・地域社会・市民社会との関係，経営体構成員的な倫理，一般的知識化の教育的倫理，等々
  - 経営的権限・権力の正当化への責任＝社会職能的統治権限の正当化，社会共通の善・自律的生存権，組織道徳律・職能遂行権限の正当化，人の統治権限の正当化，経済権力・他者統治の正当化，各種利害者集団結集・永続的経営体維持・自己統治・経営権威の正当化，取締役会と経営者の組成全般管理的な協働統治・経営体統治権限の正当化，に対する責任

経営的経済の経営への責任＝事業・非事業的経済経営への責任

# 経営目標〔成果〕体系論の意義 （上巻 pp.453, 456～7）（cf., 305～316. 本書 pp.5～11）

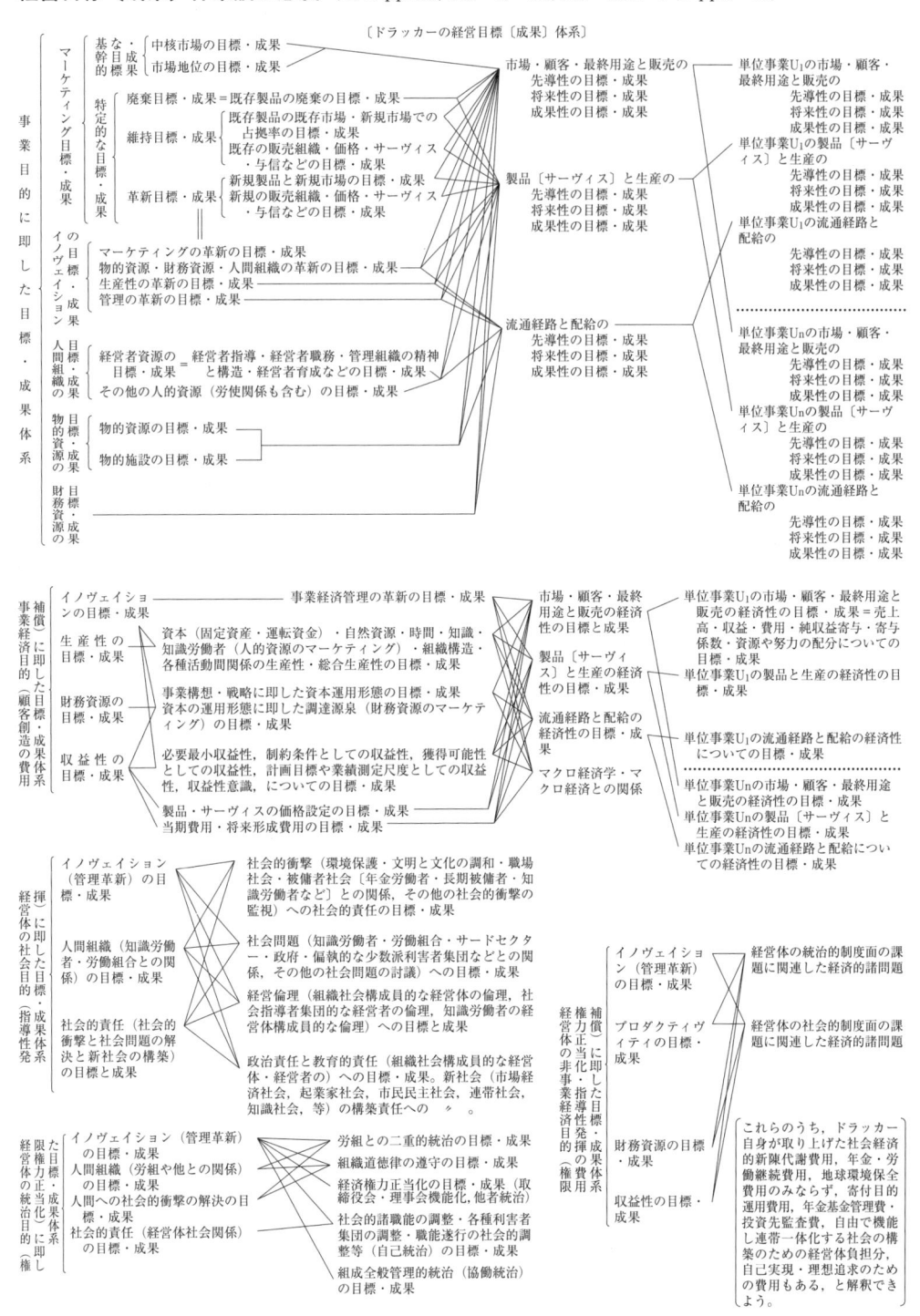

〔ドラッカーの経営目標〔成果〕体系〕

**事業目的に即した目標・成果体系**

- 事業目的・成果
  - マーケティングの目標・成果
    - 基幹的な目標・成果
      - 中核市場の目標・成果
      - 市場地位の目標・成果
    - 特定的な目標・成果
      - 廃棄目標・成果＝既存製品の廃棄の目標・成果
      - 維持目標・成果
        - 既存製品の既存市場・新規市場での占拠率の目標・成果
        - 既存の販売組織・価格・サーヴィス・与信などの目標・成果
      - 革新目標・成果
        - 新規製品と新規市場の目標・成果
        - 新規の販売組織・価格・サーヴィス・与信などの目標・成果
  - イノヴェイションの目標・成果
    - マーケティングの革新の目標・成果
    - 物的資源・財務資源・人間組織（人的資源）の革新の目標・成果
    - 生産性の革新の目標・成果
    - 管理の革新の目標・成果
  - 人間組織の目標・成果
    - 経営者資源の目標・成果＝経営者指導・経営者職務・管理組織の精神と構造・経営者育成などの目標・成果
    - その他の人的資源（労使関係も含む）の目標・成果
  - 物的資源の目標・成果
    - 物的資源の目標・成果
    - 物的施設の目標・成果
  - 財務資源の目標・成果

- 市場・顧客・最終用途と販売の
  - 先導性の目標・成果
  - 将来性の目標・成果
  - 成果性の目標・成果
- 製品〔サーヴィス〕と生産の
  - 先導性の目標・成果
  - 将来性の目標・成果
  - 成果性の目標・成果
- 流通経路と配給の
  - 先導性の目標・成果
  - 将来性の目標・成果
  - 成果性の目標・成果

- 単位事業 $U_1$ の市場・顧客・最終用途と販売の
  - 先導性の目標・成果
  - 将来性の目標・成果
  - 成果性の目標・成果
- 単位事業 $U_1$ の製品〔サーヴィス〕と生産の
  - 先導性の目標・成果
  - 将来性の目標・成果
  - 成果性の目標・成果
- 単位事業 $U_1$ の流通経路と配給の
  - 先導性の目標・成果
  - 将来性の目標・成果
  - 成果性の目標・成果
- 単位事業 $U_n$ の市場・顧客・最終用途と販売の
  - 先導性の目標・成果
  - 将来性の目標・成果
  - 成果性の目標・成果
- 単位事業 $U_n$ の製品〔サーヴィス〕と生産の
  - 先導性の目標・成果
  - 将来性の目標・成果
  - 成果性の目標・成果
- 単位事業 $U_n$ の流通経路と配給の
  - 先導性の目標・成果
  - 将来性の目標・成果
  - 成果性の目標・成果

**補償〔補填〕に即した目標・成果体系（顧客創造の費用）事業経済的目的**

- イノヴェイションの目標・成果 ―― 事業経済管理の革新の目標・成果
- 生産性の目標・成果 ―― 資本（固定資産・運転資金）・自然資源・時間・知識・知識労働者（人的資源のマーケティング）・組織構造・各種活動関係の生産性・総合生産性の目標・成果
- 財務資源の目標・成果
  - 事業構想・戦略に即した資本運用形態の目標・成果
  - 資本の運用形態に即した調達源泉（財務資源のマーケティング）
- 収益性の目標・成果 ―― 必要最小収益性，制約条件としての収益性，獲得可能性としての収益性，計画目標や業績測定尺度としての収益性，収益性意識，についての目標・成果
- 製品・サーヴィスの価格設定の目標・成果
- 当期費用・将来形成費用の目標・成果

- 市場・顧客・最終用途と販売の経済性の目標と成果
- 製品〔サーヴィス〕と生産の経済性の目標・成果
- 流通経路と配給の経済性の目標・成果
- マクロ経済学・マクロ経済との関係

- 単位事業 $U_1$ の市場・顧客・最終用途と販売の経済性の目標・成果＝売上高，収益・費用，純収益寄与・寄与係数，資源や努力の配分についての目標・成果
- 単位事業 $U_1$ の製品と生産の経済性の目標・成果
- 単位事業 $U_1$ の流通経路と配給の経済性についての目標・成果
- 単位事業 $U_n$ の市場・顧客・最終用途と販売の経済性の目標・成果
- 単位事業 $U_n$ の製品〔サーヴィス〕と生産の経済性の目標・成果
- 単位事業 $U_n$ の流通経路と配給についての経済性の目標・成果

**経営体の社会目的〔指導性発揮〕に即した目標・成果体系**

- イノヴェイション（管理革新）の目標・成果
- 人間組織（知識労働者・労働組合との関係）の目標・成果
- 社会的責任（社会的衝撃と社会問題の解決と新社会の構築）の目標と成果

- 社会の衝撃（環境保護・文明と文化の調和・職場社会・被傭者社会〔年金労働者・長期被傭者・知識労働者など〕との関係，その他の社会的衝撃の監視）への社会的責任の目標・成果
- 社会問題（知識労働者・労働組合・サードセクター・政府・偏執的な少数派利害者集団などとの関係，その他の社会問題の討議）への目標・成果
- 経営倫理（組織社会構成員的な経営体の倫理，社会指導者集団的経営者の倫理，知識労働者の経営体構成員的な倫理）への目標・成果
- 政治責任と教育的責任（組織社会構成員的な経営体・経営者）への目標・成果。新社会（市場経済社会，起業家社会，市民民主社会，連帯社会，知識社会，等）の構築責任への〇。

**経営体の統治目的〔権限に即した目標・成果体系〕に即した目標・成果体系（権限）**

- イノヴェイション（管理革新）の目標・成果
- 人間組織（労組や他との関係）の目標・成果
- 人間への社会的衝撃の解決の目標・成果
- 社会的責任（経営体社会関係）の目標・成果

- 労組との二重の統治の目標・成果
- 組織道徳律の遵守の目標・成果
- 経済権力正当化の目標・成果（取締役会・理事会機能化，他者統治）
- 社会的諸機能の調整・各種利害者集団の調整・職能遂行の社会的調整等（自己統治）の目標・成果
- 組織全般管理的統治（協働統治）の目標・成果

**経営権力正当化に即した非事業経済的目的発揮の費用体系**

- イノヴェイション（管理革新）の目標・成果
- プロダクティヴィティの目標・成果
- 財務資源の目標・成果
- 収益性の目標・成果

- 経営体の統治的制度面の課題に関連した経済的諸問題
- 経営体の社会的制度面の課題に関連した経済的諸問題

これらのうち，ドラッカー自身が取り上げた社会経済的新陳代謝費用，年金・労働継続費用，地球環境保全費用のみならず，寄付目的の運用費用，年金基金管理費・投資先監査費，自由で機能し連帯一体化する社会の構築のための経営体負担分，自己実現・理想追求のための費用もある，と解釈できよう。

| 統治管理 | 統合調整 | 事業管理 | 統合調整 | 社会管理 | 統合調整 | 経済管理 |
|---|---|---|---|---|---|---|
| 社会の健全な維持<br><br>社会職能的統治権限が正当化 | → ← | 各単位事業や各活動部門の選択やそこでの業績達成の仕方に社会的不当性がない形で事業管理 | ← | 社会に故意に危害を加えない社会指導集団の専門職倫理 | ← → | これらの経済問題 |
| 経営体は特定職能を自律的に担当<br>社会は職能間・権限間・利害間を調整<br>自律的生存権が正当化 | → ← | 各単位事業や各活動部門の選択やそこでの遂行で社会的共通の善も追求して諸権限・利害を調整しながら事業管理 | ← | 重商主義・立憲主義に代わる新しい経営体・政府間関係作り<br><br>社会共通の善という組織社会構成員的な政治倫理の確立 | ← → | これらの経済問題 |
| 社会は経営体の存在の正しさを社会的根本信念で認否<br><br>職能遂行権限が正当化 | → ← | 「人間の強みを生産的にする」を事業形態や事業活動の構造化や発展で具現＝業績中心的態度・人間指導・適材適所 | ← | 知識労働者の責任の組織化と革新行動の組織化 | ← → | これらの経済問題 |
| 力は勢力だけでなく権威も持つため，力の外にあり被服従者に価値たるものに依拠すべし<br><br>経営的権威＝正当化された権限 | ← | 事業形態や事業活動の構造化や発展過程において各種利害者集団を調整して新しい絆を築き，永続的経営体維持に結集させるような事業管理 | ← | 地位・権力・財産の違いに関わらぬ双務的な義務とそれに伴う平等をもたらす利害関係者相互依存の組織倫理<br><br>偏執的少数派を鎮静 | ← → | これらの経済問題 |
| 株式会社には各株主の財産権の行使が必要<br><br>正当な取締役や経営層が経済権力正当化 | → ← | 主要株主かその代理（投資する年金基金も含む）を中心に構成された取締役会によって事業形態や事業活動の構造化や発展過程について経営 | ← | 年金基金の管理の合理化 | ← → | 年金継続費用 |
| いかに民主的に経営したとしても人々を何等かの形で統治せざるをえない<br><br>労使の二重の人的統治権限で正当化 | → | 事業形態や事業活動の構造化や発展過程にかかわって立法・行政・労働組合化・経済的配分面で職場社会と事業経営者が抑制・制御・責任をとりあうようにする経営 | ← | 労働組合の衰退と復権<br><br>職場社会の自治化 | ← → | これらの経済問題 |
| 自らの遂行過程や業績を審査する機関を内部にもつべし（株主教育も含む）<br>経営体的統治権限の正当化 | → ← | 社会から与えられた課題を担う経営体において審査機関としての取締役会の機能を明確化させて経営を指導する | ← | 社会に故意に危害を加えない社会指導集団の専門職倫理 | ← → | これらの経済問題 |

(p.452, ℓℓ. 1～3, pp.454～5)(cf., p.305, Par. 2, p.20. Ⅰ：pp.16～7. 本書 p.4)

| 統治管理 | 統合調整 | 事業管理 | 統合調整 | 社会管理 | 統合調整 | 経済管理 |
|---|---|---|---|---|---|---|
| 組成的な全般管理的統治権限 | ↔ | 事業形態や事業活動の構造過程において環境への影響を考慮し，悪影響を迅速に監視し発見する制度を導入 | ↔ | 人類の生存環境の保全 | ↔ | 環境汚染・破壊を事業遂行費用化する／社会（世界も含む）の当期費用と将来形成費用 |
| 〃 | ↔ | 事業活動の構造・構造化・発展過程において多・超国籍化を合理化 | ↔ | 世界共通の文明と各国・民族特有の文化を調整 | ↔ | これらの経済問題 |
| 〃／職能遂行権限／人的統治権限 | ↔ | 事業活動構造のうち中小規模経営体の革新と成長 | ↔ | 中年知識労働者の転職問題の解決 | ↔ | これらの経済問題 |
| 〃／〃／〃 | ↔ | 事業活動の構造・構造化・発展過程，とくに組織や人事管理を適正化 | ↔ | 中年知識労働者の健康問題の解決 | ↔ | これらの経済問題 |
| 組成的な全般管理的統治権限 | | 事業現況と将来性，現在と将来の事業機会，事業形態と事業活動の革新と成長，知識分析，多・超国籍経営体，市場分析，知識労働者組織，長期的事業計画 | | 知識経済・多〔超〕国籍社会などとの関係についての諸問題の解決 | | マクロ経済（市場経済と知識経済，革新・成長経済，世界・地域・国民・ミクロ経済，実物経済とシンボル経済，短期的・長期的関心，情報経済）の中での事業経済 |
| | ↔ | 現在の事業と将来の事業 | ↔ | 革新監視制度の設置など社会的衝撃・問題の管理 | ↔ | 資金の現在維持的な流動性と将来形成的な固定性 |
| 社会職能的統治権限 | | 現在の事業と将来の事業 | → | 社会共通の善という組織社会構成員的な政治倫理の確立 | ↔ | 事業遂行費用，狭義の事業継続費用，買収・合併・合弁準備費用 |
| | | 事業形態構造化の手段 | | | | |
| | | 事業の形態と活動 | | | ↔ | 生産性，収益性 |
| 〃／〃 | ↔ | 他の経営体（とくに政府・政党）の事業との関係 | | 新しい政治理念／軍備の社会的再検討／政府事業の合理化／新しい経営体政府間関係 | | 適切な人材の時間・費用面の投入 |
| 〃／〃 | ↔ | 非営利経営体の事業経営 | ↔ | 知識労働者のサード・セクターへの参加 | ↔ | 参加知識労働者への時間・給与面の保証 |

**会計システムと経営データ処理システムの統合化論の意義** (cf., 本書 pp.121, 48)

事業経済面をも経営体経済全体をも対象にし，財務的・定量的データのみならず非財務的・定性的データももとにして，全般管理的な改善・革新管理（状況判断・意思決定・活動）をおこなえる可能性が現在でてきている，と解釈する。

**事業論の意義** (p.459, ℓℓ.↑7～4) (cf., pp.48～50, p.57, ℓ.↑2～p.58, ℓ.3. Ⅰ: pp.19～21, 29, 36～7)

　　事業概念　≠ 各単位事業そのもの
　　　　　　　＝ 諸単位事業の複合体，全体としての事業　　　　単位事業の専一化・
　　　　　　　　　　　　　　　　　　　　　　　　　　　　　　多角化で選択される
　　　　　　可能
　　　　　　になる　→ 経営体全体の事業構想・事業規定の研究，事業形態と事業幅の研究
　　　　　　　　　　　　　　(cf., pp.30～34. Ⅰ: pp.20～1)

**事業成果領域論の意義** (p.459, ℓ.↑4～p.461, ℓ.4)　　　〔製法・技術〕
　　ドラッカー自身の表現 ＝ ①市場・顧客・最終用途，②製品・製品系列，③流通経路　┐幾分
　　　　　　　　　　　　　　　　　　　　　　　　　　　　　　　　　　　　　　　　│修
　　　　　　　　　　　　①市場・顧客・用途と販売，②製品・製品系列と生産，③流通経路と配給 ←┘正
　　　　　　　　　　　　　　　　　　　　　　　　　　　　　　　　　　　　　　　　
　　　　　　　　　事業活動，各特質，統合　　　　　　　　その対象，自律性，相互関連性

　　　　　　（アンソフ）　実線は　　（ドラッカー）　点線は　　（ホファー／シェンデル）
　　　　　　　　　　　　　強い　　　　　　　　　　弱い
　　　　　　　　　　　　　関係　　　　　　　　　　関係

　　　　資 本 利 益 率　　　　　市場・顧客・用途と販売　　　　製品・市場セグメントに
　　　　売 上 げ 伸 び 率　　　　製品・製品系列と生産　　　　　　関 連 し た 領 域
　　　　製 品・市 場 範 囲　　　　流 通 経 路 と 配 給　　　　　地域・技術・流通経路に
　　　　成 長 ベ ク ト ル　　　　経　　　済　　　性　　　　　　　関 連 し た 領 域
　　　　　　　　　　　　　　　　　　　　　　　　　　　　　　　資源展開ないし独自能力
　　　　競 争 上 の 利 点　　　　先　　　導　　　性　　　　　　競　争　優　位　性
　　　　シ　ナ　ジ　ー　　　　　将　　　来　　　性　　　　　　シ　ナ　ジ　ー
　　　　　　　　　　　　　　　　成　　　果　　　性　　　　　　（ポートフォリオ・）
　　　　　　　　　　　　　　　　　　　　　　　　　　　　　　　（マ ト リ ッ ク ス）

　　（ただし，シナジーの考え　）将来性・成果性は独立項目
　　（方は，単位事業群の中規　）シナジーを特性に含むべし→ 各単位事業間の相乗性関係
　　（模経営体の考察には適用　）　　　　　　　　　　　　→ 各単位事業の各領域間の〃を示す
　　（されている〔Ⅰ: p.44, B(三)〕）知識は先導性と結合して全成果領域に組込まれている。

**事業の現在構想論・将来構想論の意義** (p.461, Par.↑1～p.462, ℓ.2)
　　　　　　　　　　　　　　　　　　(cf., pp.42～48, ℓ.1. Ⅰ: pp.25, 28)
　　　　　　　　現在構想　　　　　　　　　　　　　　　　　　　起業家経験の
　　ドラッカーの　　　　　＝ ホファー／シェンデルの起業家的な個人的方式 → 価値を見逃し
　　　　　　　　将来構想　　（起業家が全く個人的に自分の考え）　　　　　　ていない
　　　　　　　　　　　　　　（を書き留めるような非公式なもの）
　　　　　　　　　　　　　現在　　　　　　　　　　　　　　　　　　　総合的・明
　　ドラッカーの各種の分析による　　の事業機会の発見　ホファー／シェン　示的・多層
　　　　　　　　　　　　　将来　　　　　　　　　　　デルの計画的方式　的戦略計画
　　　　　　　　　　　　　　　　　　　　　　　　　　　　　　　　　　システム

**事業構想論の意義** (p.462, ℓℓ.2～9) (cf., pp.48～51. Ⅰ: pp.22, 30)
　　　　　　　　　　含めるべし ─ 将 来 指 向 的 実 践 性　┐ドラッカーの事業
　　　　　　　　　　↓　　　　　　発展的・知識的・行動的な有効性　┘卓越性の規定条件
　　ドラッカーの事業構想の条件　　行　動　的　有　効　性　┐ドラッカーの将来
　　　　　　　　　　含めるべし ─ 経済的有効性・将来指向的実践性 ┘構想の規定条件

**事業機会・リスク論の意義** (p.462, Par. 2) (cf., p.52. I：pp.30〜1, 36〜7, 44〜9. 本書 pp.53〜4)

事業戦略 ｛ その目的の原則＝事業成果（狭義の事業成果と事業経済成果）の獲得の極大化
その手段の原則＝事業構想適合的機会の確保の極大化，事業資源の活用の極大化
その制約の原則＝事業構想適合的リスクの負担能力の極大化

**事業形態の革新・成長と事業活動の革新・成長との相互関係論の意義** (pp.463〜6)

(cf., pp.66〜71, 84〜9, 92〜4. I：pp.40〜1, 46〜7, 54〜5)

〔事業形態と事業活動の変化過程の様式〕
（上巻第三章六の（八）〜（十）も参照のこと）

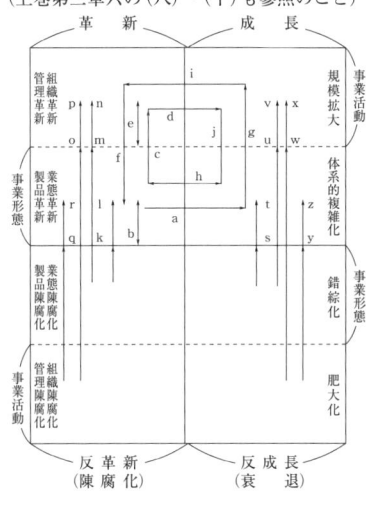

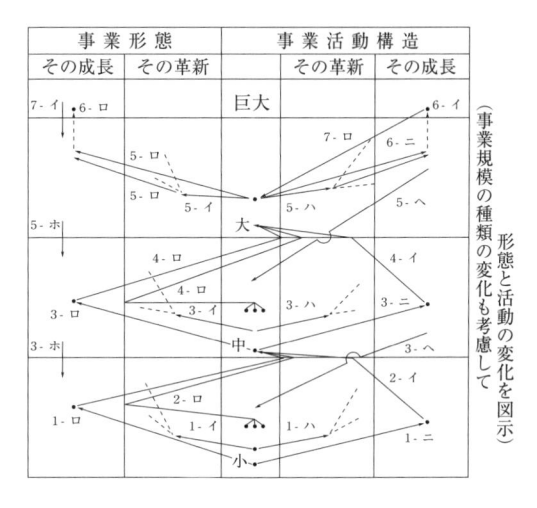

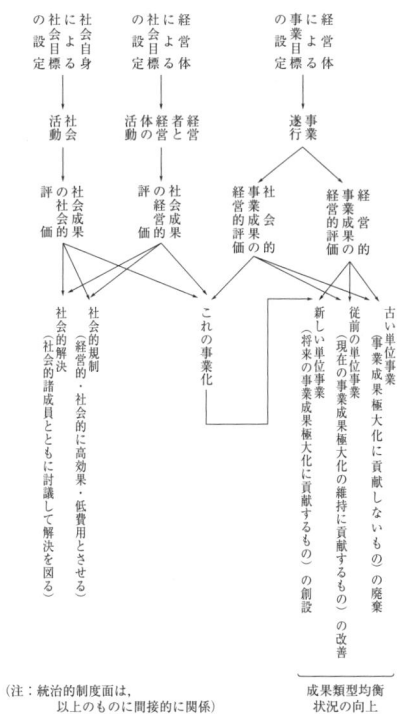

（注：統治的制度面は，以上のものに間接的に関係）

成果類型均衡状況の向上
＝
事業形態の維持・発展による事業発展

## 事業経営組織論の意義

### 単位組織論・単位組織組立論の意義 (p.467, ℓℓ. 2～12) (cf., pp.210～220. 本書 pp.13～8)

ドラッカーの 単位組織論・組織分析論・単位組織組立論　✕　従来の 単位組織論・組織分析論・単位組織組立論
‖　　　　　　　　　　　　　　　　　　　　　　　　　　　‖
有機体観的・成果即応的・重点的なもの　　　　　　　　　機械観的・職能集合的・網羅的なもの

可能になる：
- 事業戦略に貢献する基幹活動の分析
- 経営諸目標に貢献する単位組織群の分析
- 相互貢献の程度に基づく単位組織間の関係の分析

### 総合的組織論の意義 (p.467, ℓ.12～ℓ.↑2) (cf., pp.243～266. 本書 pp.27～32)

研究課題 ＝ 経営体全体の成果と人々の業績を最高にするために組織諸形態の最適な組み合せを構築すること ← それぞれに適切な設計原則を選択 ←

〔経営〕
- 事業遂行的組織（現在向け）
- 事業革新的組織（将来向け）
- 両者統合化組織（最高経営）

### 生産組織論の意義 (p.467, ℓ.↑1～p.468, Par. 1) (cf., pp.243～282. 本書 pp.19～40)

‖
財貨のみならず情報や知識の生産のための仕事・労働・工程

- 産出物の論理→顧客の必要性や価値観などによって決まる基本的な仕様を考慮
- 仕事の論理→最も楽に生産的・効果的に遂行するための基本的な作業と動作を実現
- 人間の活動としての労働の力学→生理的・心理的・社会的・経済的・権限的・経済権限的な各次元の特性をすべて同時に生かす
- 組織軸の論理→課題・割当仕事・決定責任・情報・関係・権限の中身を実現
- 生産方式の原理→個別生産・硬直的大量生産・柔軟な大量生産・装置生産を選択

補充（波線またはその一部）　従来の仕事中心の組織機構論（仕事，公式的な人間活動，公式的な組織軸，生産方式を配慮した組織論）

### 知識労働者組織論の意義　✕　従来の中間経営者組織（部下に命令する権限を基にして幅狭く設計された仕事の体系）
(p.468, Par. 2) (cf., pp.245～257) 新型

知識専門職：
知識を供給する権威をもち，組織内の上方と横（自分が命令権を保有・行使できない人）に対する責任をはたし，経営体の業績能力や進路に対して直接的に大きく影響するような意思決定をする

によって構成 ← 各職務 ＝ 事業目標や成果貢献に焦点／多元的に構成　即応　割り当てられた仕事，職位間の情報の流れ，意思決定構造

↓必要
新しい経営者・知識・生産性の概念

### 事業革新組織論と革新的組織論の意義 (p.468, Par. 3～p.469, ℓ.1)
(cf., pp.252～7, 66～9, 85～7. Ⅰ: pp.40～1, 46. 本書 p.29)

‖
全体として革新性をそなえた経営体
知識労働者組織・最高経営者組織で事業革新の担当部分

是非必要 → 革新の意味と力学の理解，それに相応しい戦略・目標・標的・業績測定尺度・態度

**事業管理論の意義** (p.469～p.470, Par. 1)（cf., pp.30～4, p.352, Par. 2. Ⅰ：p.21. 本書 p.52）

```
                    行為主体の＝経営者一般，個々の経営者          についての仮説
行動の前提    実 践 法 則＝事業一般の仮説＝事業の成果・資源・活動〔努力・費用〕
           指向的な認識＝この事業実態仮説  統合化 → 首尾一貫した全体→行動のため
                                                              の結論
     事業経営者の標準的知識＝事業実態の理解という用具を設計・発展・活用する能力

  ←少数ではあるが優越したものの遂行をめざす   事業実態に即した諸課題を
                                              管理可能な数にまで減らす
組織的で目的的な計画→行動実施
```

**起業家的な事業管理論の意義** (p.470, Par. 2～p.472, Par.1 )　　(cf., pp.34～50, p.498～9. Ⅰ：pp.14, 25, 28, 30～1)

```
            ┌ 現在の事業の効率化や現在の事業潜在力の顕在化の予備的管理
起業家的特性 必
         要├ 将来の事業の変身の予備的管理
革 新 性    └ 有効的・実践的な事業構想の構築
```

〔関係〕

```
                                    ┌革新のアイディアを │起業家│
       ┌ 事業構想・規定の管理         │見付け出す方法    │の用具│
       │   (事業機会の発見管理も含)    │革新のアイディアを│ ＝  │
一つの  │                              │成功させる方法    │革新の│
体 系   │ 基本的事業構造戦略の管理      └                 │実 践│
       │                              革新を市場に                    もう一つ
       │                              結び着ける     ┌競争的戦略     の体系
『事業  │ 事業経営組織の構造化の管理    ＝             │生態的戦略
成果管  │   (革新の組織化の管理         起業家的戦略   │顧客効用戦略  『革新と
理』'64 │    協働的指導の組織化の管理    の実践         └              起業家精神』'85
       │     も含む)
       │                              革新主体の    ┌起業家的経営方
       └ 事業活動遂行の管理            在り方        │針の設定，非起
                                      起業家精神    │業家的経営管理
                                      の浸透の      │の排除，起業家
                                      政策・実践    │的経営者の実践，
                                      ＝            │革新業績の評価，
                                      起業家精神    │起業家的組織・
                                      の実践        └人事管理の実践
```

**成果貢献的な全体性・統一性指向の事業管理論**　(p.472, Par. 2～p.473)（cf., pp.5～6, 310,
**の意義**　　　　　　　　　　　　　　　　　　　289～290. Ⅰ：p.6. 本書 pp.5～11, 46～8, 116～7）

第一水平的職能
　　┌ 分化（従来）→部分的職能
　　│ 統合（新規）→全般的職能
　　└ (lateral or horizontal integration)
垂直的職能
　　┌ 分化（従来）→部分的職能
　　│ 統合（新規）→統括的職能
　　└ (vertical integration)

統合化は現在では Enterprise Resource Planning や
Strategic Enterprise Management（SAP 社など）に
より情報・システム統合化として実現されつつある。

事業構想化的・マーケティング的・革新的職能＝全般的組成職能

成果性類型別管理 ——適用—→ 各事業成果領域・事業全体

ドラッカーの三重的経営制度論と経営体存続目標論を相互に関連させて，経営体の目的や目標を考えるべきである，とわれわれは解釈する。一般に経営体目的と捉えられている顧客創造は，経営体全体の目的ではなくて，事業目的だと理解している。経営体全体の目的は経営体の維持・発展（ただし，目標達成すれば解散もありうるということ）であり，それに対応して事業管理・統治管理・社会管理・経済管理をシステム統合化した管理が必要であり，これらの職能の遂行に必要な時間・態度・業務・技能・用具・自己（経営者・知識労働者自身など）の面から諸経営者を総合的に指導する管理が必要であり，さらに事業的経営と非事業的経営への責任が経営者と労働者の双方に課せられた経営総責任組織も対応している。

　ドラッカーは，多くの論者が単位事業を事業として捉えてそれらの組み合わせをポートフォリオとして取り上げられているのに対して，諸単位事業の複合体すなわち全体としての事業を対象にして事業形態と事業幅を考察した。その事業成果領域特性論はアンソフの事業活動概念やホファー／シェンデルの戦略構成要素概念と比較してみると，将来性と成果性を独立項目にし，先導性の方を競争力より重視し，知識を独立項目とせず先導性と結び着け，相乗性は欠いている（前著44頁では包含）と特徴づけられる。ホファー／シェンデルの計画的な方式と起業家的な個人的方式に対応させうる現在ならびに将来の事業機会発見と構想設定を総合化してまとめられる事業構想にもとづいて事業戦略を設定するが，その目的原則は事業成果の獲得の極大化，その手段原則は事業構想適合的機会の確保の極大化と事業資源の活用の極大化，制約原則は事業構想適合的なリスク負担能力の極大化であると解釈する。事業構造の複雑度と規模に関するドラッカーの理論は，事業形態の革新（業態・製品革新，反革新たる陳腐化）・成長（体系的複雑化，反成長たる錯綜化）と事業活動の革新（組織・管理革新，反革新たる陳腐化）・成長（規模拡大，反成長たる肥大化）との相互関係を示し，また事業発展とは，事業規模の成長という場合もあれば事業規模一定のままでの単位事業や事業形態の革新や成長あるいは事業活動の革新という場合もあり，また事業形態の成長という場合もあれば事業幅一定のままでの事業活動の革新や成長あるいは単位事業や事業形態の革新という場合もあり，さらに事業活動やその構造あるいは事業形態の適正な縮小化という場合もあるということを意味していると解釈する。このようにヨリ良く生きるのが事業発展である。

　ドラッカーの事業組織論は有機体観的・成果即応的・重点的な組織分析論，事業遂行的な一般労働者組織・事業遂行的と革新的な知識労働者組織・これらを統合する最高経営者組織による総合的組織論，財貨・情報・知識の生産組織論，事業革新単位組織・革新の組織論である。その事業管理論は事業の成果・資源・努力・費用に関する経営者という行為主体の実践法則を認識し，革新と起業家的戦略で事業機会を発見し，統合的・総合的管理を展開するものである。

## 15 ドラッカー経営理論の経営学的意義（その２）
──その経済，統治，社会の面── （上巻 pp.474～489）

　ドラッカーの経済論には，**事業経済論**以外に，**非事業の統治的・社会的制度面**にかかわる**経済的配慮や対処**も含められるべきであるが，それにはどのような**意義**があるか。

　ドラッカーが，市場経済と知識経済と情報経済に関心をもち，世界・地域・国民の諸経済の複雑な関係において適用され，実物経済と象徴経済の均衡や長期的関心と短期的関心の均衡に政策的に貢献する革新時代の成長を基本的仮説にして構築したマクロ**経済論**と，**事業経営論・事業経済経営論**とを**密接に関連づけた**ことは，**サイヤートとマーチ**が大規模多種製品会社の不完全競争・不確実性下での価格・生産量・資源配分・販売戦略の連続的決定・行動の諸ステップを解明して，**企業理論・経済理論と組織理論・管理理論とを統合化したこと**，と**対照**させて示すことができるのではないか。サイヤート／マーチは経営目標・経営期待・経営選択・経営統制にそれぞれ影響する変数とそれぞれ関係した概念を示したが，それらに対応させてドラッカーの理論の諸概念を明らかにしようとすれば，どうなるであろうか。また，ドラッカーが**現在維持的な当期費用と将来形成的な未来費用**に区分した考え方を**もし財務諸表の作成に適用する**とすれば，費用概念・負債区分はどうなるか，このようにしてもなおかつ利益が発生するとなれば，その利益にはどういう意味があるか，将来形成費用はまず必要最小限として把握されているので予定の予算損益計算書・貸借対照表の編成替えがされ，さらにそれに応じた結果の決算の表示法の変更がされるのではないか。ドラッカーの考えをさらに**経営分析に応用する**とすれば，**流動性・収益性・生産性**はどのように意義づけられることになるのであろうか，また，それぞれに関するドラッカーの考え方を具現した**指標**はどのようなものであろうか，ドラッカーに特有な指標も示すことができるのであろうか。

　ドラッカーが，**経営体の統治的制度面**にも注目し，経営体あるいは経営者の存在の正当性の問題と正当化の視点を提示しえた，とわれわれは解釈している。社会職能的統治権限，社会的諸職能・諸権限の調整，職能遂行権限，人的統治権限，経済権力，経営的権威，組成全般管理的統治権限は，どのようなものであり，**いかなる視点を提示した**のであろうか。

　ドラッカーが取り上げた**経営的社会責任の諸問題**は**社会の各特徴と関連づけて理解**できると思われるが，どうであろうか。現代の社会は，価値実現社会，多・超国籍化社会，多元的組織社会・政治的多元社会，地域社会，市民社会として特徴づけられ，さらに，自由市場経済社会，起業家社会，知識社会，連帯的社会の構築・確立が期待されている。こうした考え方はどうであろうか。また，各社会の問題点は**どのように解決**させたらよいであろうか。

### 事業経済論・事業経済組織論・事業経済管理論の意義
### 経済理論と経営理論の統合（サイヤート／マーチ理論）との対蹠化への試みによる意義づけ

（上巻 pp.474〜480）

Ⅰ： 14 で 事業経済 と 事業経済 ・本書 6 で マクロ経済 と マクロ経済 間関係組織・本書 9 で 経営者による マクロ経済学 の管理

ドラッカーの経済理論と経営理論の統合化という指向 ＝ 企業理論、組織理論
経済理論と管理理論の統合化
（サイヤート／マーチ）

サイヤート／マーチの研究成果のうち下部理論の変数と概念についてドラッカーと対応させてみる

| 〔サイヤート／マーチ〕　経営戦術論 | 〔ドラッカー〕　経営戦略論 |
|---|---|
| （Ⅰ）一組の網羅的な変数　　　　（Ⅰ）(Ⅱ) | （左と同じ解釈の場合<br>文章表記を省略）　　（Ⅰ）(Ⅱ) |
| （1）経営目標変数<br>①経営目標の諸次元に影響する変数<br>　ⅰ組織構成員の出入　ⅱ分業化された意思決定　ⅲ目標喚起の問題<br>②経営目標の各次元の要求水準に影響する変数<br>　ⅰⅱ過去の目標・業績（他社の〃）ⅲ | ①（空白部分で示す）<br>　ⅰ顧客・市場・用途と知識の変化<br>　ⅱトップの姿勢　ⅲ目標喚起の機会<br><br>　ⅰⅱⅲ現在と将来の目標・業績 |
| （2）経営期待に影響する変数<br>③推測の変数<br>　ⅰパターン認知変数<br>　ⅱ期待に対する希望の効果<br>④情報入手プロセスの変数（探索活動に影響する変数）<br>　ⅰ探索の強度に影響する変数　ⓐ目標達成度　ⓑ組織スラックの規模<br>　ⅱ〃　方向に　〃　ⓐ探索刺激の問題の性質　ⓑ探索焦点←組織地位 | ③<br>価値・欲求体系・革新のためのⅰ<br>ⅱ事業機会に対する事業構想の効果<br>④<br>　ⅰ　ⓐ成果貢献可能度　ⓑ革新・成長精神の余剰，知識労働者の生産性の未活用，将来形成引当金<br>　ⅱ　ⓐ機会の性質<br>　　ⓑ経営者的視点・姿勢の体得度 |
| （3）経営選択影響変数／経営統制影響変数<br>⑤体内の問題の定義に影響する変数<br>⑥標準的意思決定ルールに　〃<br>　過去のⅰ組織経験　ⅱ組織スラック<br>⑦選択対象を考慮する順序に　〃<br>　ⅰ決定の組織単位　ⅱ対象の過去経験 | ⑤内外の事業機会の定義　〃<br>⑥標準的戦略作成ルールに　〃　将来・革新のⅰ受容度　ⅱ精神と知識労働者生産性向上準備と将来形成費用の用意<br>⑦　ⅰ事業全体と各単位事業の関連<br>　ⅱ選択対象を考慮するべき将来性 |

（Ⅱ）一組の主要な関係概念
（Ⅱ－1）経営目標論の諸概念

| （1）葛藤の準解決（←潜在的な目標葛藤あり，内部的な意見完全一致ありえず）<br><br>①独立制約条件としての諸目標＝利益・販 | （1）　　　　　（←経営体は社会の機関，事業の最終的決定者は顧客・市場。経営体による完全予測は無理）<br>①経営体存続の七・八目標，これらの |

売・市場占拠率・在庫・生産。これらの組合せ＝本質的・継続的・操作的な制約条件→組織に問題＝潜在的葛藤。
②葛藤の解決をもたらすもの
　ⓘ局部的合理性
　　意思決定問題→複数の副目的に分解→下位部門に割当→諸決定間に矛盾なく，外部環境要求にも合致させる
　ⓘⓘ許容水準意思決定ルール
　　ⓐ要求の数と種類　ⓑ過去の延長
　ⓘⓘⓘ目標に対する選別的な注意の継続

(Ⅱ-2) 経営期待の諸概念
(2) 不確実性の回避
①短期的フィードバック反応意思決定手続
②各種利害者間で協議された環境
(3) 問題中心的探索
①目標の不達成やその予測→問題探索
②単純思考的な探索
　ⓘ問題徴候・ⓘⓘ現在方針に接近　ⓘⓘⓘ
　の代替ⓘⓘⓘⓐ複雑化・遠隔化　ⓑ弱点探索
③探索のバイアス
　訓練・目標・意思疎通の差異を反映
　ⓘ各組織部分の特殊訓練, ⓘⓘ希望と期待の相互作用, ⓘⓘⓘ未解決の葛藤を基にした意思疎通，を反映したバイアス


(Ⅱ-3) 経営選択・経営統制の諸概念
(5) 適応的合理性
　全知的合理性ではない→選好システム

①標準的意思決定ルール
　ⓘ一般的選択手続　Ⅱ-(2),(3)の②
　ⓘⓘ特殊的選択手続の変更による適応
　　ⓐ業務遂行ルール　ⓑ記録と報告書
　　ⓒ情報処理ルール　ⓓ計画

②組織学習による適応
　ⓘ目標変更　ⓘⓘ業績評価や注目環境部分の注意ルール転換
　ⓘⓘⓘ探索ルール修正

トレイド・オフ・バランス→われわれの事業は，何か，どうなるか，如何にあるべきか，に統合をめざす
②
　ⓘ集中化による効果性
　　利用可能な強みを少数の機会に集中，将来に向き，機会に焦点を合わせ，自身の方向を決め，目標を高くする
　ⓘⓘ許容水準幅意思決定ルール
　　目標種類で最大・小・中間の内で選択
　ⓘⓘⓘ業績と環境への注意の不断なる継続
(2) リスク負担能力の増大
①成果→仕事→経営戦略作成過程へ遡行
②革新・市場化・論争で創られた環境
(3) 機会中心的探索
①経営者態度と機会による探索
②現実的・創造的な探索
　ⓘ顧客の本当の世界と知識の実態・
　ⓘⓘ現在と将来の先導性に接近して探索
　ⓘⓘⓘ　ⓐ　ⓑ　ⓒ予想外の事柄に接近
③　　バイアス活用＝目標自主設定と自己統制の管理，バイアス人間の参加
　ⓘ　　　　　　　ⓘⓘ
　　　　ⓘⓘⓘ

(4) 探索と意思決定のタイミング
　ⓘ変革期の到来　ⓘⓘ成長の危険期到来の探知
(5) 創造的効果性
　革新・責任・創造→環境への不確実な期待→諸資源を賭ける→新経営体
①
　ⓘ
　ⓘⓘ
　　ⓐ目標設定ルール　ⓑ　　ⓒ
　　ⓓ戦略計画（管理固定費・資本支出予算も含む）
②
　ⓘ　　　　　ⓘⓘ

　ⓘⓘⓘ

**ドラッカー的な損益計算書・貸借対照表の意義** （上巻 p.483）(cf., pp.179～196. Ⅰ：pp.97, 102～7)

従来の損益計算書に含まれているもの
- 売上げ原価に含まれている減価償却費
- 販売費および一般管理費に含まれている将来形成的な要員の給与 その他の営業費
- 営業利益の全部ないし殆どの部分

→ ドラッカーの損益計算書が作成されれば移される → 将来形成費用

利益概念が縮小 ←------ 費用概念が拡大

資産概念が縮小 ←------ 負債区分が変更

従来の貸借対照表に含まれているもの
- 負債に含まれている 退職金引当金 価格変動準備金
- 営業利益の全部ないし殆どの部分
- 資産に含まれている営業外資産 営業外利益

→ ドラッカーの貸借対照表が作成されれば → 将来形成的な負債 → 排除→連結

**ドラッカー的な経営分析の意義** （上巻 pp.484～5）(cf., pp.179～206. Ⅰ：pp.97, 102～7)

流動性＝短期的事業遂行・損失回避指標
- 仕入債務の信用能力→支払勘定回転率・支払所要日数。受取勘定回転率 回収日数
- 即時支払能力→当座比率。短期支払能力→流動比率。売上債権回収能力

長期的経営体継続・＝収益性
- 資産・資本の活用度→使用総資産ないし投下総資本の収益率・回転率
- 必要最低限の長期的経営体継続能力→〃総資産〃総資本対将来形成費用比率
- 長期的経営体継続余力→〃総資産〃総資本対純利益率　純利益＝当期的生産販売・費用・差異から将来形成費用を控除
- 各成果領域の経営内変動費の支出効率→純収益寄与分
- 大変動の先行指標→付加価値または売場面積収益率

より良い事業遂行と経営体継続ないし資源転移回避のための指標＝生産性
- Ⅰ 固定資産回転率＝機械投資効率，土地・建物利用率，固定人間資産投資効率，外製投資効率
- Ⅱ 流動 〃 ＝仕掛品回転率，製品回転率，受取勘定回転率，サーヴィス費や広告費の投資効率
- Ⅲ 資源生産性＝（生産高・売上高・利益）／（電力・ガス・水の使用量・料）
- Ⅳ 時間生産性＝（成果貢献時間数）／（実働時間数）
  （最大の一まとまりの自由裁量時間数）／（実働時間数）
  （利益または将来形成費用）／（成果貢献時間数）
- Ⅴ 知識労働〔者〕生産性＝（産出高または産出額）／（実働時間）
  （賃金）
  （付加価値）／（知識労働者数）
  （知識労働者育成費）
  （利益）／（各種の研究開発費）
- Ⅵ 組織生産性＝（打合せ調整のための時間数）／（実働時間数）
  （不労遊休時間数）／（実働時間数）
  （産出高・産出額・付加価値）／（単位組織別の労働者数）
  （産出高・産出額・付加価値）／（単位組織別の賃金）

**経営的権限権力論・統治的組織論・統治管理論の意義** （上巻 pp.486～7）(cf., pp.95～107, 295～300, 392～5.)
  経営体の制度面＝統治的制度面→経営目的の部分目的＝権限権力正当化　Ⅰ：pp.42～4, 70)
    (cf., Ⅰ：pp.57～66. 本書 pp.41～4, 70～1)
  ㊀社会職能的統治権限の正当化の視点〔×自律性の視点だけ〕→特例的に経営体外的・法律的・行政的な対処
  ㊁社会的諸職能・諸権限の　調整の視点〔特定的社会職能〕→自律的生存（社会の健全
    組織的多元社会における　　　　　　　　〔の好業績の視点〕　　な存続への貢献を介して）
  ㊂人間・組織についての社会的〔顧客や従業員の欲求体系・価値観　事業目的・労働〕
    根本信念・組織目的の視点〔×の経営計画・活動への組込みのみ '.の人間化のみ〕
      →成果・業績中心的態度や人間指導→職能遂行権限の正当化
  ㊃従業員への統治権限の正当化の視点〔×経営体外的〕単独より二重の方がヨリ適正化、
                          〔法律的対処〕→正当な人的統治権限になる
  ㊄正当な権力の源泉を生かす視点〔×取締役会の〕→経済権力の正当化
    ＝　株　主　主　権　　　　　　〔無機能化〕（他者統治）　　　（年金投資の時）
    （株式投資の年金基金も含む）　　　　　　労働者の経営参加に新しい視点
  ㊅経営的権威という視点〔×伝統的資本主義、法人資本主義〕→各利害集団を調整した
    その源泉　　　　　〔株主の投資家利害、専門的能力〕　永続的な経営体の維持
                                                （自己統治）
  ㊆投資家経営教育の視点〔×経営者自身の職務遂行能力〕→経営者　　の協働統治の正当化
    取締役会の指導　　　　〔　　　や誠実さだけ〕　取締役会
  ⇨正当な統治的組織＝各制度面に対応した組織に権限権力正当化の視点や組織単位が統合

**経営的社会責任論・事業非事業間および個別経営体間関係組織論・社会管理論の意義**
  経営体の制度面＝社会的制度面→経営目的の部分目的＝　社　会　的　→社会的責任の問題
                                            指導性発揮
  (pp.488～9) (cf., pp.108～156, 300～2, 396～400)
  ⅰ社会的衝撃：革新衝撃監視制度→冷静で迅→選択的〔衝撃活動の中止、衝撃活動の〕
            （≠技術事前評価）速な調査　な対処〔事業化、社会的な法規制化〕
  ⅱ～　　　　　　　　　　　〔単独の経営体（解決活動がその経営体の〕選択的　問題の鎮
  ⅴ社会問題：解決責任主体　〔　　　　　　　社会的職能遂行能力・価〕な対処→圧化、事
                      〔　　　　　　　値体系・権限の限界内）〕×　　　　業化、社
  (cf., Ⅰ：pp.67～90. 〔社会そのもの（限界外→社会の集団責任）〕画一的　会の討議
    本書 pp.45, 71～4)　　　　　　　　　　　　　　　　　　　　　な対処　・解決
  ⅵ新しい社会の構築に貢献＝民主・市民社会化で市場経済社会、起業家社会、連帯社会。
  ⅶ社会の良い特徴を生かし享受しつつ、不健全な問題点を各種経営体の社会的責任で解決。
  ⅴ

  組織社会・先進社会＝経営体の発　｜　地球環境　破壊　→地球生存環境の保全＝価値実
                       展と好業績　｜　　　　　　　問題　　　　　　　　　　　現社会
  多・超国籍化社会＝世界経済化利益　｜　民族地域問題→文明と文化の調和の経営
  被傭者社会＝被傭者重視・人間活用　｜　職場社会に衝撃→職場社会自治化と二重統治 etc.
  知識経済＝知識〔労働者〕の活用　　　｜　知識〔労働者〕の責任→倫理的・教育的な
                                                                 新しい責任 etc.
  新多元社会＝各種経営体の活用　　　｜　社会指導者問題→組織倫理と個人倫理
            職能・権限・利害の社　｜　社会的分派問題→政治家的対処・満足化原理適用
            会における適正な分散　｜　政治・政府問題→政治理念、政府小規模化 etc.
                                                                                   機能
  知識経済と組織社会＝知識と組織の　｜　知識労働者と　→両方を若手時期から経験させる
                        活用の利益　　　　　｜　織経営者の対立
  組織社会・知識社会＝同　　上　　　｜　根なし草社会化問題→市民社会・地域社会の育成
  ⇨社会的指導性発揮の社会的組織＝社会的責任の視点や組織単位も統合化された経営組織

ドラッカーの経済論には，事業経済的な配慮のみならず労働・年金継続費用や環境保護費用への配慮も含まれており，別の統治的・社会的諸問題への経済的対処も当然に必要だが，これは今後の課題になってくるであろう。

　ドラッカーの理論は，企業理論・経済理論と組織理論・管理理論を統合したサイアート／マーチの理論と対照させうる，と解釈する。経営目標に影響する変数は，サ／マのものが組織構成員の出入，分業的意思決定，目標喚起の問題，過去の目標・業績などであるのに対し，ドラッカーのものが顧客・市場・用途と知識の変化，トップの姿勢，目標喚起の機会，現在と将来の目標・業績などである。その諸概念は，サ／マのが葛藤の準解決（意見の内部的完全一致はない為），利益・販売・市場占拠率・在庫・生産という目標，局部的合理性，組織参加度と他への関与や過去の要求・業績による決定水準などであるのに対し，葛藤の準解決（事業の最終決定は顧客・市場がする為），経営体存続目標，集中化による効果性，目標の種類による最大・中間・最小値からの選択などである。同様に経営期待や経営選択・統制でも対比できる。また，将来形成費用の考え方をもし財務諸表の作成に応用するとすれば，費用区分の変更により費用概念が拡大され利益概念が縮小され，資産概念は営業外資産が除外されて縮小され，負債も現在維持的と将来形成的に区分し直され，なおかつ利益があれば長期的経営継続余力としての純利益となって，営業報告書の回顧〔と展望〕に応じた結果〔と予定〕の損益計算書・貸借対照表が作成されることになるであろう。もし経営分析にドラッカーの考え方を適用すれば，事業遂行的な短期的損失回避の流動性指標は，支払勘定回転率・当座比率・流動比率・受取勘定回転率，また事業継続的な長期的損失回避の収益性指標は，使用総資産対将来形成費用比率・投下総資本対純利益比率など，さらに資源転移回避の生産性指標は，土地建物利用率・固定人間資産投資効率・受取勘定回転率・成果貢献時間利用率・知識労働者育成費あたり産出高・労働時間あたり不労遊休時間など　ということになるであろう。

　ドラッカーは権限・権力正当化の問題や視点を提示した，と解釈できる。社会職能に自律性と違う視点，経営体維持発展に好業績以外の視点，職能遂行権限・人間指導に事業目的や労働人間化と別の視点，労使関係に人間性回復と併せた別の視点，経済権力と労働者経営参加に被傭者投資家の立場，経営権威に投資家的利害や専門的経営者能力・知識だけでは不十分とする視点，経営課題遂行権限に最高経営者と取締役会との協働統治の視点，を提示した。

　ドラッカーは変化していく社会の良い各特徴を生かし享受し，不健全な問題点を解消か弱化させようとした。社会的衝撃には，革新衝撃監視制による冷静で迅速な調査，衝撃活動の中止か事業機会化か社会的な法規制化，社会問題には，解決活動が個別経営体の職能遂行能力と価値体系と権限の限界の内にあるか否かの検討，解決主体が単独経営体か社会（社会的な討議・解決）かの検討，が必要になる。さらに新しい社会の構築の努力を各分野で進める。

## 著者紹介

**河野　大機**（こうの　だいき）

| | |
|---|---|
| 1942 年 12 月 | 神奈川県小田原市に生まれる |
| 1966 年 3 月 | 一橋大学商学部を卒業 |
| 1968 年 3 月 | 同大学院商学研究科修士課程を修了 |
| 1971 年 7 月 | 同博士課程を中退（下記採用内定のため） |
| 1971 年 8 月 | 福島大学助教授（経済学部経営学科）に採用 |
| 1981 年 4 月 | 千葉大学助教授（法経学部経済学科）に配置換え |
| 1987 年 12 月 | 千葉大学教授に昇任（89 年に退職） |
| 1989 年 4 月 | 多摩大学経営情報学部教授に採用（98 年に退職） |
| 1995 年 3 月 | 博士（経済学）東北大学 |
| 1998 年 4 月 | 東北大学教授（経済学部経営学科）に採用 |
| 1999 年 4 月 | 東北大学大学院教授（経済学研究科経営学専攻） |
| 2006 年 3 月 | 東北大学を定年退職，4 月より名誉教授 |
| 2006 年 4 月 | 東洋大学教授（経営学部経営学科）に採用，現在に至る |

**担当授業科目**　経営学入門・基礎経営学・現代の経営・経営学

**著　書**　『バーナード理論の経営学的研究』千倉書房，1980 年
　　　　　『ドラッカー経営論の体系』三嶺書房，1986 年
　　　　　『ドラッカー経営論の体系化―時代に適い状況を創る経営―』
　　　　　　＜上巻＞三嶺書房，1994 年　＜下巻＞三嶺書房，1995 年
　　　　　『経営・組織の科学と技能と倫理―バーナーディアン・コーオペレーション―』千倉書房，2003 年
　　　　　『経営書読解の修業―バーナード『経営者の役割』をケースにして―』文眞堂，2004 年
　　　　　『経営体・経営者のガヴァナンス―ドラッカーの所論ならびに関連諸理論・実践とそれらの統合化―』文眞堂，2006 年
　　　　　『P. F. Drucker のソシオ・マネジメント論』文眞堂，2006 年
　　　　　『コンプライアンス経営―バーナード／ドラッカーの理論と日本経団連の実践要請―』中央経済社，2006 年

---

P. F. Drucker のマネジメント・プラクティス論

2007 年 9 月 23 日　第 1 版第 1 刷発行　　　　　　　　　　検印省略
2009 年 12 月 15 日　第 1 版第 2 刷発行

著　者　河　野　大　機

発行者　前　野　　　弘

発行所　株式会社　文　眞　堂
東京都新宿区早稲田鶴巻町 533
電話 03（3202）8480
FAX 03（3203）2638
http://www.bunshin-do.co.jp
郵便番号 162-0041　振替 00120-2-96437

印刷・モリモト印刷株式会社　製本・有限会社広瀬製本所
©2007
定価は表紙裏に表示してあります
ISBN978-4-8309-4595-3 C3034